JN117379

学童保育研究の課題と展望

日本学童保育学会設立 10 周年記念誌

日本学童保育学会 編

明誠書林

刊行にあたって

日本学童保育学会が発足（二〇一〇年六月一九日）して一〇年余が経過した。日本学童保育学会は、この一〇年間の研究蓄積を踏まえて、その成果と課題を明らかにし、今後の研究の発展の基礎となる論文集を刊行することにした。

民間団体の最初の全国調査で五一五か所（一九六七年）といわれていた学童保育所の数（二〇二〇年五月段階）は、今や全国に二三、九七九か所（支援の単位は三三、六七一か所）となり、小学校の数一九、七三八か所をはるかに超えている。二〇二〇年三月から五月、新型コロナウイルス感染拡大の中で休校になった子どもたちを実質的に支えたのは全国各地の学童保育所であり、いまや全ての国民が学童保育の名前を知り、子どもの生活と発達を保障する場として、社会的になくてはならない施設として理解されるようになっている。子どもたちと同時に働く親たちにとっての必要性の高まりの中で、今後も学童保育所はますますその数を増やしていくであろうことは間違いない。

量的な発展を続ける学童保育に関して、一方で、施設条件・環境を改善し、実践の質を高め、理念と価値を明らかにするための研究課題は山積している。学童保育実践の内容と方法、指導員・支援員に求められる資質・能力を明らかにし、学童保育の歴史と海外の取り組みから学び、制度・政策の内容と動向を見極めていくための研究活動は不可欠である。

日本学童保育学会は、発足と同時に、学童保育に関する研究課題とその意義を確認するための論文集（『現代日本の学童保育』旬報社、二〇一二年一一月。以下『プレ論文集』と略す）を記念出版した。今回の一〇周年記念誌は、『プレ論文集』やこれまでの研究紀要『学童保育』での議論を土台としてその内容を発展させ、学童保育研究の未来を展望することを目指している。

学会発足時の『プレ論文集』は、「学童保育が研究対象であることはハッキリしている」が、「学童保育研究の『対象』も『方法』もいまだ十分に確定しているわけではないという現実から出発し」、「学童保育研究のための『対象』と『方法』を明確にしようとした試論集」であった（二宮厚美二〇一二：三―五頁）。『プレ論文集』は、読後に視野が拡がる論集ではあったが、それぞれの執筆者の自由度が高く、各論文で重複的・輻輳的に論じられている部分や、十分に論じ切れていない部分があった。今回の論文集はそれらの課題を乗り越えるべく、日本学童保育学会における一〇年間の研究蓄積をふまえて、学童保育研究の視点と内容を体系的に整理するとともに、学童保育をめぐる現代的な課題とどう向き合い、今後の研究と実践を発展させていけばよいのか、その方向性を指し示すことを意図して編集した。

すでに学会では発足後の二〇一一年度の第一巻から、研究大会の成果と会員の研究蓄積を集約した研究紀要『学童保育』を第一〇巻まで発刊しており、それらの研究蓄積と成果をふまえて次の四つの柱で内容を構成した。

第一部は、現代社会と学童保育をめぐる諸問題に光を当て、五つの角度から「学童保育とは何か」を多角的に論じた。

第二部では、学童保育実践と指導員・支援員の養成・研修の問題を取り上げ、学童保育実践の特質と指導員・支援員の専門性、養成・研修について検討した。

第三部では、これからの学童保育実践をめぐる新たな課題として、学童保育実践における今日的な課題を論じた。

そして第四部では、これからの学童保育研究をめぐる新たな課題に光をあてた。

すでに放課後の子どもの居場所となっている学童保育は、子どもの生活保障・福祉の場であると同時に、学校とは違った形での自発的な学びの場であり、何よりも子ども主体の遊びと文化を大切にする場である。福祉と教育と文化を総合した新しい子育ての場となっており、学校と並び称すべき「もう一つの重要な施設」と言っても良いだろう。

この一〇周年記念誌が、今まさに発展しつつある学童保育の実践と研究の手がかりとなり、現代社会における学童保育の価値を解明するための新たな礎石となれば幸いである。

日本学童保育学会設立一〇周年記念誌編集委員会
編集委員：増山均・楠凡之・中山芳一・鈴木瞬

目次

第二部　学童保育実践の研究と実践者の養成・研修

第三部　学童保育実践における今日的な課題

補論　学童保育研究の課題と展望

第一部　現代社会と学童保育

第一章　生活保障としての学童保育

垣内国光

はじめに

今日、学童保育と「放課後児童健全育成事業」は同義語として取り扱われているが、本質的には全く同義ではない。学童保育の本義が健全育成であるかどうかも疑わしい。本論は、社会福祉視点から学童保育が「生活の場」としてどのように制度政策に位置づけられてきたか総括し、学童保育の今後を展望しようとするものである。以下では、学童保育を本来の言葉として用い、必要な範囲で、法律や通達における行政用語としての放課後児童健全育成などの言葉を用いることとする。

一　児童福祉法における要保育学童児の権利

福祉視点から見れば、「生活」がどのように学童保育制度に位置づけられてきたか見る必要がある。憲法も児童福祉法も子どもの権利条約も、子どもが子どもらしく育ち生活できる権利を謳っている。今日、要保育の就学前乳幼児と学童児の処遇が異なるとは当然のように考えられているが、歴史的には必ずしもそうとは言い切れない。あまり顧みられなくなっているが、児童福祉法ができた当時、学齢期にある要保育児童の生活が保障されるべきとする考え方があった。一九四七年に児童福祉法が成立したのち、翌々年一九四九年六月に第二四条及び三九条は以下のように改正されている。

児童福祉法第二四条「市町村長は、保護者の労働又は疾病等の理由により、その監護すべき乳児、幼児又は第三九条第二項に規定する児童の保育に欠けるところがあると認めるときは、それらの児童を保育所に入所させて保育しなければならない。但し、附近に保育所がない等やむを得ない事由があるときは、その他の適切な保護を加えなければならない。」

児童福祉法第三九条「保育所は、日々保護者の委託を受けて、保育に欠けるその乳児又は幼児を保育することを目的とする施設とする。

②保育所は前項の規定にかかわらず、特に必要があるときは、日々保護者の委託を受けて、保育に欠けるその他の児童を保育することができる。」（傍線筆者）

保育所は児童福祉法の精神をもっともよく表す施設とされ、そこへの期待が反映された改正とみることができる。以後、第二四条、第三九条の条文構造に変化はない。保育所は、今日まで「その他の児童を保育することができる」としたままである。一九五四年当時、厚生省児童局保育課になる『保育所の運営』では次のような見解が児童局保育課長から示されている。

「法に示されているところでは労働、疾病等の理由によるとあつて、年令の制限貧富の差別等は設けられていないので、たとえ五、六ヶ月の乳児でも母がいないとか生計のために労働に出なければならぬとかいう場合には、誰もその子の生活の世話をするものがないので、保育所にあづかって家庭において欠けるものを満たすべく保育をしなければならない事になるのである。又同じ事が学令に達した者についても言えるのであつて、このような状態で措置された家庭の保育に欠ける理由が解消されないのに、学令に達した為に保育園から退所せしめられ、誰もない家に一人居たり、又行くところもなく街をうろつき歩いていたりさせておくような事は適当ではない。それはつまり保育に欠ける状態を放置しておく事になるからである。[1]」（傍線筆者）

一九七八年にいたっても第三九条解釈に変化はない。「乳幼児以外の児童が保育所入所の対象となるのは、まだ小学校の低学年であって学校からの帰宅時間が早いにもかかわらず、家庭に両親等の保護者がいないいわゆる「鍵っ子」[2]のような場合等であろう」としている。

実際に学齢期の児童がどれほど保育所に入所していたかは定かではない。児童福祉法ができる直前、一九四六年の東京都の保育事業目的は「都民勤労家庭の生後六ヶ月以上学齢未満の乳幼児及国民学校低学年児童」[3]（傍線筆者）としている。児童福祉法ができた直後の一九五〇年、大阪の社会福祉法人今川学園保育所の記録が残されている。「昭和二五年に申請して、児童一人について大阪では八〇〇円の公費が出ている。現在は二〇名の学童に、先生は一人。午前中は事務をやり、午後から五時まで子どもの面倒をみている。全額無料の措置児が六名、あとは親の負担月百円と二百円（母子家庭）三百円（両親揃って外勤）の三段階の自由契約児となっている。……三木園長は、保育の仕事について次のように語っている。……「学童保育にも、委託費や、補助金が公費から出ますから、要求するお母さんたちが声を大きくすれば、きっと道はひらけると思います。」（東京都私立保育園長会ニュース一五号）[4]」（傍線筆者）

六〇年代に入ってもこんな記録がある。一九六四年に東京都が調べた「留守家庭児童生徒（いわゆる鍵っ子）調査概要」では、都内全公立小中学校生徒一、一六〇、〇五二人中、留守家庭児童は七〇、五三一人、そのうち二・一％（実数不明）が「保育所、クラブ等へ委託」[5]とされている。少数ではあるにしても保育所に保育に欠ける学齢児が入所していたことは明らかである。

その後、保育所における学齢児の受け入れは次第になくなり、今日では入所事例を知ることはできない。要保育の学童児の受け入れがなくなっていった理由は定かではないが、乳幼児に比して優先順位が低く、保育所運営費補助対象として学齢児童が政府予算に明確に位置づけられてこなかったことが影響したと推測される。

二　〝遊び〟と〝生活〟の位置づけの変遷

１　「余暇における保護及び育成」――一九七六年の留守家庭児童対策としての学童保育

学齢児にも保育を受ける権利があるにもかかわらず、要保育の学童児は国の政策対象から排除されていった。だが、高度成長期以後、共働き家庭の増加に伴う要保育学童児のニーズは高まる一方で学童保育問題はしだいに社会問題化し、保護者による共同学童保育が全国各地に生まれ、自治体の補助金要求獲得運動、国に向けての制度化要求へと発展していったことはよく知られている。学童保育への公的な助成は大都市部の自治体が先行し国が追随する。

国が初めてその必要性を認めたのは、一九七六年の「都市児童健全育成事業実施要綱」による補助金によってである。一九七六（昭五一）年三月二日付けの厚生事務次官通達「都市児童健全育成事業実施要綱」による概要は以下の通りである。

「都市における多様な児童の健全育成上の諸問題に対応するため」の三事業のうち留守家庭児童のための地域組織育成事業に対して、「留守家庭児童の余暇における保護・育成に資するため、地域住民の積極的な協力を得て、児童育成クラブの設置及び育成を行い、地域的な連帯のもとに、必要な児童健全育成活動の推進を図る」（傍線筆者）ことを目的として国の助成が開始された。

地域組織育成事業補助は緊急避難的措置と位置づけられている。通達では「本来、児童の生活圏に見合った児童館、児童遊園の整備あるいは社会教育分野の校庭開放事業等を施策の軸」とする見方を示し、「必要な条件の整備が図られるまでの経過的措置」としている。地域の福祉センターや寺社等が活動拠点の人口五万人以上の都市が行う事業に限定してもいる。

留守家庭児童対策としての学童保育事業の問題点は、法的根拠が明確でなく行政責任が曖昧なまま国の助成を行っていることである。他の施策では間に合わないから、やむを得ず緊急避難的に助成するというスタンスである。これ以降、学童保育は国の行政用語として一切使われていない。

この事業では現実のニーズには対応できないことが次第に明らかになっていくが、評価すべき点もある。事業目的を「保護及び育成」としていることである。「余暇」と「保護」がどのような関係にあるかは不明だが、一般に社会福祉制度において「保護」が意味することの意味は重い。生活保護は言うまでもなく児童福祉法による要保護児童に対する行政責任は明確である。要保育児童に対する行政責任もしかりである。要保護と判断した者にたいして、行政は憲法第二五条に定める健康で文化的な生活を保障しなければならない。留守家庭児童といえども生活が保障されなければならないことに変わりはない。ともあれ、ここでは留守家庭児童対策に「保護」という文言が登場したことに注目しておきたい。

２「遊びを主とする」活動――一九九一年放課後児童対策事業

その後、学童保育のニーズはさらに高まり、厚生省も留守家庭児童対策からの転換を余儀なくされる。留守家庭児童対策と位置づけてきた学童保育対策を「放課後児童対策事業」に切り替え、学童保育政策のみを対象とした独自の通達を発出する。一九九一年四月一一日付厚生省児童家庭局長通知「放課後児童対策事業の実施について」及び同一日付の育成課長通知である。

そこでは、学童保育を「昼間保護者のいない家庭の小学校低学年児童（以下「放課後児童」という。）等の育成・指導に資するため、遊びを主とする健全育成活動」と定義づけ、「児童クラブは、指導職員一人、放課後児童概ね二〇人をもって一組織」（傍線筆者）とした。組織単位の助成を行うためである。

具体的施策としては改善したものの後退した面もある。事業目的が「遊びを主とする」活動とされたことである。留守家庭児童対策の「保護及び育成」が変化し、要保育の学童児に対する生活保障責任が抜けた。「健全な遊びを与えて、その健康を増進し、又は情報を豊かにする」することを目的とする児童厚生施設（児童館と児童遊園）と整合性を図ったとも解釈できる。だが、学童保育はまず放課後の生活が土台にあり、その上に遊びがあるのであって、遊びが事業目的であるならば学童保育固有の価値はなくその存在意義は乏しい。

児童厚生施設で充足し得ないニーズがあるからこそ、独自通達を出して恒常的施策とも言える放課後児童対策に切り替えたのであろう。だが、「遊びを主とする」活動としたために政策矛盾を抱えたと見ることができる。

なおここでは詳しく触れないが、先の留守家庭児童対策ともあわせて、以後、学童保育に「健全育成」という言葉が用いられていくことに留意しておきたい。昨今の教育行政の国家化ともあいまって、しばしば「健全育成」という言葉が多方面で使われるようになっている。誰にとっての健全さなのか。児童福祉法総則規定は「健やかに育成される権利」を謳っているのであって、あくまでも子どもを主体とした言葉である。今後、「健全育成」活動が不健全防止活動に拡大していくことがないよう祈らずにはいられない。何が健全で何が不健全なのか、少なくとも国家が一方的に基準を定めることだけは御免こうむりたい。

３　「事業」としての法制化——一九九八年児童福祉法改正

法的な根拠が定かでないまま学童保育は拡大し補助金も次第に増額されていくが、学童保育は一九九八年四月の児童福祉法改正によって法制化されるに至る。児童福祉法第六条の二の「事業」に「放課後児童健全育成事業」として付加された。条文は以下の通りである。

「この法律で、放課後児童健全育成事業とは、小学校に就学しているおおむね十歳未満の児童であって、その保護者が労働等により昼間家庭にいないものに、政令で定める基準に従い、授業の終了時に児童厚生施設等の施設を利用して適切な遊び及び生活の場を与えて、その健全な育成を図る事業をいう。」（傍線筆者）

この文言は、二〇一二年成立二〇一五年施行の子ども・子育て支援法に伴う児童福祉法改正においても変わることなく、今日の学童保育の法律上の根拠となっている。

この法制化で注目すべき点は二点ある。

ひとつは、事業目的が「適切な遊び及び生活の場」とされていることである。前述の一九九一年放課後児童対策事業では「遊びを主とする」とする事業であったが、改めて「生活」が位置づけられた。一九七六年の留守家庭児童対策の「保護」が言葉を換えて復活したとも解釈できる。児童福祉法で「遊び」が目的の施設は児童厚生施設のみだが、ここでは、明らかに児童厚生施設とは異なる位置づけがなされている。遊びのみが目的の事業と生活も含まれる事業とでは、その態様が異なるのは当然であって、学童保育の独自性を明確に位置づけた法制化がなされたことは評価に値する。

問題は、何をもって「生活の場」の保障と言うかである。この法制化について、全国学童保育連絡協議会は運動の成果であるとした上で、「最低基準や財政措置が明示されない法律」であるとの声明[6]を発している。

二つ目は、学童保育が〝事業〟とされたことである。法律上、事業の意味するところは広く多義的だが、児童福祉制度の政策対象として、児童福祉施設（社会福祉施設）と事業は峻別されてきた。児童福祉施設は、いずれも施設設備と面積、専門職配置の基準が明確で土地所有か長期の賃貸借契約が求められる。また、施設開設は行政の認可による。その認可基準は厳しい。事業主の届け出で開設することはできない。後に見るように、運営にかかる費用はその利用者の生活が保障できるよう積算され、国自治体の費用区分が明確にされている。

これに対して、事業は、児童福祉施設に付随する地域活動や暫定的活動を届け出制で行うことができる仕組みが採られている。社会福祉施設、医療機関、営利法人事業所などの本体事業の付随的事業として行われることが多い。

現行の児童福祉法第六条の三には児童福祉における「事業」が列挙されている。児童自立生活援助事業、放課後児童健全育成事業、子育て短期支援事業のほか、事業所内保育事業、病児保育事業などを含んで一四事業に及ぶ。児童自立生活援助事業は、児童養護施設等退所後の二〇歳未満の者が生活することを援助する地域のホーム事業である。児童養護施設等を運営する法人が一体的に運用することが多い。いずれも届け出制の事業であり本体事業がなければ成立しない。

学童保育がなぜ児童福祉施設として法制化されなかったのかは不明である。放課後の要保育学童児を対象とすることが異なるのみであって、保育所と基本的にかわるところはない。筆者の理解では、社会福祉法人などの施設に隣接して設置されたり公立学校内に設置されることがあるにしても、学童保育は付随的事業ではなく事業独立性が高い。事業継続性公益性もある。児童福祉施設でなく事業にする理由は見当たらない。

三　「設備及び運営に関する基準」「運営指針」にみる学童保育の〝生活〟

１　〝従うべき基準〟と〝参酌基準〟

一九九八年の法制化後、二〇〇七年に厚生労働省雇用均等・児童家庭局育成環境課通達「放課後児童クラブガイドライン」が出されているが、ここでは詳しく触れない。最低基準という位置づけもなく生活の基準や内実は曖昧な通達である。

今日の学童保育政策における「生活」の位置づけの集大成というべき政策が、二〇一四年（平成二六年四月三〇日）厚労令六三の「放課後児童健全育成事業の設備及び運営に関する基準」（以下、「省令設備運営基準」という）、それを詳細に示した二〇一四年（平成二六年五月三〇日）厚労省雇用均等・児童家庭局長通知「放課後児童健全育成事業の設備及び運営に関する基準について」、そして事業と実践の指針とも言うべき二〇一五年（平成二七年三月三一日）厚生労働省雇用均等・児童家庭局長通知「「放課後児童クラブ運営指針」の策定について」（以下、「運営指針」という）である。

「省令設備運営基準」「運営指針」は、二〇一五年施行の子ども・子育て支援法に伴う児童福祉法改正に伴って出されたものである。子ども・子育て支援法は、放課後児童健全育成事業を含む子育て支援施策にかかわる費用の根拠となった法律で、保護者の第一義的責任をベースとし、国には後方支援としての財政支援責任があるのみとする法である。

子ども・子育て支援法成立とともに改正された児童福祉法第三四条の八の二の①では、「市町村は、放課後児童健全育成事業の設備及び運営について、条例で基準を定めなければならない」、同②では「市町村が前項の条例を定めるに当たっては、放課後児童健全育成に従事する者及びその員数については厚生労働省令で定める基準に従い定めるものとし、その他の事項については厚生労働省令で定める基準を参酌するものとする」（傍線筆者）としている。

「参酌」基準とは、地方自治体が条例等を定めるにあたって国が示す基準を十分参照して定めよという基準である。従事する者の資格と員数は従うべき基準として強い規制がかけられ、その他の設備等については「参酌」基準とされたわけである。ちなみに「省令設備運営基準」第一〇条では「放課後児童支援員の数は、支援の単位毎に二人以上」とされている。

この法改正後に出された省令設備運営基準で、この参酌基準が「最低基準」（第二条、傍点筆者）と位置づけられている。児童健全育成事業者に「最低基準を超えて、その設備及び運営向上させるよう勧告することができる」（同三条、傍点筆者）ともされている。法的根拠がないまま事業者に最低基準遵守義務を課せられるか疑問が残る。行きすぎた表現であったのか、翌年二〇一五年三月三一日付の「運営指針」では、「放課後児童クラブの運営の多様性を踏まえ、「最低基準」としてではなく、望ましい方向に導いて行くための「全国的な標準仕様」としての性格を明確化する」（傍点筆者）と〝微修正〟が図られている。

２　「生活」保障の到達点としての「省令設備運営基準」「運営指針」

子どもの生活視点から、省令設備運営基準並びに運営指針を見てみよう。

省令設備運営基準第五条は、「小学校に就学している児童であって、その保護者が労働等により昼間家庭にいないものにつき、家庭、地域との連携の下、発達段階に応じた主体的な遊びや生活が可能となるよう、当該児童の自主性、社会性及び創造性の向上、基本的な生活習慣の確立等を図り、もって当該児童の健全な育成を図ることを目的とする」としている。児童福祉法でいう「適切な遊び及び生活」から一歩踏み込んだ表現がなされている。

さらに運営指針では、育成の基本を「放課後児童クラブにおける育成支援は、子どもが安心して過ごせる生活の場としてふさわしい環境を整え、安全面に配慮しながら子どもが自ら危険を回避できるようにしていくとともに、子どもの発達段階に応じた主体的な遊びや生活が可能となるように、自主性、社会性及び創造性の向上、基本的な生活習慣の確立等により、子どもの健全な育成を図ることを目的とする」（傍線筆者）とし、以下のことが定められた。

小学校低中高学年毎の子どもの発達理解、育成支援の内容、放課後児童クラブの運営、学校及び地域との関係、施設設備、衛生管理、安全対策、職場倫理等。

「子ども自身が見通しを持って主体的に過ごせるようにする」「子ども達が協力し合って放課後児童クラブの生活

を維持できるようにしていく」「一人ひとりと集団全体の生活を豊かにする」など生活にかかわる記述がかなりある。このうち、生活保障をめぐる具体的記述として注目すべき点が四つある。

・子ども集団の規模

「子ども集団の規模（支援の単位）は、子どもが相互に関係性を構築したり、一つの集団としてまとまりをもって共に生活したり、放課後児童支援員等が個々の子どもと信頼関係を築いたりできる規模として、おおむね四〇人以下とする。」

・おやつ

「発達過程にある子どもの成長にあわせて、放課後の時間帯に必要とされる栄養面や活力面を考慮して、おやつを適切に提供する。……おやつの提供に際しては、安全及び衛生に考慮するとともに、子どもが落ち着いて食を楽しめるようにする。」

・静養専用区画、遊び専用区画

「放課後児童クラブには、子どもが安全に安心して過ごし、体調の悪い時等に静養することができる生活の場としての機能と、遊び等の活動拠点としての機能を備えた専用区画が必要である。」

・専用区画

「専用区画の面積は、子ども一人につきおおむね一・六五㎡以上を確保することが求められる。」

生活集団としての適正規模を四〇人以下とすること、おやつ提供の必要性があること、静養専用区画遊び専用区画が必要であること、児童一人あたりの最低面積を一・六五㎡としていること、である。しかし、参酌基準であるためか現実にはいずれも守られてはいない。厚生労働省調べでは、児童一人あたり一・六五㎡の専用区画面積を満たさない学童保育が一九・六％、補助金交付単位の「支援の単位」においても六〇人規模以上が七・二％を占めている。八

○人九○人規模の学童保育が少なくないと言われていないところも八・九％存在している。[7]

省令設備運営基準と運営指針をどのように評価すべきか。

「最低基準」（？）もしくは「全国的な標準仕様」ができたことは、放課後児童の生活の質を基底づける施策としてそれなりに評価することができる。あるべき生活の方向性を示したという点で、学童保育実践の独自の価値を認めその実践の質向上の手がかりとなったことは間違いない。標準仕様を満たすことのできない事業の〝質〟を問うことが可能となるからである。

とはいえ、「省令設備運営基準」と「運営指針」には基本的欠陥があることを指摘しなければならない。「望ましい方向に導いて行くための全国的な標準仕様」では、放課後の子どもの生活保障とはならない。規制力は乏しい。加えて、従うべき基準であった放課後児童支援員複数配置「放課後児童支援員の数は、支援の単位毎に二人以上」は、二○一九年の第九次地方分権一括法であっさりと改悪されてしまっている。児童福祉法第三四条八の二「市町村が前項の条例を定めるに当たっては、厚生労働省令で定める基準を参酌するものとする」（傍線筆者）と。

複数職員配置は「省令設備運営基準」の生命線ではなかったか。自治体から要望があったことを法改正理由としているようだが、その程度の理由で国が自ら定めた基準を変えてしまっては、福祉における生活保障はできないと言うほかない。子どもの事故対応ひとつ取ってみても、職員一名配置ではリスクが高過ぎるであろう。

四　問われる学童保育の〝生活〟

「生活保障」視点から見て、この基準と指針に至るまでの政策過程を総括すれば、以下のとおりである。

第一は、児童福祉法で学童児にも保育を受ける権利が認められているにもかかわらず、政策としてまともに取り上げられてこなかったことである。このことが今日にいたる学童保育施策の遅れを招いてきた最大の原因となっている。

第二は、その結果、学童保育の政策目的における「生活」が揺れ動き続けてきたことである。一九七六年の留守家庭児童対策、一九九一年の放課後児童対策事業、さらに一九九八年の法制化を経て、二〇一五年に設備運営基準及び運営指針が策定されるまで、かなりの変遷が観察される。「保護及び育成」→「遊びを主とする」活動→「適切な遊び及び生活の場」→「子どもが安心して過ごせる生活の場」の変化である。児童福祉法では児童福祉における処遇について、「養育」「保護」「保育」「養護」「自立支援」などの言葉が用いられ多様な支援が行われているが、それらはいずれも子どもの「生活」支援がベースとなっている。学童保育における子どもの処遇も〝遊び〟だけに特化しえない。生活なき学童保育は成立しない。学童保育施策目的の変遷はその生活理解をめぐる変化の歴史でもあったと言えよう。

第三は、学童保育における〝生活〟とは何か、ラジカルに問われる事態に立ち至っているということである。「省令設備運営基準」と「運営指針」によって、「生活」が明確に位置づけれられたことは現実の反映でもあるが、その〝生活〟の内容と水準が明らかにされなければならない。

一般に福祉政策においては、対象となる人間の尊厳を守りその生活を保障するために、国、自治体、事業者に対して強い規制が課せられている。そのひとつが最低基準遵守義務である。児童福祉施設最低基準にならって、省令設備運営基準および通達設備運営基準には同旨の文言がある。しかし、その意味はかなり異なる。

児童養護、保育などのニーズのある児童の「生活」保障は公的責任とされる。職員配置基準、施設設備の基準が明確であり、その「生活」保障にどれほどの費用がかかるか、子ども一人あたり経費として算定される。その費用に見合う国自治体の費用負担の基準が定められている。保育所を例にとれば、児童福祉施設の設備及び運営に関する基準（最低基準）で、医務室、調理室、保育室等の設置が義務づけられ、面積基準、保育士、嘱託医、看護師、調理員配置の基準が示されている。予算措置として、事務員、看護師配置費用も示されている。保育士は、乳児がおおむね三人につき一人以上、満一歳以上三歳に満たない幼児におおむね六人に一人以上、満三歳以上四歳に満たない幼児おおむね二〇人に一人以上、満四歳以上の幼児おおむね三〇人に一人以上の配置が必要とされる。十分ではないが各専門職の給与水準も別途公開されている。これだけでは乳幼児の生活を保障することが困難であるためか、予算措置で三歳児配置で二〇人が一五人とされるほか、保育士等の処遇加算など様々な加算もある。さらに、都市部では独自の自治体加算も行われている。

それでも、保育士給与が低く保育士が充足できないなどの問題が生じているが、少なくとも保育所児童の生活保障は具体的な金額として示されていることを確認しておきたい。

これにたいして学童保育（児童健全育成事業）はどうか。具体的に児童の月額必要生活費が金額で示されていない。補助は行われているものの補助単価の根拠は明らかでなく、国の裁量による人件費補助が軸となっている。放課後児童の「生活保障」体系とはなっていない。学童保育が子どもたちの「安心して過ごせる生活の場」たりうるには、最低でも、政府裁量の補助金行政から脱し根拠のある生活費が示されなければならない。

以下は筆者の試論的提案である。

- 学童保育を事業から児童福祉施設に転換させる必要がある。
- 要保育の学童児の施設利用の権利保障義務が自治体に課せられる必要がある。
- 子ども集団規模が厳守され、子ども一人あたりの生活費単価が算定される必要がある。
- 静養専用区画、遊び専用区画、事務室区画が分けられ、給食に準じたおやつを出せるよう調理室を独立させる必要がある。
- 児童一人あたりの面積基準が抜本的に改善される必要がある。

・児童数単位での職員配置基準に改善する必要がある。数カ所兼務にせよ看護師が配置されるべきである。

コロナ禍によって、学童保育は脆弱な態勢の「事業」であることが浮き彫りになっている。働く指導員たちの「奉仕の精神」によってようやく成り立っていることも明らかになった。学童保育は具体的な生活保障として政策化されなければなるまい。

五　原点に立ち戻る――学童保育の未来

それほど意識されてはいないことだが、厚労省が放課後児童健全育成事業を利用できなかった児童を「待機児童」と呼んでいることに注目したい。

最近になって、厚労省が放課後児童健全育成事業を利用できなかった児童数（待機児童数）を発表している。二〇二〇年度七月一日の待機児数は全国で一八、二六一人にのぼる。全国学童保育連絡協議会調べでは二〇二〇年五月一日の待機児童数は一八、七八九人であるので乖離はあるが、放課後児童健全育成事業利用児童数およそ一三〇万人に対して一・四%、待機児童のいる自治体は厚労省調べで三九七、全国学童保育連絡協議会調べで四〇六である。およそ四分の一の自治体が待機児童を抱えていることになる。(8) 実際は、保育所同様に潜在的待機児はこの数字以上に存在すると見てよいであろう。

こども・子育て支援法成立以後、学童保育においても「待機児童」とする言葉が使われるようになっているが、保育所の待機児とはまったく異なることに注意が必要である。児童福祉法第二四条では要保育の乳幼児に対して市町村に保育所入所義務が課せられている。この入所義務が果たされない違法状態にある乳幼児を指して待機児童と言う。保育所待機児問題が社会問題となっているのは違法状態が解消されないからである。

これに対し学童保育は、「市町村は、放課後児童健全育成事業を行うことができる」としているのみで、省令設備運営基準及び運営指針においても行政の義務は明らかにされていない。運営指針で「入所承認の方法の公平性の担保」が謳われ、放課後児童クラブ利用手続きにあたって自治体に利用のあっせんや利用調整を指示（二〇一六年厚労省雇用均等・児童家庭局総務課長通知「放課後児童健全育成事業の事務手続きに関する留意事項について」）してはいるものの、利用の権利は明確ではない。

たしかに、自治体ごとに入所要件などが定められてはいる。だが、それらは優先利用要件であって、クラブ定員に充ちた場合は保留としたり、利用学年を限り児童館利用をすすめるなどの自治体もあって、実態はバラバラである。違法状態にある児童とは言い切れない。国の学童保育「待機児童」数もあまり当てにはならないといってもよい。だが、このことを逆照射すれば、「待機児童」として扱わざるを得なくなるほどに要保育学童保育児童の問題が社会問題化していると理解することができる。遊びが主目的の事業で生活を保障する必要がなければ、待機などと言う深刻な物言いは不要なはずである。政策課題として逼迫していると捉えることができよう。

すでに見てきたように、もともとは要保育乳幼児も要保育学童児も峻別はされておらず、現在も保育所と学童保育とではその果たすべき社会的役割はなんら変わるところはない。子どもに寄り添い心を響かせあってその生活を保障する専門職としての業務も変わらない。だが、学童保育利用の権利は曖昧であり、事業は「標準仕様」でしかない。合理的な説明はつかない。

結論は明らかである。学童保育を受ける権利を再確認すべき時期に来ている。学童保育は地域の施設として定着し、父母の労働を支え社会的にその必要性が認められるに至っている。学童保育を児童福祉法第二四条に位置づけ直すべきである。児童福祉法三九条に定められる保育所を乳幼児保育所と学童保育所の二種とし、学童保育を児童福祉施設とすべきである。

「学童保育」と言う言葉は、日本学童保育学会の名称にも代表的組織体である全国学童保育連絡協議会の名称にも用いられている。子どもたちの間でも違和感なく受け入れられている。だが、今日にいたるまで、政府は「学童保育」という言葉を一切使うことはなかった。「実践」という言葉も使われず「育成」が充てられてきた。「学童保育」が使われてこなかったのは「保育」には強い行政義務が伴うからであろう。

財政的に見ても、三歳から五歳の保育の無償化ができて学童保育制度の確立ができない理由はない。子育て支援策としても最良の政策となるはずである。そろそろ原点に立ち戻るべきではないか。学童保育の未来がそこにありはしないか。

注

(1) 厚生省児童局保育課『保育所の運営』全国社会福祉協議会連合会、一九五四年、四―五頁。
(2) 竹内嘉巳『新版増補　児童福祉法母子福祉法母子保健法の解説』時事通信社、一九七八年、二五三頁。
(3) 「昭和二一年夏　東京都乳幼児保育事業」(寺脇隆夫編『続児童福祉法成立資料集成』ドメス出版、一九九六年、三五六頁所収)。
(4) 著者不明「学童保育の現状」全国私立保育園連盟『保育所問題資料集　保育白書シリーズ№4　昭和三八年版』一九六三年、六四頁。
(5) 全国社会福祉協議会保育協議会・全国私立保育園連盟共同編集『保育所問題資料集　昭和四〇年度版』一九六五年、一二三頁。
(6) 全国学童保育連絡協議会事務局「法制化を足がかりにしてさらに学童保育を増やし、改善していこう」全国学童保育連絡協議会『日本の学童ほいく』一九九七年八月号。
(7) 厚生労働省子ども家庭局子育て支援課健全育成推進室「令和二年（二〇二〇年）放課後児童健全育成事業（放課後児童クラブ）の実施状況」二〇二〇年七月一日現在。
(8) 注（7）に同じ。
全国学童保育連絡協議会『学童保育情報 2020-2021』一二頁、二〇二〇年。

第二章　学童保育と学校教育の現在と未来

住野好久

はじめに

学童保育を利用する子どもたちは、平日の朝に家庭から学校へ行き、学校が終わると学童保育所へ行き、そして、家庭へ帰る。子どもたちの生活において家庭―学校―学童保育所は一連のものであり、相互に影響し合っている。今、予定されている学校教育の改革は、子どもたちの学校生活を変えるだけではなく、学童保育にも大きな影響を及ぼすものとなる。学童保育は学校教育の変化にどう対応し、どう変化すべきなのか。

一　子どもたちの学校生活の現在と未来

1　「新しい生活様式」というマニュアル式管理主義教育の浸透

今、学校は新型コロナウイルス感染症対策に追われ、学校生活はとても息苦しくストレスフルなものになっている。授業では「三密」を避けるという理由から「長時間、近距離で対面形式となるグループワーク」（各教科）、「近距離で活動する実験や観察」（理科）、「合唱活動」「リコーダーや鍵盤ハーモニカ等の管楽器演奏」（音楽）、「共同制作等の表現や鑑賞の活動」（図工）、「調理実習」（家庭）、「近距離で組み合ったり接触したりする運動」（体育）は控える等の措置をとることになっている。[1] 休み時間では密集する遊びや近距離で組み合ったり、接触したりする遊び（サッカーや鬼ごっこ等）は禁止され、学年毎に割り振られた場所で、一人静かに過ごすことが励行されている。教員も「トイレや移動教室へ行くときは密接、密集とならないように指導した」「友だちとくっついたり、接触するような遊びを避けるように指導した」ことをチェックリストに記入することが求められている。

このように学校での学習や生活は多くの禁止事項に縛り付けられ、学校での過ごし方はマニュアル化されている。これは、近年進められてきた「〇〇学校スタンダード」という管理主義的な取組の延長に位置づけられる。「スタンダード」は本来「標準」という意味であるが、従うことが求められる「規範」として運用されている。例えば、筆箱の中身、机上の教科書・ノート等の置き方、手の挙げ方、鉛筆の持ち方、廊下の歩き方、靴箱の靴の入れ方、無言で掃除をすること等がこと細かに示され、その通りにすることが求められる。

確かに、衛生管理などの必要な生活行動をマニュアル化することで、必要な行動を習慣化させることは大切なことである。しかし、なぜそうするのか、もっといい方法はないかと子どもたちが自らの行動の仕方を考え判断し決定する過程に参加する機会を保障しないと、子どもたちの主体性や判断力の育成を妨げるものとなる。

２　「個別最適な学び」がもたらす学びの孤立化と格差拡大

コロナ禍による臨時休校措置はタブレット等を用いたリモートによる学習を普及した。そして、二〇二一年度からはＧＩＧＡスクール構想の実現に向けて、一人一台のタブレット端末が子どもたちに提供され、ＩＣＴを活用した学習が行われていく。文部科学省は整備されていくＩＣＴ環境を活用した「個別最適な学び」の充実を提起している。[2] これは、子どもたち一人ひとりの特性や学習進度、学習到達度等に応じて指導方法・教材・学習時間等の柔軟な設定を行う「指導の個別化」と、子どもたち一人ひとりに応じた学習活動や学習課題に取り組む機会を提供する「学習の個性化」によって実現するものとされている。しかし、学習指導要領によって何を学ぶのか（教育内容）、どのように学ぶのか（学習方法）が定められている日本型学校教育において、子どもたち一人ひとりの興味・関心に応じて学習の到達目標を個別に変えることは困難である。「個別最適な学び」は結局タブレット等の学習アプリが一人ひとりに示す課題に取り組む学びとなるだろう。そして、個々の子どもの学習進度は数値化され、学力格差が顕在化されるため、子どもたちの学習意欲や自己効力感の格差がもたらされる。「個別最適な学び」と並行して「協働的な学び」が提起されているが、それは「『個別最適な学び』が『孤立した学び』に陥らないよう」にするための補完的な位置づけでしかない。

３　認知能力に加え「非認知能力」も評価

学習指導要領は、学校教育で育成を目指す資質・能力の一つとして「学びに向かう力・人間性等」を位置づけ、これを評価することを求めた。その際、①「主体的に学習に取り組む態度」として学習状況を分析的に捉える観点別評価を通じて見取ることができる部分と、②観点別評価や他者と比較する評定にはなじまないために個人内評価を通じて見取る部分があるとする。そして、①に位置づく意欲や粘り強さ、②に位置づく感性や思いやり等を評価することを求めている。[3] つまり、「個別最適な学び」を通じた見える学力の評価に加えて、学習への意欲・態度、感性・思いやりといった認知面ではない人格的な部分までが評価の対象となり、競争の対象となる。

４　息苦しい学校生活で傷つけ合う子どもたち

息苦しくストレスフルな学校生活は子どもたちをバラバラに分断する。それは近年、小学生の問題行動の増加として現れている。小学生の暴力行為発生率はこの五年で三倍以上、いじめの認知率も三倍以上増加している。不登校児童の割合もこの五年間で倍以上となっている[4]。

この状況に対し文部科学省は、学校が学習機会と学力の保障という役割だけではなく、全人的な発達・成長を保障する役割や人と安全・安心につながることができる居場所・セーフティネットとして身体的、精神的な健康を保障するという福祉的な役割をも担っていることに着目し、子どもたちの問題行動の増加に対して「全ての子供たちが安心して楽しく通える魅力ある環境であることや、これまで以上に福祉的な役割や子供たちの居場所としての機能を担うこと[5]」を求めているが、そのための具体的な提案はない。

５　学校で育てられなくなる子どもに欠かせない資質・能力

以上のような学校教育の状況では、子どもたちが小学生時代に獲得すべき次の資質・能力を十分育成することができない。

①生活と学習で進むマニュアル化は主体性・自立性を育てない

「新しい生活様式」というマニュアル式管理主義や「個別最適な学び」は指示された通りに行動し、学習することを求めるため、子どもたちは自分で状況を分析して最善を思考・判断し、主体的に行動する力を獲得できなくなる。

②生活と学習で進む個別化は社会性・共同性・当事者意識を育てない

マニュアル化され個別化・孤立化された生活と学習は「自分さえちゃんとできていればいい」「ちゃんとできないのはその子が悪い」といった利己主義や自己責任論的な価値観、そして、「自分は関係ない」という意識をつくり出す。そのため、みんなで力を合わせて自分たちが生きていく集団や社会をよりよいものにしていこうとする意欲、当事者・主権者としての意識を育まない。

③生活と学習で進む全人格評価は安心感や自己肯定感・自尊感情を育てない

絶えずみんなと同じようにできているかどうかをチェックされ、「決められたことや与えられたことをきちんとできることがよい子」という「よい子」観が広がる。(6) そして、「よい子」になれないのは非認知的な能力が不足しているからと評価され、粘り強く、あきらめず、頑張ることを強いられる。学校でも家庭でも「よい子」であるかどうかを評価される中で、子どもたちは安心感を得ることができず、自分らしさを発揮する経験が失われてしまい、自己肯定感や自尊感情が育ちにくくなる。

二　学童保育に求められるケアとエンパワーメント

以上のような学校教育の状況に対して、どのような学童保育が求められるのか。それは、文部科学省が学校に求めた「これまで以上に福祉的な役割や子供たちの居場所としての機能」を学童保育が担い、学校と連携して子どもたちが小学生時代に身に付ける必要がある資質・能力を育成することではないだろうか。

１　学童保育におけるケア機能がもたらす「居場所」

学童保育所は、保護者が労働等によって昼間家庭にいない子どもたちが学校教育の終了後に「ただいま～」と言って帰るところであり、「第二の家庭」としての役割を果たす。この役割が、一九八〇年代後半に不登校の子どもたちが増加する中で使われるようになった「居場所」という言葉を使って表現されるようになったのは一九九〇年代に入ってからである。二宮衆一（二〇一二）は、一九九〇年代に登場した「居場所づくり」としての学童保育実践は、たとえ否定的・問題的な言動であっても、そこに子どもたちの人間的な交わりを求める欲求を見いだし、それを共感的に受け止めることを重視する「『安心』『共感』『受容』を核とする他者との関係づくり」実践であり、「人間性の回復」を追求する実践だと特徴づけている。[7] この「居場所づくり」実践のために、村山士郎（一九九八）は、指導員が学校的な子ども観を捨て、「『できる・できない』という囚われをときほぐ」し、「『否定』『肯定』の枠を取り外して子どもを見」、「子どもは『悪』が大好き、『悪』的行為の中に子どもらしさを見ていく」といった「悪」的な部分も含めた子どものありのままを受け止めることの必要性を提起した。[8]

二〇〇〇年代に入り、このような受容的なかかわりは「ケア」と言われるようになった。竹内常一（二〇一六）は、ケアとは、排除され傷つけられ、不安や恐怖といった危機を感じている者に対して自己と他者と世界に対する基本的信頼をつくりだすかかわりであり、「他者のありのままを受け容れ、その他者の呼びかけを聴き取り、それに応えること[9]」を通して、子どもたちに安心感をつくり出し、自分の意思が尊重されて自己決定主体とみなされているという信頼感をもたらす働きかけと規定する。そして、受容する際には子どもの悲しみや喜びに「共感」することが求められるが、竹内は「共感」についてノディングスのケアリング論をふまえて、ケアする者の思いを押しつけ、それにもとづいて相手の感情を裁断する「投げ入れとしての共感」ではなく、苦しんでいる者とその苦しみを分かちあおうとする者とが対等な関係で互いに感じ合う「受け容れとしての共感」を求めた。[10] すなわち、幼いときから他者への基本的な信頼感や自己肯定感を獲得できず、さらに学校で傷つけられ、自尊感情を失ってしまっている子どもたちは、受容されることを受け容れられなかったり、対話することを拒否したり、指導員に際限なく甘えたり、それを受け容れられないと暴言・暴力をふるったりする。しかし、子どもたちのこうした姿を糾弾したり裁断したりするのではなく、その行為に込められた子どもの思い・願いを受けとめ、それを共感的に受け容れることである。

学童保育では子どもへの共感と受容は学校教育以上に重視されなければならない。学校教員には学校教育法で子どもに対する懲戒権が認められているが、指導員には懲戒権に関する法的規定はない。子どもたちの「心身に有害な影響を与える行為」はすべて禁止され（放課後児童健全育成事業の設備及び運営に関する基準（以下、設備運営基準と略す）第一二条）、指導員が子どもたちの挑発的な発言や行為に暴力的に対応することは認められていない。学童保育では子どもたちの「人権に十分配慮するとともに、一人一人の人格を尊重して、その運営を行わなければならない」（設備運営基準第五条第二項）のである。(11)

２　学童保育におけるエンパワーメント機能がもたらす「居場所」

竹内は、ケアを通して「自己と他者と世界に対する基本的信頼」を礎にしながら自己の存在を確かなものとするにとどまらず、「存在をめぐる当事者主体」として自己決定権を行使し、相互に応答し合う対話を通して生きるに値する世界を他者とともに創造する主体を育てる実践を提起した。しかし、学童保育ではありのままの子どもを共感的に受け容れることはできても、こうした主体を育てていくことは難しい。指導員には、学校教育的な教育のイメージはあっても、ケアと結びつけて子どもたちを主体に育てていくような教育的な働きかけのイメージが不足している場合が多いからである。

ケア的な相互関係を礎にして集団・社会を自治的に築くことのできる主体に必要な資質・能力をつくり出していく過程は「エンパワーメント」と呼ばれる。エンパワーメントとは「社会的、文化的な制約のなかで権力・権限（power）を剥奪されている人々が、それに気づき、学び、意識化しながらそれを奪還し、ある社会やコミュニティの意思決定に参加しつつ、社会における主権性、あるいは人生における原・著者性（self-authorship）を形成していくプロセスと理念[12]」と定義される。すなわち、抑圧された状態に置かれた個人や集団が、自らの権利意識に基づいて自己主張、自己決定、自己実現を行い、集団や社会のなかで自分が存在し生きていることに意味を与える自己の物語を綴ることができる力を社会的に獲得できるように援助することである。エンパワーメントで獲得するパワーは、外から与えられる力ではなく、一人ひとりが本来持っている力（潜在能力）であり、それが集団や社会によって承認されることで発揮され、高められる力である。したがって、エンパワーメントは、個々人が受容され自己実現でき相互にエンパワーメントされる平等で公正な社会を実現するプロセスでもある。このような子どもたちの内側にある力を引き出し、それを発揮できる集団・社会をつくり出すエンパワーメントが、学童保育に求められるケアと結びついた教育的機能なのである。

学童保育における教育的機能が、子どもたちの教科学習や宿題を支援することでも、学校教育の補完をすることでもないことはこれまでも指摘されてきた。住野好久（二〇一二）は学童保育における教育的機能の特徴を四点指摘している。第一に、学童保育は地域の教育力の担い手の一つであり、子どもたちの放課後生活における人間関係や活動の質を高め、人間的で全体的な発達を支援すること。第二に、自発的な遊びと生活の中で共同活動を促すことによって、子どもたちの自主性・創造性を育み、共同的な関係を築き、豊かな集団生活をつくる担い手に求められる自治的能力を育むこと。第三に、学童保育における教育的機能はそれだけが単独で機能するのではなく、身体的な養護や精神的なケアの機能と結合して発揮されること。第四に、教育的機能は指導員だけが担うのではなく、学童保育における生活や遊び・活動、異年齢の子どもたちなども担い手となり、これらの多様な担い手が結びついてより豊かな教育的機能を発揮できるようになることである[13]。このように学童保育において、共同的な遊びや生活の中で、ケアの機能と結びついて社会性や自治的能力を含めた人間的で全体的な発達を支援する教育的機能が発揮されることで子どもたちはエンパワーメントされていく。

学童保育がエンパワーメントとして教育的機能を発揮するためには、子どもたちが十分発揮できないでいる潜在的な能力を見出すことが求められる。そのために第一に、指導員は一見問題行動と捉えられる言動も、見方を変えることでそうすることができる能力として捉える必要がある。例えば、子どもたちが指導員に向ける暴言を「そんなふうにしか表現できない」ではなく「そういうふうに他者に関わることができる」「そういうふうに自己表現できる」能力があると捉える。第二に、不安や恐怖を感じている状態だと能力があっても発揮されないので、安心できる状況をつくり出すことで本来持っている能力を引き出す。つまり、ケアする過程を同時にエンパワーメントしていく過程にしていくのである。第三に、個々の子どもの日常的な言動を多面的・多角的に分析するとともに、一人ひとりが興味や関心を持つことを探したり、やってみたくなる環境を多様につくったりして子どもの新しい言動を引き出すことで潜在的な能力を見出すことも有効である。

3　エンパワーメントとしての学童保育における異年齢集団活動

学童保育において子どもたちをエンパワーメントしていくには、傷つき、自己肯定感の低い子どもたちを受け止め、励まし、協働する仲間の存在が必要である。学校の同一年齢の子どもで編成される学級集団は子どもたちにとってストレス要因の一つになる。同一年齢であっても心身の発達状況は多様で個性的にもかかわらず、「同年齢なんだからみんな同じようにできて当然」という素朴で形式的な平等感がもたらす圧力があるからである。このストレス要因は、異年齢集団での遊び・生活を基盤とする学童保育では軽減される。異年齢集団では発達状況の異なる子どもたちの協働の中で、下学年が上学年にありのままを認められ受け容れられることによる安心感や信頼感の獲得や、上学年が下学年に慕われ賞賛されることによって自己肯定感や自己効力感・自己有用感を高めることができるというケア的な機能が発揮されるからである。

さらに、異年齢集団は同年齢集団にないエンパワーメント機能を発揮することができる。すなわち、発達状況が異なるからこそ子どもたちは助け合ったり、支え合ったり、協力したりして自分たちで集団での生活をつくっていく経験をする。学校での同年齢集団ではみんなと同じようにできないと役割が与えられなかったり、役割や関係が固定化してしまうが、異年齢集団ではこれまで経験できなかった役割や任務も経験でき、これまで発揮できなかった能力を発揮することができる(14)。

三　学童保育と学校との連携における現在と未来

１　学童保育と学校の連携の変遷

学童保育は学校教育がもたらすディスエンパワーメントに対して、子どもたちをケアし、エンパワーメントする機能を発揮することが求められる。しかし、学童保育は学童保育所における実践に閉じてしまってはいけない。では、学童保育は学校教育とどう連携することが求められるのか。これまでの経緯を踏まえて考えてみよう。

①地域教育運動として学校との連携を想定した一九九〇年代まで

高度経済成長期から各地に学童保育所をつくり、その法制化を求める「つくり運動」が全国に広がっていく中で、学童保育所の持つ特徴を手がかりにして、地域の教育や子育て、そして、学校教育を変えていこうとする構想が描かれた。例えば、村山士郎（一九九二）は「学童保育は、地域に根ざしたもうひとつの『学校』である」「地域における学童保育運動は、教育運動であると同時に、地域の文化運動とも、生活・地域づくり運動とも重なり合う。そのにない手は、教師の運動とは異なり、多様な素人の集まりである。」と述べ、地域の幅広い住民を巻き込んだ教育改革の中に学童保育を位置づけた⒂。また、齋藤浩志（一九九八）は学校教育と学童保育との違いを論ずる前に「学校教育と学童保育を貫く実践の検討視点」として子どもを「発達の主体者」と捉え「人間が育ち合う『生活の土壌』を耕し培う」ことを提起し、学校・学童保育所・家庭での生活の中で教師・指導員・父母が協力・協働することを求めた⒃。

②学校完全週五日制と学校施設を活用した放課後事業批判

一九九五年度から学校の週五日制が月二回実施され、二〇〇二年度からは毎週実施されるようになる中、文部科学省も学校・家庭・地域社会の連携による教育の推進を重視し、放課後や学校休業日の子どもたちの「受け皿」づくりを進めるようになった。一九九〇年代には放課後に学校施設を活用して子どもたちの遊び場をつくる事業が各地で取り組まれ（大阪市「いきいき活動育成事業」（一九九二年）、横浜市「はまっ子ふれあいスクール」（一九九三年）、名古屋市「トワイライトスクール」（一九九六年）等）、二〇〇四年度からは「地域子ども教室推進事業」、二〇〇七年度からは「放課後子ども教室事業」として継続された。

こうした学校施設を活用した放課後事業に対し、学童保育のつくり運動に取り組んできた側は子どもたちの豊かな生活づくりになっていない、住民不在の事業であるといった批判、児童館で学童保育に取り組んできた側からは児童館の増設をせずに学校をその代用にしようとしているといった批判がなされた⒄。

この後、国は少子化対策として放課後事業を充実させるために、学童保育を学校敷地内や学校の余裕教室に設置することを推進するとともに、学童保育（放課後児童健全育成事業）と学校で行われる放課後子ども教室事業とを一体的または連携して実施する「放課後子どもプラン」を策定・実施した。この政策も学童保育の充実に逆行するものとして批判された。さらに、一九九七年に学童保育が児童福祉法に位置づくことで、学童保育は学校教育とも全児童を対象とした放課後事業とも異なることが明確になったことで、学校との距離は大きくなった。

③「放課後の学校化」と設備運営基準による学校との連携規定

学童保育と学校との距離が開いていく中で「放課後の学校化」という言葉が使われるようになった。池本美香（二〇〇九）は、放課後子どもプランが推進され、「学童保育を利用する子どもも、利用しない子どもも、放課後を学校で過ごす傾向が強まっていること」を「放課後の学校化」とした[18]。学校施設を放課後の子どもの受け皿にする国の計画は「放課後子ども総合プラン（二〇一四～一八年）」「新・放課後子ども総合プラン（二〇一九～二三年）」と継承され、「新たに開設する放課後児童クラブの約八〇％を小学校内で実施することを目指す。なお、既に小学校外で放課後児童クラブを実施している場合についても、ニーズに応じ、小学校の余裕教室等を活用することが望ましい[19]。」とされている。

他方、二宮衆一（二〇一〇）は「放課後の学校化」を「学校教育の目標に沿った積極的な教育的関与にもとづく放課後生活」が創出されていくこととらえ、それによって「子どもたちが自由な時空間の中で生みだし、営む」放課後生活が損なわれていくと指摘した。さらに、学校内の学童保育において学童保育所内での生活のルールを学校のルールに一致させるという学童保育所での生活の「学校化」の問題も指摘した[20]。「学童保育の学校化」が警戒される中で、施設面での連携は進んだが、学童保育と学校教育、指導員と学校教員との連携は進まなかった。

こうした状況の中で二〇一五年度から施行された設備運営基準は「放課後児童健全育成事業者は、市町村、児童福祉施設、利用者の通学する小学校等関係機関と密接に連携して利用者の支援に当たらなければならない。」（第二〇条）と、小学校と連携して学童保育を行うことを求めた。しかし、放課後児童クラブ運営指針には、学校との連携に関して「（一）子どもの生活の連続性を保障するために、情報交換や情報共有、職員同士の交流等によって学校との連携を積極的に図る。（二）学校との情報交換や情報共有は日常的、定期的に行い、その実施に当たっては、個人情報の保護や秘密の保持についてあらかじめ取り決めておく。（三）子どもの遊びと生活の場を広げるために、学校の校庭、体育館や余裕教室等を利用できるように連携を図る。」と、情報共有・施設の共同利用が求められているだけで、学童保育と学校教育とが協働して子どもや家庭に関わっていく行動・実践レベルの連携までは求められていない。

厚生労働省の実施状況調査では、学校と情報交換している学童保育所が九八・四％、学校施設の利用のための連携を行っているのが八〇・三％となっているが、どの程度の情報交換・連携を行っているのかはわからない。鈴木瞬（二〇一七）によると、「連携している」と言っても、その程度にはばらつきがあることが示されている。[21]

２　学童保育と学校の連携の未来

では、今後、どのような学童保育と学校教育との連携が求められるのだろうか。ここでは、学童保育と学校教育との連携の未来について三つの選択肢を示したい。

①学校の情報と施設を有効活用しつつも、児童福祉として独自の役割を担う

第一は、学校との連携は情報の交換・共有と施設の有効活用という最低限の連携を図るが、学校教育と連携して子どもたちに関わることよりも、学童保育は学校教育とは独立して児童福祉としての役割を担うという選択肢である。児童福祉事業として「保護者が労働等により昼間家庭にいない」（児童福祉法第六条の三第二項）家庭の子どもだけを対象にしている限り、現状よりも学校との連携が進むとは考えにくい。しかし、学校施設をさらに活用しながら、学童保育の利用条件を下げることでほとんどの子どもたちが対象となれば、学童保育を無視して学校教育を行うことが難しくなるだろう。学童保育は児童福祉としての独自の役割を担いながら、学校との行動・実践レベルの連携も含めた多様な連携を模索することになる。

②学校教育との連携を強化し、教育福祉（エデュケア）施設としての役割を担う

第二に、学童保育と学校教育の連携を強化するために、「放課後の学校化」を進め、「学童保育の学校化」を図っていくという選択肢である。学童保育は福祉的機能を果たすだけではなく、子どもたちを集団・社会形成の主体としてエンパワーメントする場としてより積極的に教育的機能を発揮していく。その過程で学童保育は学校教育と連携した学習や生活の支援、主体形成に向けた発達支援を行っていく。

こうした連携の先進事例がスウェーデンの学童保育である。スウェーデンでは全ての学校内に学童保育所（Fritidshem：School-age educare center）が設置され、学校長が管理・運営する教育福祉（educare）のための施設として、低学年（就学前〜三年生）の子どもの九割以上が利用している。学童保育の目標と内容の枠組みは小学校の学習指導要領（Läroplan）に示されており、その目標は教育的な面では子どもたちの「発達と学習を刺激する」こと、福祉的な面では「有意義な余暇を提供する」こととされている。指導員は小学校教員養成課程の中で養成され、午前中は小学校で教員として補助的な仕事をしつつ、午後は学童保育で指導員として働く。[22] このように学校教育が放課後の学童保育を一体的に担う取組はスウェーデンだけではなく、ドイツ（Ganztagsschule：全日学校（終日制学校））でも取り組まれている。

③各学童保育所や地域の特徴を生かした多様な連携のあり方を創造する

第三に、国としての統一的な方向性を持つことなく、学童保育所毎に、あるいは市町村毎にそれぞれの特徴を生かしながら、学校との一体化を図る学童保育所があれば、学校と連携することよりも独自に児童福祉の役割を果たそうとする学童保育所もある、という選択肢である。日本の学童保育の現状をふまえて多様な運営主体が多様な目標・内

容を持って多様な学校との連携の形態をとるという方向性であり、地域の子育てのあり方を各地域社会で決定していくという分権主義的な方向性である。

選択肢はさらに存在し、学童保育と学校教育の連携の未来を予測することは困難であるが、両者が連携することが両者の発展にとっては不可欠であることは間違いない。「子どもの最善の利益」という観点から、学童保育と学校教育の連携の制度、目的、内容、方法を、両者が対等な立場で議論し合える場で検討していくことが求められる。

注及び文献

（１）文部科学省（二〇二〇）「小学校、中学校、高等学校及び特別支援学校において合唱等を行う場面での新型コロナウイルス感染症対策の徹底について（通知）」。

（２）中央教育審議会（二〇二一）「『令和の日本型学校教育』の構築を目指して～全ての子供たちの可能性を引き出す、個別最適な学びと、協働的な学びの実現～（答申）」（二〇二一年一月二六日）。なお、ＩＣＴを活用した学びの個別最適化の推進については経済産業省（「未来の教室」プロジェクト）や日本経済団体連合会（「Society 5.0 に向けて求められる初等中等教育改革　第二次提言―ダイバーシティ＆インクルージョンを重視した初等中等教育の実現―」（二〇二〇年一一月一七日））等の経済団体も提唱している。

（３）中央教育審議会初等中等教育分科会教育課程部会（二〇一九）「児童生徒の学習評価の在り方について（報告）」。

（４）文部科学省初等中等教育局児童生徒課（二〇二〇）「令和元年度 児童生徒の問題行動・不登校等生徒指導上の諸課題に関する調査結果について」。

（５）中央教育審議会（二〇二一）前掲答申、一〇頁。

（６）こうした子どもたちの姿については、荒井育恵（二〇一六）『学童保育室で暴れる子どもたち』本の泉社を参照されたい。また、こうした「よい子」観に揺さぶりをかけたのが、石田かづ子・増山均（二〇一九）『静かだったら、学校と同じじゃん――学童クラブの窓から』新日本出版社である。

（7）二宮衆一（二〇一二）「学童保育実践の特質とその構造――『生活づくり』の歴史的変遷をたどりながら――」日本学童保育学会編『現代日本の学童保育』旬報社、一八六頁。

（8）村山士郎（一九九八）「子どもの豊かな生活づくりと学童保育の可能性」『学童保育』編集委員会『シリーズ学童保育１［総論］子どもたちの居場所』大月書店、二二一～二二五頁。

（9）竹内常一（二〇一六）『ケアと自治　新・生活指導の理論　学びと参加』高文研、九六頁（初出は二〇一三年）。

（10）同右書、一〇九頁（初出は二〇〇四年）。

（11）設備運営基準の子どもの権利に関する規定について、増山均は「学校教育の分野では今なお後ろ向きだが、学童保育の分野では国際的潮流の最先端に立つ『子どもの権利条約』の精神と規定が（児童福祉法、設備運営基準、放課後児童クラブ運営指針等に――引用者）明確に位置づけられており、現代日本社会における子どもの生活づくり、子ども期の充実に向けて先進的・先駆的役割を担っている」と指摘している（増山均（二〇一八）「学童保育における子どもの『生活づくり』とは何か――子どもの権利条約の視点から考える――」日本学童保育士協会編『学童保育研究』第一九号、かもがわ出版、一七頁）。

（12）庄井良信（二〇一〇）「エンパワーメントとはなにか」日本生活指導学会編『生活指導事典』エイデル研究所、五六頁。

（13）住野好久（二〇一二）「学童保育における教育的機能の特徴」日本学童保育学会編『現代日本の学童保育』前掲書、一四九～一五〇頁。

（14）異年齢集団の教育力について、住野好久（二〇二一）「発達をつくり出す異年齢集団活動とは」矢野博之編『特別活動』学文社、七九～九八頁を参照されたい。

（15）村山士郎（一九九一）『豊かさ時代の子どもと学校』新生出版、一七三頁。

（16）齋藤浩志（一九九八）「学校教育と学童保育」（森崎照子、近藤郁夫と分担執筆）『学童保育』編集委員会『シリーズ学童保育１［総論］子どもたちの居場所』前掲書、一一七～一四三頁。

（17）内田純一・播野京子・広瀬勉（一九九五）「放課後の学校施設利用をめぐって」児童館・学童保育21世紀委員会編『21世紀の児童館・学童保育Ⅱ　児童館・学童保育と居場所づくり――子どもの生活に躍動と癒やしの拠点を』萌文社、一八七～二一〇頁。

（18）池本美香編（二〇〇九）『子どもの放課後を考える――諸外国との比較でみる学童保育問題――』勁草書房、一四～一五頁。

（19）文部科学省・厚生労働省（二〇一八）「『新・放課後子ども総合プラン』について（通知）」。

なお、厚生労働省「令和二年（二〇二〇年）放課後児童健全育成事業（放課後児童クラブ）の実施状況」調査では、学童保育所は学校余裕教室で七、六二三カ所（二八・六％）、学校敷地内専用施設で六、六五二カ所（二五・〇％）が実施されている。

(20) 二宮衆一（二〇一〇）「子どもたちの放課後生活の現状と学童保育」日本学童保育士協会編『学童保育研究』第一一号、かもがわ出版、一四～二四頁。

(21) 鈴木瞬（二〇一七）「学校と放課後児童クラブとの連携に関する基礎的研究」『くらしき作陽大学・作陽音楽短期大学研究紀要』第五〇巻第一号・第二号合併号、六～七頁。

(22) アンナ・クラリフェルト（二〇一六）「スウェーデンの学校を場とする放課後活動の政策と評価」金藤ふゆ子編『学校を場とする放課後活動の政策と評価の国際比較』福村出版に詳しい。なお、スウェーデンの学童保育指導員養成制度については、住野好久、植木信一、松本歩子、中山芳一、鈴木瞬（二〇二〇）「大学における学童保育指導員養成に関する研究―スウェーデン・ストックホルム大学の養成課程の検討を中心に―」日本学童保育学会編『学童保育』第一〇巻、四七～五七頁を参照されたい。

第三章　「大きな家族」としての学童保育から地域づくりへ
――学童保育による家族的ケア機能の拡張――

宮﨑隆志

はじめに

学童保育においては、保護者・家族への支援的な関わりを直接に持たなくても、子どもの保育それ自体が家族の支援になっている。しかし、一歩踏み込むと、この当たり前の説明はそれほど簡単には成り立たない。問題の所在を確認するために学童保育の成り立ちを確認しておこう。

学童保育の拡充を求める運動は、高度経済成長期の就業形態と家族形態の変動に対応して生じたが、この二要因の衝突によって浮上した問題圏が家族のケア機能である。誰がどのように子どものケアを担うべきか、家族の責任とは何かが行政交渉の過程では繰り返し問われた。この文脈では学童保育は家族のケア機能の拡張を期待されて誕生したと言ってよい。一九九〇年代半ば以後には子育て・介護の社会化政策としての家族支援政策が打ち出されるに至った。学童保育の法制化や放課後児童支援員の制度化もこの流れの中にある。これは家族のケア機能を方向づけるものであり、家父長制を廃止した戦後の民法改正に比すべき制度改革であったとも言える。

しかしながら、新たな家族のあり方は依然として見通し難い状況にある。単に家族形態が多様化したにとどまらず、分断社会化の進展により圧潰の危機に直面する家族も確実に増加している。この状況においては、家族への支援といっても、家族が何を意味するのかは最早自明とは言えず、同様に、支援も無条件に善なる行為とは言えない。例えば、延長保育を働く保護者の現実を踏まえた必要な対応と理解したとしても、仮に現実のニーズに応じて深夜に至るまでの保育を行うなら、学童保育は結果としてワークライフバランスの歪みを再生産し助長する一翼を担うことにもなる。

学童保育制度において家族支援が位置付けられるに至ったにもかかわらず、現代の家族にとって学童保育が有する意義は自明とは言えない。本章では、このような状況を念頭に置きつつ、学童保育における家族支援の方向性、すなわち子育てに関わるケア機能を家族が担うための条件とそれに対応した学童保育の課題を検討する。

一　家族の在り方を問い直す

学童保育は、放課後の一定の時間、保護者にかわって子どもを養護し生活の場を保障するが、親権はもとより親にあり、子どもの養育方針の決定権は親権者に属する。この側面からみれば、学童保育は親子関係の一部に関与するに過ぎず、保護者のニーズに応える努力が要請されることになる。

しかし、児童虐待の防止の観点から親権の一時停止制度が施行された（二〇一二年）ことに見られるように、子どもの権利の擁護は親権の前提であり、学童保育における生活は子どもの権利を保障するものであらねばならない。それ故、学童保育の生活が子どもたち自身の要求に基づいて創られるようになれば、保護者のニーズと学童保育の生活との間に齟齬が生じることもあり得る。

問題はここに生じる。学童保育は、保護者のニーズに応えると同時に親子関係に対する介入行為になる。例えば行事を考えてみよう。乳幼児の保育に比べると、学童保育では子どもたちは仲間を自己形成の基盤に位置づけながら、保護者から徐々に自立していく点に特徴があり、指導員（放課後児童支援員）はこの集団的自立を支えている。その結果、学童保育は家族や学校と並立する子どもの自己形成の基盤になっていき、それに伴い子どもたちの要求が保護者の理解や要求と対立することは、自立の過程としてみれば必然的である。行事（主に中高学年であるが）はこの特質が端的に現れる場面である。お泊り会であれサイクリングであれ、何らかの行事の実施にあたっては保護者との交渉が必須になるが、子どもたちが企画した行事が常に保護者の想定の範囲内にあるとは限らない。[1]

この時に、指導員は保護者と子どもたちの間に立ちながらも、子どもたちと共に生活を創っている限りは、子どもたちの代弁者の役割を担うことになる。そうなれば交渉は、親子関係や保護者の価値意識の見直しを迫る意図的な介入行為にならざるを得ない。しかし、そこに「正解」はない。ましてやあるべき親子関係やそれを含む家族像を提示し保護者に働きかけることはできない。

松木洋人は、この場面に「私事性と社会化のジレンマ」が現れているという。[2] 社会化された子育て（保育）を担う施設型支援者・保育ママ・ひろば型支援者へのインタビューを通して、松木は、支援者たちが「子育ての責任を家族に帰責する子育て私事論」を侵犯することがないように社会化された支援実践のルールや枠組みを定めていることを抽出している。このジレンマは子育てが一方では私的であり、他方では社会的であることに起因するものである。

学童保育においても、このジレンマは同様に確認できる。日本学童保育学会『学童保育』の家族支援特集に掲載された実践報告においても、職員は気になる子どもの背後にある親子関係に潜む課題を推察しつつも、まずは学童保育に居場所を築くことを重視し、「家庭での困難な面がすぐには改善できなくても、学童保育で『楽しかった』と思える体験を積み上げていくなかで、Ａさんが母親と向き合うときのパワーにつなげていけたらと願った」という。[3] また、関係諸機関と連携しながら家族を支える重要性を指摘した実践報告でも、指導員の役割は「近所の世話焼きのおばさん」であり「地域の中にいて、気軽に相談できる頼りになるおばさん」と指摘されている。[4] 前者は個々の家族に直接介入することはできないことを前提にしたうえで、家族という私的世界の壁を低くするための段階的・中長期的な戦略が学童保育側に求められることを意味している。後者は、制度的に確立された専門家の意義を認めつつも、究極的には権力性を有する行政機関やその支援者とは異なって、家族の日常の延長線上にある支援者・団体であることを強調するものである。松木は、このようなアプローチを広場型支援者の語りに見出し、母親との非対称的な位置を否定することによって、責任ある母親として利用者を尊重する姿勢が現れていると評価している。

確かにこれらの実践的対応では子育ての「私事性」が前提され、そこに支援者の戸惑いが生じている。しかし、その実践経験を通して、それを乗り越えた地平が見通されていることにも留意すべきであろう。つまり、子育ての協働を基盤にした新たな家族の在り方である。その検討の前に、実践の論理を規定する要因として現れている子育ての私事性論について整理しておこう。私事性は法的な規定に起因する。戦前においては家産という私有財産の所有権が戸主を管理者とする家族の在り方を規定していた。戦後においては婚姻が個人間の同意、すなわち契約に基づき成り立つとされ、私人間の私的自治に委ねられている。扶養義務や相続等を規定するために家族が私的空間として定義されるのは、現在の社会では必然的である。この法的な規定は人々の日常意識にも反映し、家族はこの規定性を盾に自らを意図的に封鎖することもできる。

しかしながら、家族は私事性の形式を持ってはいるものの、他に依存せずにそれだけで存立できる絶対的存在ではない。近世の家族（家制度）は村社会と不可分であり、結や講という互助システムや入会地の総有に基づく資源利用・配分システムを前提にしていた。明治期以後には戸主は法的には私的所有者になったものの、農村の生産・生活は地主制に基づく共同体秩序に従っていた。大田堯による子育ての習俗研究は、「民衆のコミューンの自己制御装置」⑸の一環として子育てが行われていたことを明らかにしたが、これは現代でいうところの家族の法的な形態（私事性）と生産・生活の実体（相互依存性）との間にズレがあったことを意味している。高度経済成長期を経て確立した消費者家族は、実体レベルでも共同体から離脱したことにより、私的に自存する家族のように見えるが、日本型雇用システムの下では、住宅、年金、福利厚生などの企業福祉の枠組みを前提として家族が成り立っていたのであり、逆にみればこの枠組みが家族の形態を規定していた。これらは、個々の家族が生産・生活（ケア・子育てを含む）に関わる諸機能を果たすには、家族外の諸資源へのアクセスと依存が保障されていなければならなかったことを意味する。

一九九〇年代半ば以後も、そのような家族の存立の在り方には変化がない。変化したのは、外部資源への依存の回路であり、市場とそれを前提にした公的なシステム（子育て・介護等の支援システム）の拡充によって、現代の家族の形態は規定されるようになった。端的に市場依存型家族と呼んでもよい。

このように、家族はその機能を何等かの外部アクターに依存しながら担っているのであり、それは私事性という形態をとっていても変わらない。そうすると、学童保育における家族支援は、私事として生じている困難を社会化することによって解決することを目指すというよりも、家族の依存構造の組み換えによる家族の自立（自由度の向上）を意図していると言えるであろう。子どもが安心できる場所を築くことは、ホームの機能を学童保育と家族との協働により拡張することを意味し、「近所のおばさん」でいることも家族が有する衝撃吸収機能[6]を学童保育との協働で拡充することを意味している。学童保育が家族の依存構造を再編する起点になっていると言ってもよい。

このように見れば、〈私事と社会化〉問題は、家族の〈自立と依存〉の構造の再編過程で生じている現象と言える。そうすると本質的な問題は、学童保育を通して、家族の依存構造がどのように変わり、その結果、どのような家族形態を産み出すことになるのかという点にある。

二　家族機能の分析単位

但し、家族機能の担われ方という場合の家族の意味は今日では流動的である。個人化した社会であることを強調するなら、家族を構成する／しない、あるいはどのような家族形態をとるのかも、個人のライフスタイルに属する問題として理解されることになる。それに対し、久保田裕之はライフスタイルとして生成した多様な形態を家族というカテゴリーに包摂する際に、結局は標準的家族としての核家族を参照基準としつつ、その範囲を拡張して家族と呼ぶのであれば、多様性を強調したとしても理念型として規範的に設定された家族が分析の出発点に置かれていると批判している。

そのような接近方法に対置されるのが、ケアなどの機能に着目した家族の再定義という方法である。久保田は「家族は、〈ケア圏〉・〈生活圏〉・〈親密圏〉という三つの機能的圏域の偶発的な重なり合いとして再定位される」[7]と主張している。

小論はこの論争への関与を意図するものではないが、ここで注目しておきたいのは分析単位の設定方法である。標準家族という設定は、例えば久保田が挙げた三つの機能を完備していたと想定されているのであれば、上述の私事性の議論とも適合的である。つまり、私的な空間内部において諸機能を完結できるものが家族であるのならば、外部委託はその完結性が崩れた場合に生じることになり、従来は統制できていた機能を社会化することに伴う私的統制機能への干渉問題、つまり、私事性と社会化のジレンマが生じることになる。また、場合によっては、社会化された機能を担う支援者は、標準からの欠損を埋め、標準に近づけることを自らのミッションに据える可能性もある。

しかし、小論のように家族は常に外部アクターとの依存関係を前提としていると理解するなら、分析単位は個々の家族集団ではなく、それが実際に依存し再生産している諸関係の総体になる。この場合には、やはり機能に着目しつつ、暮らしの諸機能を重ね合わせ編成する主体として家族を把握することになるであろう。

三　子育てに関わるケア機能の重層構造

学童保育に関わる保護者と子どもを念頭に置くなら、子育ての「第一義的責任」を有するのは父母・保護者であるが、この場合の「第一義的」とは「第一次的」(primary) と解すべきであろう。プライマリー・ケアが日常の延長線上の総合的なケアを意味するのと同様に、父母・保護者は子どもの日常に密着した最も身近な依存先なのであり、子どものあらゆるニーズに応答することが求められる。しかし、プライマリー・ケアがその役割を果たせるのは、それを支える第二次・第三次のケアシステムがあるからである。子育てについても同様である。つまり、「第一義的責任」は子育ての責任を抱え込むことを意味するものでは全くない。

この点を確認するならば、家族の機能不全や親の養育責任を問題視することよりも、父母・保護者が「第一義的責任」を十全に果たすことができるような包括的かつ専門的な支援体制が整っているか否かが実践的にも理論的にも要点となる。このことは上述の分析単位の再設定の必要性と同義である。分析単位を検討するために、ここではやや単純化した子育て支援モデルを提示しておきたい。なお、家族についての定義の困難さを勘案して、ここではさしあたり、種々のケア機能を統合して成り立つ子育てを第一次的に担うものを家族としている。

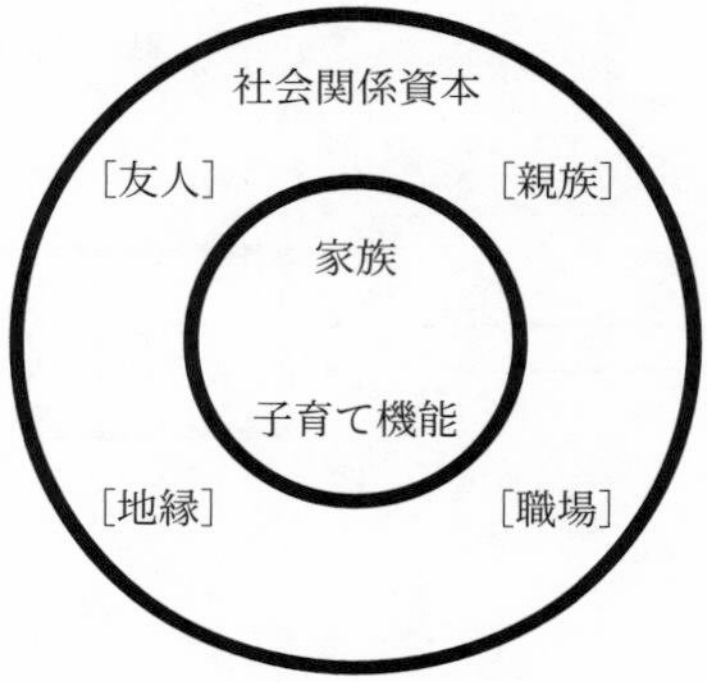

図１は、これまで述べてきたように、個々の家族は様々な依存関係を前

図１　子育て家族の基本型

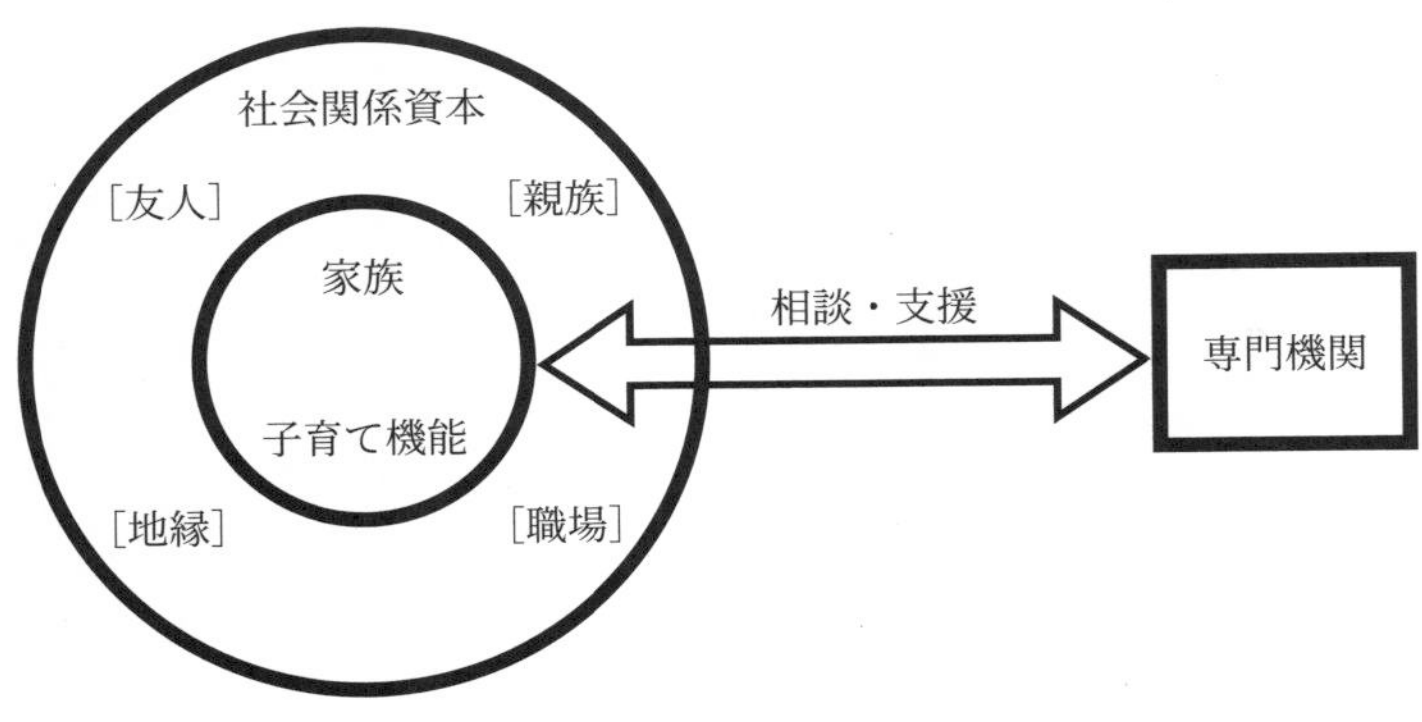

図２　専門機関による支援

提にして成り立っていることを示している。ここでは依存先を社会関係資本（Social Capital）として示したが、内容的には信頼に基づく支え合い機能を意味している。この外部に市場があり、市場への依存によっても家族機能は維持できる。

このような支え合い機能によって子育てに関わる日常が維持できない場合、さらに市場への依存も困難になる場合には、医療・療育や福祉・教育などの領域別に制度化された専門支援機関が相談に応じることになる⑻。

この場合の専門機関は医療や司法、あるいは児童相談所に代表されるような特別の介入権（権力）を認められたアクターであり、厳密なアセスメントに基づく処方を示すことが期待されている。しかし、子育て家族からすれば、日常とはかけ離れた専門機関であればあるほど、できるだけ「お世話になりたくない」というスティグマを伴うこともある。そうした機関に子どもが自発的に訪れることも通常は考えにくい。井口高志は、専門家への違和感から家族が支援関係を打ち切り自ら「閉じる」場合があることを指摘している⑼。その時に社会関係資本が機能していればよいが、そうではない場合は、家族の危機の強まりに対応して、依存関係が萎縮し途絶えてしまい、危機が深化する可能性も大きくなる。

そこで子育て家族と制度的支援との段差を埋めることが課題となり、ＮＰＯなどの非営利・協同の市民的な取り組みが重要な役割を担うことにな

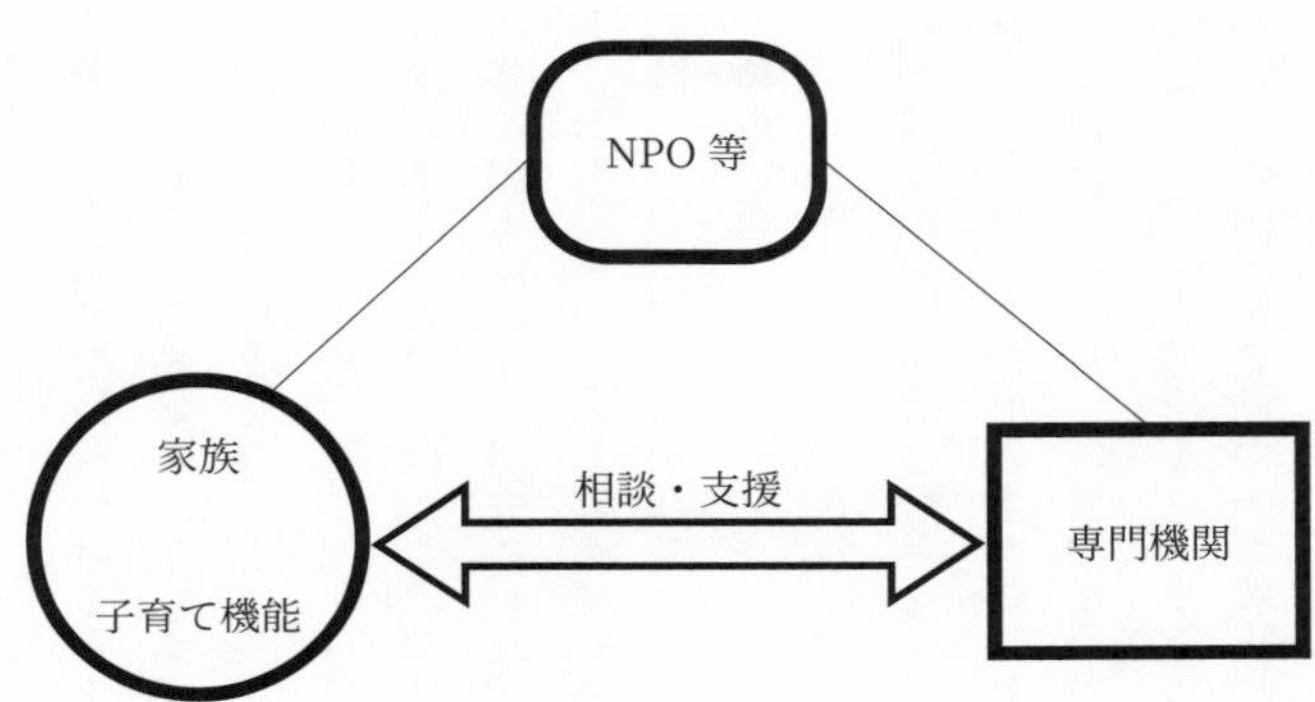

図３　NPO 等による媒介（家族の社会関係資本の表示は省略）

る。

ＮＰＯ等の非営利・協同団体は、アセスメントと処方指示というよりも、当事者の課題を共有し、当事者間の協同を組織することに重点を置くと言ってよい。いわゆる居場所機能も備え、当事者の日常性の延長線上に位置づく努力をしながら、専門機関とも連携をとり必要な専門的支援を当事者の日常に内在させるための媒介機能を担う。一方では専門機関に支えられたケア機能を担い、他方では当事者の生活世界を読み解きながら当事者にとって意味ある配慮を探求する。これらの組織は支援の実践現場に根ざすことによって、潜在化している問題を発見し場合によっては組織化する市民的専門性[10]を備えている。

しかしながら、これらの組織は当事者の日常に根ざしているものの当事者の生活の場にはならない。当事者の側からみれば、ストレスから解放され自分を取り戻すことができる場であったとしても、そこから日常に戻れば場合によっては再び孤独な闘いに挑まねばならない。親密なケアの圏域が成り立ったとしても、日常との不連続は越えがたい。

それに学童保育を対置してみよう。小論の冒頭でも確認したように、学童保育は子どもにとっての生活の場であり、子どもにとっての日常を構成する重要な要素になっている。子どもにとって居場所となるのみならず、保護者にとっても親密な空間になる場合には、学童保育は子育てに関わるケア機能の遂行の場として家族機能を担うと言え、いわば「大きな家族」となる可能性を備えている。

「大きな家族」については、利用者を制度的に区分しない「富山型デイサービス」の創始者である惣万佳代子が、自分たちの事業を特徴づけるキーワードとして使用している[11]。惣万は、病棟の看護師として勤務していたが、寂しさの中で亡くなる高齢者に接して、「病院でいくらお年寄りの命を助けても、人生最後の場面で泣いている」ことに看護師としての限界を感じるに至り、退職金を基に民営デイケアハウス「このゆびとーまれ」を開始した。制度的な区分を設けないため、乳幼児から高齢者まで、理由にかかわらず誰もが利用することができる。ここでは詳細は省略するが、惣万の著書には「このゆびとーまれ」におけるいくつかの看取りの経験が紹介されている。惣万をはじめとする多くの人々の中で見守られながら終える生は、病院という専門支援機関における死の対極に位置する。「このゆびとーまれ」では、乳幼児も認知症の高齢者も不登校の子ども達も、それぞれにそこで日常を生きている。看取りさえも日常の中に埋め込まれているといってよい。恐らく、惣万が「このゆびとーまれ」を「大きな家族」と呼ぶ理由はこの点にあるのであろう。

学童保育に戻れば、その場は制度的に規定されているものの、病院や児童相談所のような専門支援機関とも、非営利・協同の市民団体とも異なり、制度的に「生活の場」として位置付けられている点に特徴がある。人間にとって生活するとは、生活を創造することに他ならない（生活を創る生活）。現実の生活は他者との協働で創られるので、集団的な自己決定としての自治がその不可欠の要素であり、さらに互いの個性が発揮できるような協働・自治のためには、他者への深い配慮としてのケアが必須となる。さらに、生活を創りあげるのは長期に亘る過程であり、トラブルを含む日々の出来事を一つ一つ解決し、他者との折り合いをつけながら「常」なる状況を構成する努力の積み重ねに支えられている。このようにみれば、学童保育は親密な他者とのケア的関係に基づく生活の場となる可能性を持つのであり、保護者による子育ての場としての小さな家族と対比しつつ大きな家族と呼び得る場である。その可能性を実現す

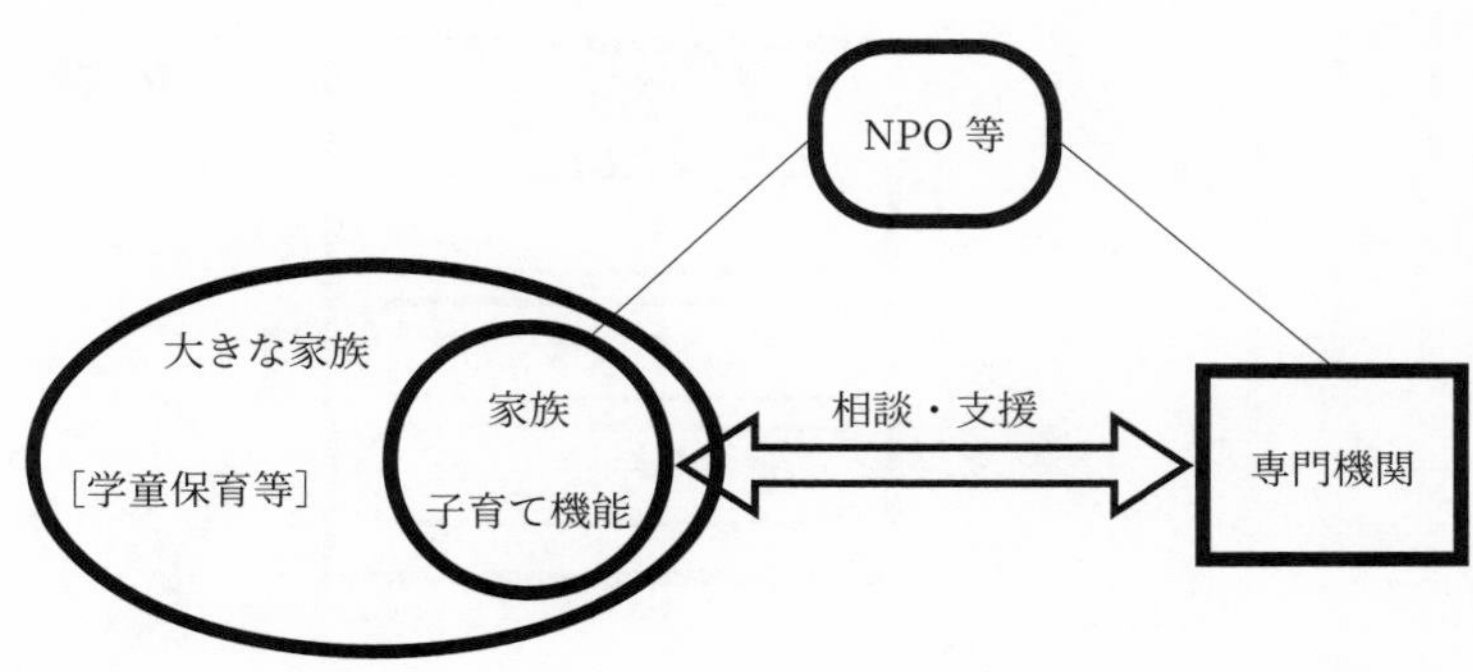

図４　大きな家族を単位とする支援

る条件は、第一は保護者と指導員の協働によって保護者にとっても学童保育が日常の延長に位置づくことであり、第二は専門的支援機関による支援や市場化されたサービスを、生活を創る生活の自由度を高めるように布置する調整機能である。後者がなければ当事者の日常と制度的支援は同期しない。第一の点は指導員の任務に含まれるが、第二の点は指導員だけで担うことはほぼ不可能であろう。先に見たように、この局面では市民的専門性を発揮する非営利・協同組織の役割が重要になる。この点を加味すると、先の図は図４のようになる。

しかしながら学童保育の日常は、学童保育が大きな家族になったとしても、そして非営利・協同の組織や専門機関の支援があったとしても、それだけでは安定しない。新自由主義とグローバリゼーションの下で激動する学校や職場の出来事が、小さな家族を動揺させるリスクはこれまで以上に高まっている。たとえ大きな家族となったとしても、そのリスクは学童保育だけで乗り越えていけるものではない。それをすべて抱え込めば、大きな家族の学童保育自体が行き詰まってしまうであろう（指導員の過重負担として集中的に現象する）。

学童保育が大きな家族として機能するためには、ＮＰＯ等の非営利・協同の団体と学校を含む地域組織が特定地域において連携し協働することが必要である。それは地域づくりに他ならない。子どもや保護者の視点から見れば、

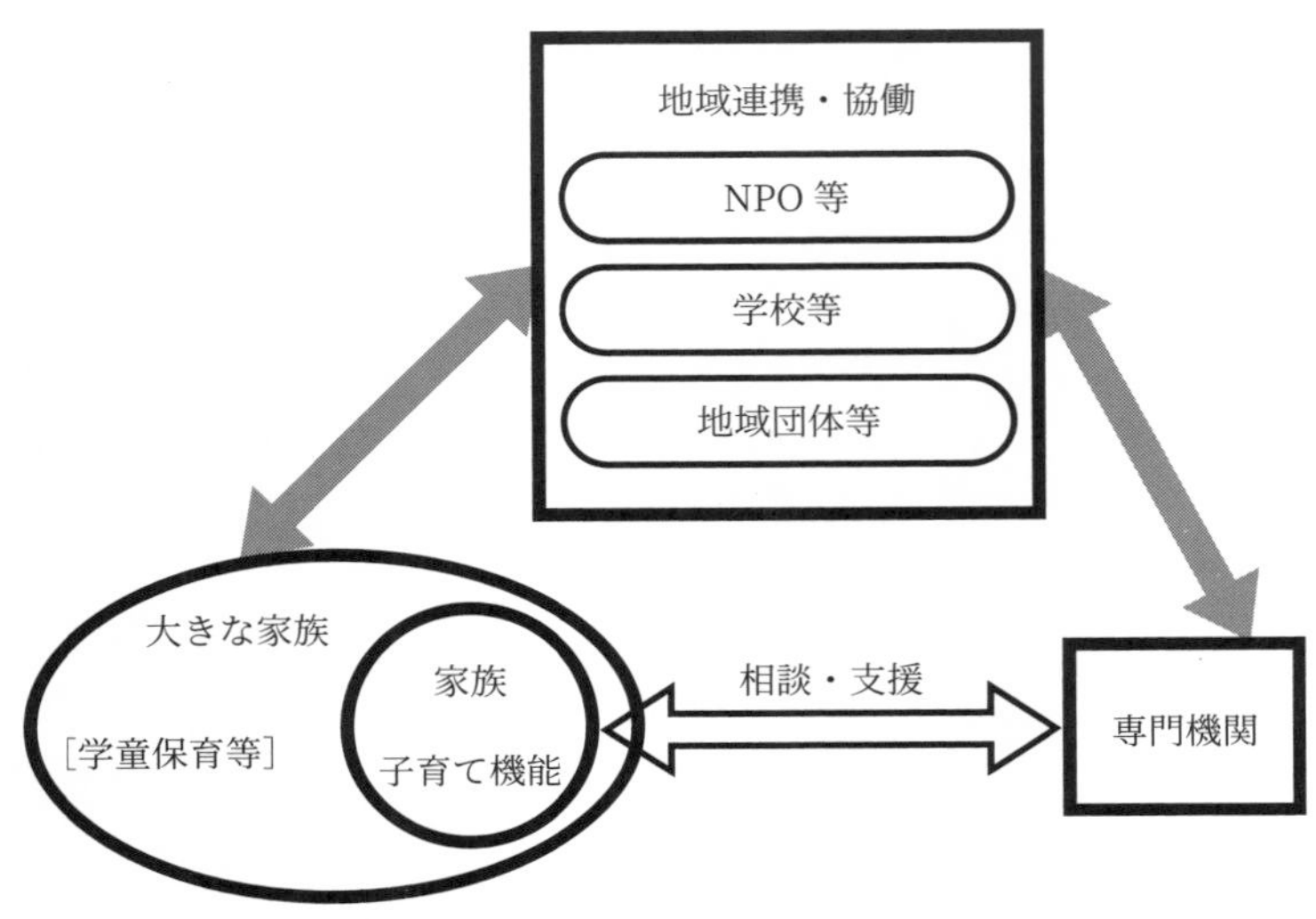

図５　地域づくり型支援

学童保育の日常が地域の中の他の福祉・教育機能を担う団体と緩やかに同期しつつ構成されるようになれば、大きな家族は地域の日常の中に埋めこまれたことになる。学童保育だけを生命線として地域の中では息をひそめて暮らすのではなく、学童保育という大きな家族に関わることによって、例えば町内会とも学校とも子ども食堂とも信頼に基づく支えあいの関係を築ける時に、(12) 初めて日常を維持する努力を続けることができるであろう。図１で述べた社会関係資本を大きな家族として豊かに持つことが、大きな家族の存続条件である。

おわりに

本章の課題は、学童保育における家族支援の方向性について検討することにあった。仮説的な整理に留まっているが、以下の諸点を確認しまとめに代えたい。

第一に、学童保育における家族支援の課題は、家族が家族として存立するために不可欠な依存関係の再構築の支援である。子どもの権利を基底に置きながら、どのような依存関係が子どもの最善の利益になるのかを、保護者の労働権の保障を視野に入れつつ共同で探究することが課題になる。その探求は理論的にというよりも、子育てに関わるケア機能を協働で遂行する経験に基づいてなされるであろう。

第二に、協働的なケアの経験が蓄積されるに伴い、生活の場としての学童保育はケアの場としての親密圏になる可能性がある。子どもにとってのみならず、保護者にとってもそのような場になったときに、学童保育は大きな家族と呼ばれ得る。

第三に、学童保育が大きな家族として機能するためには、大きな家族が依存する外部諸機能が子ども・保護者・指導員が日常を維持するために発揮している能動性と同期することが必要であり、そのための媒介機能をもつ団体や活動と学童保育との協働が求められる。

第四に、それは子ども・保護者の日常を構成する生活圏域に根ざして展開されるべきであり、端的に地域づくりと呼んでよい。人が育つ地域をつくるための特定地域における協働の一翼を学童保育が担うことが求められるが、それは地域の日常を共有する緩やかな協働として構想可能である。

以上より、学童保育において求められる家族支援の要点は、その家族がどのような状況にあったとしても、またどのような形態をとっていても、第一義的責任を有する保護者が子育てに関わるケア機能を能動的且つ十全に発揮できる自由度を高めることにあると言える。保護者と子どもの日常を構成する地域社会においてケイパビリティ(13)を高めることがやはり課題であろう。

注

（1）例えば、中野乃梨子「子ども集団の育ち―おとまり会の取り組みをとおして―」宮﨑隆志編著『協働の子育てと学童保育』かもがわ出版、二〇一〇年。

(2) 松木洋人『子育て支援の社会学　社会化のジレンマと家族の変容』新泉社、二〇一三年。

(3) 田中敬子「学童保育における子育て・家族支援について」『学童保育』第六巻、二〇一六年、一三頁。

(4) 堀江恵理子「学童保育における家族支援を考える」、同右、二五頁。

(5) 大田堯『地域の中で教育を問う』新評論、一九八九年、二六二頁。

(6) 家族は、契約と効率、そして選択性に価値を置く社会システムとは異なり、原則的には逃げることができない他者と向き合い出来事を共有するという受容性によって特徴づけられる。職場や学校での様々な出来事は家族内に持ち込まれるが、関係の構成原理が異なる場には、出来事の意味の相対化や転換の可能性が含まれている。但し、衝撃吸収というよりも衝撃を増幅する場合もある。「家族には知られたくない」ので、職場や学校での困難を一人で抱え込むことは、もちろんありえる。

(7) 久保田裕之「家族社会学における家族機能論の再定位――〈親密圏〉・〈ケア圏〉・〈生活圏〉の構想」『大阪大学大学院人間科学研究科紀要』37、二〇一一年、七七―九六頁。

(8) 以下の図は「さっぽろ子ども・若者白書」をつくる会編『さっぽろ子ども白書２０２０』でも示した。

(9) 井口高志「閉じること／開くことをめぐる問い」『支援』Vol3、生活書院、二〇一三年、五六頁。

(10) 藤井敦史「ＮＰＯにおける〈市民的専門性〉の形成――阪神高齢者・障害者支援ネットワークの事例を通して」『社会学年報』(33)、二〇〇四年、二三―四七頁。

(11) 惣万佳代子『笑顔の大家族　このゆびと－まれ』水書坊、二〇〇二年。

(12) 参考事例として、札幌市での「つきさっぷプロジェクト」をあげておく。宮﨑隆志「自己形成の基盤をみんなでつくる」『教育』二〇一八年七月号。

(13) 宮﨑隆志「地域社会発展への学童保育実践の展望」日本学童保育学会『現代日本の学童保育』旬報社、二〇一二年。

第四章　子どもの権利と学童保育の子ども観・子育て観

増山　均

はじめに

学童保育実践の中心的な課題は、子どもの権利保障にあるといってよい。学童保育は一九五〇年代に民間の取り組みとして大都市部で誕生し、一九六〇年代以降は市民の運動として全国的に広がり、二一世紀に入った今日ではその数は小学校数の倍近くにまで増加している。(1) 共通に掲げられてきた実践目標や課題は子どもの生活と発達の権利実現にあった。その際拠り所としてきたのが、わが国の児童憲章（一九五一年五月）であり、国連で採択された子どもの権利条約（一九八九年一一月）であった。特に子どもの権利条約は、その精神・理念が示す子ども観において、学童保育実践に重要な指針を提起していた。いちはやくその意義を把握した民間の運動では、たとえば全国学童保育連絡協議会主催の研究集会などでは、子どもの権利条約の採択直後から「子どもの権利を学ぶ」課題をテーマに掲げた分科会を設定し、条約の精神とその内容および実践的意義を学習して普及し、条約の早期批准を求める運動にも参加してきた。

一九九四年に日本政府がこの条約を批准してからは、条約の内容に照らして学童保育の施設条件を改善する取り組みや、実践そのものにおいて、条約の規定に基づく子ども観・子育て観の具体化が目指されてきた。そうした民間運動の努力や国内的・国際的世論の高まりを背景としてなされた児童福祉法の改正（二〇一六年五月）は、画期的な意義をもつ。なぜなら児童福祉の基本理念を定めたその第一条に「すべて児童は、児童の権利に関する条約（政府は「児童の権利条約」と訳している）の精神にのっとり、適切に養育されること、その生活を保障されること、愛され、保護されること……」と書き込まれたからである。さらに注目すべきことに、その前年につくられた「放課後児童クラブ運営指針」（二〇一五年五月）にも「放課後児童健全育成事業の運営主体及び放課後児童クラブは、児童の権利条約の理念に基づき、子どもの最善の利益を考慮して育成支援を推進することに努めねばならない」と明記されたのである。

こうして、今や学童保育の運営と実践は、子どもの権利条約に基づき、子どもの権利の実現を目指す社会的な取り組みであることが法的にも確認される段階に入っており、学童保育の専門職員（放課後児童支援員）の養成を目指す「放課後児童支援員認定資格研修」における必須カリキュラムの中に子どもの権利擁護の課題が組み込まれるに至っているのである。

「子どもの権利条約」の精神や理念が法や指針に書き込まれたことの意義は極めて大きいが、しかし法や指針に書き込まれれば、自動的に子どもの権利が実現するわけではない。問題は、その内容がどのように理解され、どのように実践的に具体化されるのかという点にある。そこで小論では、以下我が国の児童憲章と国連子どもの権利条約の理念と精神に沿って、子どもをどう捉えどう理解するか、その「子ども観」と子どもにどう働きかけ、どう育てていくのかという「子育て観」を明らかにし、学童保育が目指すべき子ども観・子育て観を検討してみたい。

一　子どもの権利条約の子ども観と学童保育

１「子ども像」ではなく「子ども（たち）観」を鍛える

「児童憲章」および「子どもの権利条約」の子ども観の基本は、まず子どもを一人の人間として尊重する（人として尊ぶ）ことに始まる。

「人として尊ぶ」ためには、未熟だから、未完成だからといって子どもを粗末に扱ったり、軽視するのではなく、子どもの声をよく聴き、子ども自身の捉え方・感じ方を尊重し、子どもから学び、子どもと共に歩むという姿勢が欠かせない。言うまでもないことだが、子どもが大人の言うことを聞かないからと言って、子どもに身体的・精神的な苦痛を与える行為はもとより、子どもへの体罰は絶対に許されない。

「社会の一員として重んずる」ためには、子どもの自主性・主体性を尊重し、活動の様々な場面において子どもたちの積極的な参加を促し、子どもたちの自治（企画・運営・管理を子どもの手にゆだねる）を尊重することが重要である。さらに、子どもの権利条約の「子ども観」には、「個人としての子どものみならず、子どもたち一般または集団としての子どもたちにも適用されることを含意している」という指摘があることを見落としてはならない(2)。個人としての「子ども（child）」だけでなく、「子どもたち（children）」を捉える視点が欠かせない。

子どもたち（集団）の発達段階に応じた「遊び」、発達段階をまたいだ異年齢集団による「遊び」は、子どもの主体性、自治の育成、参加の促進を進めるためにも、社会性と創造性を実現する上でも、もっとも基礎的な活動といえる。指導員・支援員は保護者との信頼関係を構築し、子どもの家庭環境や個人差を配慮しつつ、子どもたちの基本的な生活習慣の確立を促し、心身ともに健康な育成を図ることにその基礎的役割がある。

子どもに関わる実践において注意しなければならないのは、「子ども像」と「子ども観」の違いである。何かの子ども像（モデル）を基準にして、そのモデルとの比較において子どもを育てようとしていくと、不足していることや思い通りに育たないことばかりに目が向き不満がたまる。「良い子像」「偉人像」「期待される人間像」に学ぶことは大切であるが、そのモデルと目の前の子どもとを比較し、そのモデルにあわせようとする子育てには無理がある。子どもには一人ひとりさまざまな資質と個性があるから、目の前の子どもの姿・行為とその背景や、子ども同士の関係にしっかりと目を向けて観察すること、そしてその中にある〈育ち行く姿・育ち合う姿〉を捉えることへと視点を移していくことが重要である。

今日の学童保育実践においても、子どもを捉えるまなざしを、「子ども像」にあわせるものではなく、子どものたちのリアルな姿を捉える「子ども（たち）観」へと転換すること、子どもに向ける親たちの目が、「子ども像」に縛られて固定的で狭隘なまなざしに陥らないように、柔軟な「子ども（たち）観」を獲得して〈肯定的なまなざし〉へと転換するプロセスを援助していくことが重要なポイントだと思うのである。

２　子どもの声・姿・想いから出発する——「意見表明権」理解の幅と深さ

子どもの権利条約の子ども観で、やはり注目すべきは「子どもの意見表明権」の尊重である。子どもの〈意見表明〉というと、子どもたちが自らの思いや願い、不満や希望を「言葉」で述べる・主張することのように理解されがちだが、子どもたちの思いや願い、不満や希望は、必ずしも言語化されないことも多い。特に親による抑圧によって自己表現やコミュニケーション能力が育ちそびれている子どもたちの場合、言葉による表現は苦手であり、時に暴言や乱暴な行為となりやすい。こうした問題を、子どもの権利条約の規定に沿って、改めて考えてみたいと思う。

子どもの権利条約第一二条の「意見表明権」の規定は、次のようになっている。「締約国は、自己の意見を形成する能力のある児童がその児童に影響を及ぼすすべての事項について自由に自己の意見を表明する権利を確保する。この場合において、児童の意見は、その児童の年齢及び成熟度に従って相応に考慮されるものとする。」（日本政府訳）

「意見表明」の内容を見ると「自己の意見を形成する能力のある児童」とあり、自分の考えをまとめて言語化できるかなり高いレベルでの意見・見解の表明を想定しているようにみえる。しかし子どもの権利条約の英語正文をみると、日本語訳で「(自己の）意見」と訳されている単語は「opinion」ではなく「own views」と「view」が使われていることに注目しておきたい。[3]

view は、ラテン語の「みる」という意味からきており、opinion は同じく「考える」という意味からきた言葉である。つまり view の方がより幅広い自己認識をさしており、私の考えでは自己の「意見」や「見解」と訳すよりも、自分の「見方・感じ方・捉え方」と訳したほうが、より柔軟に子どもの思いや願いを受けとめることができるように思う。[4] 発達の未熟さから、自分の思いや願いや考えを、うまく言語化できない子どもたちも、それぞれのやり方で自分の「見方・感じ方・捉え方」を表現・表出していると捉えるべきであり、稚拙な表現・表出であってもその中にあるその子の思いや願いを受けとめることが、意見表明権を保障していく際の第一歩である。その第一歩から出発して、実践の積み重ねの中で言語によってしっかりと自らの思いを「意見（opinion)」として表明できるように育てていくことが重要なのである。

３　子どもの非言語的な意見表明を受け止める――大人の側の想像力と忍耐力

国連子どもの権利委員会は、この条約を批准した各国政府とのやりとり（五年に一度の政府報告書の審査および勧告の発表）を通じて得た知見をもとに、二〇〇一年から条約の主要条文をどう解釈すべきかについて「ジェネラルコメント（一般的意見・概括的解説）」を発表してきた。二〇〇五年の「乳幼児期における子どもの権利」（ジェネラルコメント第七号）の中では、「例え生まれたばかりの子どもであっても、自己の見解を表明する資格を与えられ」ていること「話し言葉および書き言葉を通じてコミュニケーションができるようになるずっと以前から、選択をし、様々な方法で、自分の感情、考えおよび希望をコミュニケートしている」ことに注目すべきだと指摘されている。[5] また二〇〇九年に出された第一二号（「意見を聴かれる権利」）の中には、「自己の意見を聴いてもらう権利」は障害のある子どもにも、マジョリティの言語を話せないマイノリティ、先住民、移民、難民にも及ぶことの指摘もある。たとえ言語で自らを表現できない子どもであっても、「遊び、身振り、表情およびお絵かき」などの非言語的コミュニケーションの形態で意見表明を行っているということを認識することが必要であり、こうした子どもたちの多様な「意見表明の権利」が尊重されるべきであるとの見解を述べている。[6]

また「自己の意見を形成する力のある」の部分も、「子どもには自己の意見をまとめる力があると推定し」「子どもの能力を可能なかぎり最大限に評価する締約国の義務」が問われているのだとの解釈を示した。[7] また「その子どもに影響を与えるすべての事柄」の内容についても、『事柄』を幅広く定義し、条約で明示的に言及されていない問題も対象とすること」としている。「子どもの最善の利益」（条約第三条）の第一義的考慮という基本原則は、「それ自体でひとつの権利を定めているというのみにとどまらず、他のあらゆる権利の解釈及び実施についても考慮されるべきであること」が強調されるとともに、条約第三条（最善の利益）と条約第一二条（意見表明権）とは切っても切れない関係にあるとしている。同時にこの二つの条文は相互に補完的な役割を有し、子ども（たち）の意見を聴きかつ子ども（たち）を包摂するための方法論を提供しており、「第一二条の要素が満たされなければ、第三条の正しい適用はありえない」としている。[8]

さらに重要な課題として、ジェネラルコメント第七号には、さまざまな形での子どもの意見表明を受け止めるには大人に対して「子どもの関心、子どもの理解力、および、好ましいコミュニケーションの方法を考慮しながら、忍耐をし、かつ、想像力を働かせること」が喚起されていたことに注目しておきたい。[9] 子どもが様々な形で表現・表出している「意見表明」を受け止めるには、子ども・子どもたちの声と姿と心を深く理解するための想像力と忍耐力が大人の側に求められているのである。

長い間、養護教諭をつとめ退職後に学童保育実践に取り組んだ石田かづ子は、学校の保健室ではあり得なかった小学生たちの暴言・暴力に出会って、その子たちとの格闘の実践を振り返って「暴言・暴力を意見表明（権）につなぐ」と表現した。この実践記録は、石田が学童クラブの子どもたちとの格闘を通じて、子どもの権利条約第一二条の精神と内容をより深く広い視野で捉え直していたことが窺える記録である。[10]

二　子どもの権利条約の子育て観と学童保育

１　子どものしあわせ（Well-being）の実現に向けて

子どもの権利を実現する学童保育の「子育て観」を捉える場合、まず、日本の学童保育が、その生成上の経過から、教育分野の法体系ではなく「児童福祉法」の中に位置づけられて発展してきたことの意味を検討しておくこと、すなわち「児童福祉」分野についての理解が欠かせないだろう。

児童福祉とは、「福」も「祉」も「しあわせ」「さいわい」の意味であり、子どものしあわせ（Well-being）の実現と健やかな成長・発達を保障する営みである。

ところで、子どもの健やかな成長・発達を願う場合、その営みの中に、次の六つの基本的権利――①生存権、②生活権、③学習権、④文化権、⑤更生権、⑥自治・参加権を確認しておくことが必要だと考える。[11] 子どもが健やかに育つためには、学習権（教育）の保障だけでは不十分である。その土台として、何よりも子どもの生存と生活が保障されていなければならない。児童福祉は、まさにこの「子どもの生存と生活の保障」を担う最も基底的な分野である。多くの場合、今日の社会的通念は「子育て」にとって重要なものは、前提としての生存権・生活権であり、次に重要なものは学校での「教育」であって、その他の文化権、更生権、自治・参加権の三つの課題の重要性が後回しになり、それらの諸権利と「学習権（教育）」との関連性が見失われている。

「子どもの権利条約」の諸規定をふまえて私見を述べるならば、子どもの健やかな成長発達を促す「子育ての概念」は、子どもの諸権利を実現するための働きかけ（育成＝育の内容）のあり方として具体化される。第一に子どもの命を大切にし、身体・心を優しく守り育てるということ、第二に子どもの日々の暮らし・衣食住の生活を保障すること、第三に子どもの能力や技能、学力や技術を丁寧に引き出し育てていくこと。第四に、子どもたち一人ひとりがありのままで、その精神を自由に羽ばたかせ魂を輝かせながら、生き生きと活動する取り組みを一緒に楽しんでいくこと。第五に、過ちや失敗やつまづきから立ちなおる機会を保障し、その過程を励まし続けていくこと、そして第六に、自分たちの思いや意見をまとめ上げて、自分たちの生活を取り仕切り、生活を向上させるために、仲間とともに社会に参加・参画していくことが必要である。

子どもの育ちと子育ての中に込められたこの六つの内容は、国連の「子どもの権利条約」のなかに総合的に規定されており、本来統一的に実現されるべきなのだが、今日の日本社会においては、いまだその理解が進んでおらず、親の子育て、教師の教育活動、学童保育指導員の実践における「まなざし」のなかに定着しているとは言えない。

従来から行政的営為においては、「福祉」と「教育」が著しく分断されていること。「文化」の領域が軽視され文化行政がきわめて貧弱であることが指摘され続けてきたし、少年法の「改正」に見られるように、少年司法の分野においては、「立ち直り・やり直し権」の保障ではなく、罰則規定の強化の方に傾いている。そうした時だけに、改めて学童保育実践にとって「子どもの権利」保障のための総合的な子育て観について、その全体像を理解しておくことが必要であろう。

２　子育てにおける《多面的・複眼的》視点とは何か——六つの権利と六つの《育》

改めて、子どもが健やかに育つ上で必要な課題について考察しておきたい。子どもたちが健やかに育つためには、次の〈六つの権利保障〉の視点とその権利を実現するための〈六つの働きかけ（育）〉が必要である。〔以下小見出しの（ ）の中は子どもの権利条約の関連条文である〕

①生存権：生きる権利・命と健康が守られる権利（第六条、第二四条）――療育

すべての子どもは飢えや病気や事件から守られ、安全に健やかに育つ権利がある。熱があるのに勉強させられたり、怪我をしているのにスポーツを続けるのは間違いである。体調が悪い時には、ゆっくり休んで、体を大切にしなければならない。命を守り心身を強くしていくことは、幸せな生活・人生づくりに向けての最も重要な土台だからである。

子どもの生存権を保障するのは《療育》であり、医療関係者や養護教諭が専門とする領域である。ちなみに「療育」の用語は、従来は障害児の生活と発達を支援する概念として理解されている。発達の遅れや障害のある子どもに対して、その特性にあった支援計画を実施することにより、発達と自立・社会参加をサポートしていく取り組みを表す概念として用いられてきたが、全ての子どもを対象とする用語として拡大して使用できるのではないかと考える。

②生活権：安心した生活が守られる権利（第二〇条、第二六条）――養育

すべての子どもは、くつろぎ安眠できる住居と食事・衣服が用意され、快適な生活が保障されねばならない。安心できる日々の暮らしと心を寄せられる家庭のなかで、子どもたちは成長を育んでいくからである。家庭を失った子どもには、新しい家庭や家庭に代わる施設が用意され、子どもを受け入れた大人の愛情の下で育てられねばならない。

子どもの生活権を保障するのは《養育》であり、ソーシャルワーカーやスクールソーシャルワーカー、養護施設職員など、福祉の仕事は養育を専門としている分野である。

③学習権：学ぶ権利、分かるように教えてもらう権利（第二八条、第二九条）――教育

すべての子どもに学ぶ機会が保障されねばならない。主体的な学びを通して、知恵と身体と心を発達させて、豊かな人格を形成していく。学ぶ機会と教育の保障は、子どもたちが人間として生き、幸せな人生を獲得するための基本となる権利である。子どもたちには、よく分かるように教えてもらう権利がある。

子どもの学習権を保障するのは《教育》の仕事である。学校の教師や社会教育分野の指導者の専門性は、子どもの学習権を保障する教育的力量にある。

④遊び権・文化権：楽しく遊び、想像力を羽ばたかせていく権利（第三一条）――遊育（ゆういく）

すべての子どもたちは、ゆっくりした時間・自由な時間が保障され、仲間とともに遊ぶ時間・場所が保障されねばならない。なかまとの遊びを通して人との付き合い方を学び、楽しい生活を作り出していけるからである。楽しみや心地よさを獲得できる文化や芸術への参加は、子どもたちの心を励まし、元気にさせていく。

子どもの文化権は、日本社会ではいまだに定立されていないけれども、子どもの遊びや文化活動は、勉強の付け足しなのではなく、成長・発達にとっての主食と呼べるものなのである[12]。文化権を保障するのが《遊育》であり、児童館の職員や学童保育の指導員、冒険あそび場のプレイワーカーの中心的仕事がそれである。

⑤更生権：失敗できる権利、やり直し立ち直っていく権利（第四〇条）――甦育（そいく）

すべての子どもたちは、成長・発達の途上であるから、時にはつまづいたり、失敗したりしながら育っていく。たとえ他人や社会に迷惑をかける行為を犯したとしても、自らの行いを反省してやり直し、立ち直っていく機会が保障

されねばならない。失敗しながら育つことは子どもの権利である。

子どもの非行や問題行動を処罰の対象と考える人が多いが、子どもの過ちや躓きも当たり前の発達の内容であり、たとえ犯罪を犯した子どもも、少年司法の分野で、立ち直りを援助される。非行対策や教護院や少年院の取り組みは《甦育》[13]と呼ぶべきものであり、全ての子どもの育ちに保障されるべきまなざしなのである。

⑥自治権・社会参加権：取り仕切り、参加していく権利（第一二条、第一五条）――治育（ちいく）

すべての子どもたちは、自分の気持ちや意見を表現し、自分たちの思いや意見を社会に伝えるために仲間と共に話し合い、自分たちの生活を取り仕切ることが大切である。また自分たちの生活を向上させるために、仲間と共に社会に参加・参画していくことができる。子どもたちは大人と共に社会を担うパートナーなのである。

二〇歳選挙権から一八歳選挙権に移行した現在、一八歳未満の子ども（児童）の時代に、主体として生活を営み、活動の主人公として、自治を営む体験が、社会の主権者に成長するうえで不可欠である。子どもたちは、大人や社会から見守られ育てられる存在であると同時に、小さいながらも市民として活動に参加・参画していく中で主権者として育っていく。そうした育ちを《治育》と名づけておきたい。

学校教育は、確かに子どもの知識・技術・体力・情操を発達させることを専門とする場所であるが、同時に、福祉、文化、司法、自治を大切にする場でもある。教育と同時に、療育・養育・遊育・甦育・治育の役割を無視してはならない。日本の学校は、教育以外の《育》の独自性を軽視・無視しており、特に遊育・甦育・治育の視点が失われているところに、弱点がある。

コロナウイルス感染拡大の中で学校が休校となったことにより、教室での教科学習だけではなく、子どもの生活と健康・文化を支える学校給食や保健室・図書室の存在の意義が見直され、改めて「学校の役割は何か」「子どもを育てる基本課題はなにか」とその本質的問題が問われているが、教育概念と相対的に区別される《育》の機能の多様性に目を向け、それらの機能に複眼的に着目すべき課題が再確認されているのではないか。

三　学童保育の「保育」概念をどう理解するか――統合概念としての《保育》

ところで、学童保育における《保育》概念はいかなるものであろうか。前節で検討した、子どもの生活と発達に関わる基本的な六つの《育》の中に「保育」は含まれていないが、「保育」の用語と概念は、いかなる意味と位置を持っているのだろうか。ここで結論的に私見を述べれば、学童保育における《保育》概念は、前節で見て来た六つの権利保障と六つの育の課題が一体的・総合的に包含された「子育てにおける包括的な概念」「多様な《育》を統合しうる概念」として理解するべきではないかということである。

乳幼児期に於いては保育所保育も幼稚園教育も、ともに《保育》すなわち「養護と教育を一体的に行う」ことがその目的であると理解されてきた[14]。乳幼児期の子どもにとって必要な生活と発達の課題は、幼稚園教育においても、《教育》ではなく、養護（養育）と教育が一体化された《保育》にあると把握されており、従来からも《保育》概念にはすでに複数の育が統合・包括された概念として捉えられてきたことがわかる[15]。原理的に考えていくと、幼児期に於いては「遊び」がもっとも重要な営みであるから、《保育》概念の中には《遊育》の概念をはじめその他の《育》も含み込まねばならないはずである。

子どもの成長発達は、乳幼児期から児童期、思春期、青少年期へと年齢と共に成熟し、自立していく過程として捉えられる。乳幼児期には年齢が低ければ低いほど養育の比重が高く、児童期になると遊育の役割が増し、思春期や青少年期になると、甦育や治育への配慮が不可欠となるというように、子どもの年齢段階により主たる育の課題には比重の違いがある。しかし、いずれの年齢段階においても六つの権利・六つの育の保障のあり方に目配りし、一体的・総合的かつ継続的に切れ目ない保障が求められねばならない[16]。

日本の学童保育の歴史的発展をたどると、そこには学童保育が保育の機能だけではなく、余暇・文化の機能が、さらには新しい形での教育の機能が生み出されており、「福祉・教育・文化の統合によって子どもの人間形成を豊かにする実践的取り組みであること」が指摘されている[17]。

乳幼児期における《保育》概念の総合性を土台にして、児童期に於いて六つの権利保障と六つの育を総合化した概念として、学童保育の《保育》の中にその総合性を読み取ることが可能である。学童保育とは、単なる保育の対象年齢の延長により便宜的に使用された用語ではなく、新しい質を含んだ総合的な子育て概念として捉え直すべきであることを確認しておきたいのである。

おわりに――「健全育成」概念を問い直す

学童保育の法的・行政的名称は、「学童保育」のままで良かったにもかかわらず、「放課後児童健全育成事業」（一九九七年児童福祉法）として規定され、「健全育成」がその目的・役割に掲げられてきたが、特に注意を要することとして「健全育成」の用語と概念の内容を取り違え誤った理解に陥らないことが肝要であろう[18]。

「健全育成」とは、子どもたちが「健康に発達」できる環境を保障することであり、外部から与えられた「健全」の内容・指標に沿って子どもを管理したり、「健全な子ども像」を掲げてそれに合致させていくことではない。育つ主体はあくまでも子ども自身であり、子どもたち自身が育ち合える「良い環境を整えること」が放課後児童クラブ・学童保育の役割である。

子どもの育ちは、時にはつまづき、失敗したり、間違ったりしながら育ちゆくことが「健康に発達」するリアルな姿なのだ。子どもたちの、思わぬいたずら・わるさ・いじめ合い・けんか・トラブルも、子どもの育ちの栄養素であり、毎日の生活と遊びの中に生まれるトラブルを子どもたち自身が解決していくプロセスを大切にすることこそが「健全育成」の中身であり、つまずきや失敗からの立ち直り・やり直しを保障することが、子どもの「健康な発達」にとって不可欠な視点なのである。

「放課後児童健全育成事業」と名づけられて法制化された学童保育の本質的な内容を、子どもの権利条約の理念に基づき、その権利の総合的な保障をめざす「保育」の場・施設として捉え直し、学童保育の用語と概念が内包していた豊かな可能性を、「健全育成」用語の中に閉じ込めてきた歴史的政策的なまなざしから解放し、包括的な子どもの権利保障をめざす新しい保育の概念に基づくまなざしへの転換を求めたい。

歴史的に児童福祉の中での位置づけが確立し、子どもの遊びと生活の場の保障を課題とする学童保育においては、従来の養育と教育の統合の視点に加えて、より自覚的に次の三つの権利保障・三つの育に配慮する必要があると思われる。第一は、ゆっくり、のんびりしていてもいいんだよ。楽しい・面白い・心地よいということが大切なんだよという（余暇権・文化権＝遊育）保障の視点、第二に失敗してもいいんだよ。つまづいたっていいんだよ。もう一度やり直して、立ち直って行けばいいんだよという（更生権＝甦育）保障の視点、そして第三に自分たちで決めてもいいんだよということ、自分たちの生活を取り仕切り、仲間とともに社会に参加・参画していく権利（自治・参加権＝治育）を特に大切にしたいということである。

現代日本社会の子育てにおいて、学校教育の価値観がますます肥大化して学校外の子どもの生活においても、学習・教育の比重が拡大している時、学童保育の子ども観・子育て観においては、その内容が《教育》へと偏向せずに、子どもの権利条約に基づいて、より包括的・多面的な育の実現に向かうまなざしへの転換を求めたいのである。そこに学童保育の質的深化と発展への道があると思うからである。

注

（１）二〇二〇年五月現在、全国の小学校数は一九、七三八カ所、学童保育数は二三、九七九カ所（支援の単位は三三、六七一カ所）となっている。
（２）子どもの権利委員会・一般的意見第一四号「自己の最善の利益を第一次的に考慮される権利」平野裕二訳、二〇一三年五月 https://w.atwiki.jp/childrights/pages/32.html（最終閲覧：二〇二一年二月二八日）。この見解は一般的意見第一二号（「意見を聴かれる権利」）のパラ九、一〇においても指摘されている。
（３）「own views」の解釈についての初発の指摘は、拙著『国連子どもの権利条約と日本の子ども・子育て』部落問題研究所、一九九一年一二月、七二頁〜七三頁。
（４）子どもの権利条約第一二条の捉え方・訳し方について最初に指摘したのは「赤ちゃんの泣き声と意見表明権」『子どもの文化』子どもの文化研究所、一九九四年九月号、および「子どもからのメッセージを聴く」『子どもだって人間なんだぞ！　マンガ子どもの権利条約』ヒューマンボイス、一九九四年一二月である。私のこの解釈は、二〇〇五年九月に国連子どもの権利委員会が公表した一般的意見第七号における見解と一致していた。
（５）「乳幼児期における子どもの権利の実施」に関する一般的注釈　第七号　完全翻訳（仮）パラ一四、日本子どもを守る会編『子ども白書』二〇〇六年版、草土文化、二〇〇六年八月、七四〜七五頁。
（６）子どもの権利委員会一般的意見第一二号「意見を聞かれる権利」平野裕二訳、二〇〇九年六月、パラ二一。
（７）同右、パラ二〇。
（８）子どもの権利委員会一般的意見第一四号「自己の最善の利益を第一次的に考慮される権利」平野裕二訳、二〇一三年五月、パラ四三。
（９）注（５）に同じ、七五頁。

（10）石田かづ子・増山均著『静かだったら学校とおなじじゃん！』（新日本出版社、二〇一九年八月）。

（11）六つの基本的権利については、「〈子育て〉の概念と子どもの権利保障をめぐって」大田堯先生を偲びお仕事を引き継ぐ研究集会（二〇一九年一二月一五日）での報告が初発であり、拙稿「子ども・子育てにおける《多面的・複眼的視点》とは何か―コロナウイルス休校措置の中で、子育て・教育の本質を考える―」『文京の教育』二〇二〇年五月号に詳述した。

（12）拙著『「あそび・遊び」は子どもの主食です！』Art.31、二〇一七年五月。

（13）《甦育》概念については、竹原幸太著『失敗してもいいんだよ――子ども文化と少年司法』本の泉社、二〇一七年五月、一四五〜一四七頁。

（14）「保育所における保育は、養護及び教育を一体的に行うことをその特性とするものである」（保育所保育指針）、また「幼稚園は、幼児を保育し、適当な環境を与えて、その心身の発達を助長することを目的とする。」（学校教育法第七七条）と述べ、幼稚園教育の目的としても保育概念が位置づけられている。

（15）児童福祉法案（一九四七年六月二日）には、第四四条に保育所の規定があるが、そこには「乳児または幼児の保育」にとどまらず、「保育所は少年も入所させることができる」として学童期の子どもをも対象に捉えていたことが示されている。法制度的にも《保育》の理解を、乳幼児期の子どもだけではなく児童期・少年期の子どもをもその対象として捉えていたことが分かる。児童福祉法研究会編『児童福祉法成立資料集成』上巻、ドメス出版、一九七八年一〇月、三六八頁。

（16）成長過程において、①発達のステージを切れ目なく、②分野横断的・総合的な育成支援を行う新しい概念として「成育」の用語と概念が、いまいくつかの分野から提起されていることにも注目しておきたい。《成育》の用語については、日本学術会議の提言「我が国の子どもの成育環境の改善にむけて――成育空間の課題と提言二〇二〇」（二〇二〇年九月二五日）において、児童期、青少年期の生活と発達環境のあり方の問題として提起されていた。この提言の中では《成育》の用語と概念についての直接的な説明はないけれども、教育の概念をも含めた子育てに関してより包括的な概念として使用されていることに注目しておきたい（なおこの提言は、二〇〇八年八月二八日に初発のものが出されている）。

また医療関係者の努力によって、二〇一八年一二月に制定された「成育医療基本法」も重要である。この法律の総則・目的には「児童の権利条約の精神にのっとり」と書き込まれ、生まれてから成人に達するまでの一連の成長過程において、切れ目なく、心身の健康に関する問題に包括的に対応する医療・保健を提供し、さらにこれらに密接に関連する教育・福祉に係るサービスを行うとある。

医療の分野から、子どもの権利条約の精神を位置づけつつ、教育や福祉の領域も視野に入れた領域横断的な取り組みの方向が打ち出されている。子育ての総合性・包括性・連続性を表現する用語としては《保育》よりも《成育》を使用した方が分かりやすいかも知れない。

(17) 拙著『学童保育と子どもの放課後』新日本出版社、二〇一五年一〇月、三五頁。

(18)「健全育成」の用語の歴史的背景と批判的検討について詳しくは、拙著『子ども研究と社会教育』青木書店、一九八九年五月、一五三～二一二頁。山口幸男『少年非行と司法福祉』ミネルヴァ書房、一九七一年、六〇～七七頁。竹原幸太「少年司法における子ども観の変遷――非行統制と教育的介入」『早稲田大学大学院文学研究科紀要』五三輯第一分冊、二〇〇八年、一三三～一三四頁を参照のこと。

第五章　日本の学童保育史研究の課題と展望

石原剛志

はじめに――日本学童保育学会設立と歴史研究

日本学童保育学会が二〇一〇年に設立されるまで、既存の学術研究団体が、組織的に学童保育を研究対象とすることはなかった。日本における学童保育研究は、主に学童保育運動団体によって担われ、研究者による研究成果の多くも、学童保育運動や学童保育実践が要請する課題に応えるものとして展開されてきた。そのため、日本の学童保育研究は「運動論、実態調査や学童保育実践の方法や内容にかかわる研究に比べると、歴史研究や国際比較研究の蓄積は乏しく、学童保育の原理や本質にかかわる理論化もほとんど手つかずのまま[1]」であった。

そこで、日本学童保育学会設立の意義の一つは、国際比較研究や歴史研究への道を拓いたところにある。同学会の組織的研究活動には、研究大会における課題研究（シンポジウム）の企画・開催があり、歴史研究に関するものとしては「学童保育の源流を探る――歴史に学び、地域のなかで学童保育とは何かを問う――」と題するシンポジウムが、日本学童保育学会第九回研究大会第一日目（二〇一八年六月二三日）に開かれている[2]。そして、日本学童保育学会の機関誌『学童保育』にも、わずかではあるが、日本の学童保育の歴史に関わる論文が掲載されるようになってきた。また、こうした動向とも関連して、諸学会の機関誌、大学の紀要などにおいても、学童保育の歴史研究ともいいうる成果が公表されている。

ただし、日本の学童保育の歴史や通史について一冊にまとまった本は、いまだ刊行されていない。これが、日本の学童保育史研究が未開拓の段階にあることを象徴的にあらわしている。以下では、近年の研究動向をふまえながら、日本の学童保育史研究の到達点と課題を確認し、今後を展望してみたい。

一　日本の学童保育史に関する先行研究と到達点

１　日本の学童保育史の起点

日本の学童保育の歴史を、はじめて通史的に描こうと試みたのは、西元昭夫（当時、全国学童保育連絡協議会事務局長）による連載論文「学童保育の歩み」（一九七四〜一九七七年）である。[3] この連載論文は、全国学童保育連絡協議会編『日本の学童保育〈隔月刊〉』（継続誌『日本の学童ほいく』、一九七七年一月から月刊）の創刊号から一九号まで一六回にわたって掲載されたもので、明治末から一九六〇年代末までの時期を対象としたものである。学術論文として書かれたものではなく、引用や注などの表記の方法に問題がないわけではない。検討対象とした時期についても、戦時下は空白となっている。それでも、この論文は、日本の学童保育の歴史について書かれたはじめての論文であり、日本の学童保育史のはじまりを「戦後」とする歴史像と学童保育史における重要な史実を確認する成果となった。

西元は、この連載論文で戦前において「『学童保育』とは呼ばれなかったが、学童を保育した実績があった」とした。さらに「大正時代に学童保育の原形をみる」（傍点、引用者）とし、二葉保育園が一九二三（大正一二）年に母子寮を発足させ、そこでの「小学部が今日の学童保育と同じようなものではなかったかと思います」とした。また、昭和に入って「セツルメント活動や隣保事業のなかでは、幼児の保育とともに児童クラブ等の活動もさかんに行なわれていましたから、今日の学童保育に似たようなものは、各地に存在していたのではないかと考えられます」（傍点、引用者）ともした。[4]

そして西元は、「学童保育そのものの歩み」の起点を、戦後、今川学園（大阪市東住吉区）ではじめられた「放課後保育」「学童組」の取り組みにおいた。[5] ここで西元は、今川学園の取り組みを「放課後保育」や「学童の保育」、「学童組」としており、「学童保育」とは書いていない。おそらく、保育所やセツルメント事業の一環としてではなく、独立した場所や事業として展開されるものを「学童保育」と捉えようとしていたのだろう。[6] しかし、今川学園保育所における「学童の保育」の内容や形態などまで明らかにできていなかったため、結局、あいまいにせざるをえなかったのだと思われる。

いずれにせよ、西元が描いた日本の学童保育史のはじまりについてのイメージは、その後、全国学童保育連絡協議会による歴史叙述、略年表などで繰り返し示されることになった。全国学童保育連絡協議会が一九七八年にまとめた文書「学童保育の原点と制度化へのみち――第六回合宿研究会のまとめ」には、次のように書かれている。

> 「学童保育」という言葉が生まれたのは戦後ですが、戦前にも学童を保育した例を見ることができます。……／戦後、最初に学童保育に着手したのは、やはり私立保育園や、セツルメント活動を行う児童館や隣保館でした。／一九四八年（昭和二三年）大阪の今川学園が児童福祉法を適用して学童の保育をはじめた……[7]

その後も、例えば、全国学童保育連絡協議会編『学童保育のハンドブック』（一九九五年、新版一九九八年）、『学童保育ハンドブック』（二〇〇六年）などに収められた「学童保育略史」や「略年表」では、「一九四八年　大阪市の今川学園で学童保育を開始」と始められている。また、真田祐（当時・全国学童保育連絡協議会事務局次長）による「学童保育の歴史をふりかえる」（一九九九年）も、次の引用に見られるように、基本的には、西元氏による歴史像を踏襲した。

明治時代や戦前にも幼児の保育所に学童も保育していた例が見られますが、日本における学童保育の本格的なスタートは一九五〇年代に、東京・大阪から始まりました。[8]

こうして西元による連載論文以降、日本の学童保育の歴史、特に戦前・戦時下・戦後改革期を対象とする研究がすすめられるまで、日本の学童保育史の起点にかかわる歴史像は維持された。

２　戦時下における学童保育に関する研究と日本の学童保育史像の再検討の必要

戦前・戦時下における学童保育の実施状況について明らかにしたのが、高島芳忠「戦前期の学童保育事業」（一九九六年）である。[9] この論文で高島は、戦前・戦時下における学童保育について社会事業関連雑誌の記事・資料等を渉猟し、二葉保育園における母子寮や軍人遺家族母子寮における学童保育、さらに一九四三年頃から愛媛県、名古屋市、東京都など各地に「児童指導所」「学童預所」「学童保育所」などと呼ばれた取り組みがあったことを示した。特に、西元が空白にした戦時下における学童保育について明らかにした点で、画期的なものであった。

また、亀口まかによる一連の研究は、より徹底して社会事業関係雑誌や地方史などに当たり、戦前・戦時下における学童保育についての研究を発展させた。[10] ただし、亀口は、独自に設定した概念、例えば、「放課後事業」や「学齢児保育」、「放課後支援」などを使用し、当時の雑誌記事等に使われている「学童預所」「学童保育所」「子供会」などとの概念との関連についても、また「保育」概念や「学童保育」概念との関連についても、十分な説明をしておらず、いわば「棚上げ」にしている。そのため、保育史として、あるいは学童保育史としての歴史像の構成が困難になっている。

西元の連載論文が書かれた当時、戦時下の学童保育についてはほとんど明らかになっていなかった。そのため、戦前と戦後の境目を「学童保育」以前と以後の境目とし歴史を描くしかなかったのかもしれない。しかし、戦前・戦時下における学童保育（この言葉を使わない場合も含め）を対象とした研究成果が複数現われている。また、古代から近現代までの日本の女性労働の通史においても、戦時下に重工業に従事する女性が増え、既婚女性の労働も拡がっていたこと、学童保育所が設けられた地域もあるという叙述がされている。(11) 日本の学童保育史を、戦後から始めるという歴史像について維持することは困難であり、再検討が必要になっている。

３　戦前におけるセツルメント・隣保館における取り組みと学童保育

西元の連載論文でも参照され、戦前日本における学童保育について先駆的に言及していたのが、鷲谷善教『私たちの保育政策〔実践保育学講座　四〕』（文化書房博文社、一九六七年）である。鷲谷は、同書の「第三章　保育施設の現状と諸形態」の「第四節　保育所の他の諸形態」において「八　学童保育」を位置づけた。戦前の「学童保育」については、次のように書いている。

> 学童保育は乳幼児保育と同様働く母親にとっては抜きがたい要求となっている。その要求は働く母親の増加と権利意識の高まりに対応する。
>
> したがって戦前においては、今日のような明確な形での大衆の学童保育要求は出てこなかったが、第一次世界大戦後、主として低所得階層の居住地域を中心として発達したセツルメントや隣保館においては幼児保育と並ん

で児童倶楽部の名の下に学童保育が行なわれた。そして保育所においても部分的には低学年児童も対象とされた。しかし、戦前においては、東大セツルメント等を除いてはそれらの多くは社会事業家や社会事業団体の貧民救済、貧児救済の一環としてとらえられていた。

学童保育と保育所の関係については、既述の神戸市婦人奉公会が日露戦争勃発に伴ない、明治三七年に開設した出征軍人遺家族児童保育所において、学齢児童を受託し、学用品を給与して保育所最寄の小学校に通学させた先駆的な実践例があるが、学校との関係についていえば、学籍がなく、義務教育を受ける権利を奪われていたスラムの子どもを対象に「父兄の貧困による不就労児童を収容する学校をたて、もって東京市に不学の徒をなからしめ」ようとした市議会の決議によって建てられた市立の下谷万年尋常小学校を先頭とする五つの貧民学校における実践がある。……（日本教育運動史　一　明治大正の教育運動　三一書房　一九六〇年九月）。そして同じ実践は四谷の鮫橋尋常小学校においても見ることが出来る（内務省地方局編纂「感化救済小鑑」明治四四年）。

これら戦前の実践と今日の学童保育とを結びつけることには無理があるが、学童保育が産業革命の生み出した婦人労働者の増加と無関係でなく、学童に対する何らかの社会的処置が必要であったという事実においては共通点をもっている。(12)

ここで鷲谷が、第一次大戦後、セツルメントや隣保館における「児童倶楽部の名の下に」行われたものを学童保育と見なしたのは、先駆的な提案であったと見ることができる。また、それが「今日のような明確な形での大衆の学童保育要求」にはなっておらず「貧民救済、貧児救済の一環としてとらえられていた」と、「今日」との違いを捉えようとしていたことも重要な提案である。

なお、セツルメントにおける取り組みについては、例えば、興望館『興望館セツルメント七五年の歴史』（一九九五年）が、その施設史のなかに学童保育（「少年少女部」「学齢児指導部」）を位置づけている。また、増山均は、『学童保育』とは呼んでいなかったけれども、菅忠道氏が『これはいまでいう〝学童保育〟みたいなものです』と回想していた帝大セツルメントの『お伽学校』（菅忠道『自伝的児童文化史』戦前・戦中期編、ほるぷ、一九七八年三月）のあゆみも見逃せない」（13）としている。

現状では、こうして確認されたセツルメントにおける学童対象の事業については、いわば「点」としての確認に終わっている。今後、こうした史実をふまえて、どのような概念で捉え歴史（像）を描いていくかという大きな課題が残されている。

４　学童保育を要求する新たな児童問題への注目

ところで、前述の『私たちの保育政策』からの引用部にあるように、鷲谷は、労働から解放されず就学できない段階での児童問題やそれに対応して設置された「貧民学校」と、学童保育との間に共通点を見いだそうとしていた。

これに対して、児童労働からの解放と就学の実現という課題とは異なる、放課後における新しい児童問題を析出したのが、黒澤ひとみ「一九二〇～三〇年代の隣保館児童クラブに関する研究――東京府大島隣保館の「実践児童都市」（二〇一九年）」（14）である。黒澤は、東京府下の細民地区に設置された大島隣保館の館長下竹芳敬が捉えた児童問題認識と「実践児童都市」の実践を検討し、一九二〇～三〇年代に実質的な国民皆就学が実現していくなかで「都市部の細民家庭では児童の放置放任が進」み、「児童が手にした放課後の自由時間を過ごすための場所、つまり遊ぶ環境がないという新たな児童問題を生じさせた」とする。（15）そして、「下竹房敬の思想は、戦後において『学童保育』が求められるに至った児童問題の歴史的性質を、戦前との関連で究明する上で重要なもの」と指摘したのである。（16）

さらに、黒澤は、この放課後における児童問題が、農村ではなく、都市の中間層においてでもなく、都市下層において現われたことに着目している。

農村であれば、生活と生産が一体化しており、学齢期児童も放課後は労働の担い手として家事や農作業に従事するため、居場所と役割があたえられる。しかし、都市細民児童の放課後はどうであろうか。下竹が描写したように、両親とも朝から晩まで工場で働きあるいは内職に忙しく、狭あいな家屋に児童の居場所なく、都市化により空き地や路上で遊べなくなり、路地裏の雑踏で時間をつぶすしかない毎日である(17)。

学童保育を必要とさせる児童問題がどのような内容を持って社会的に認識されてきたかを考えるうえで、黒澤の着眼点や指摘は重要である。この指摘から学ぶならば、学童保育によって解決すべき児童問題は、児童労働からの解放と義務教育の保障という課題がその地域社会でほぼ解決された後に、主に放課後の生活のあり方に関わって要求されるもの、ということになる。逆に、言いかえれば、放課後に、子どもが、子守り、家事労働、農家としての手伝いを担った地域社会においては、学童保育が広く求められることはなかったということである。

5　戦時下日本における新たな児童問題の広がりと今後の研究課題

すでに見てきたように、戦時下、特に一九四三年頃から各地で「学童保育所」や「学童預り所」などと呼ばれる事業が展開されたことが明らかになってきている。こうした事業が必要とされた背景は、戦時下、いくつかの地域において重工業への勤労動員が既婚女性を含み行われたことであった。

三九年〔西暦一九〇〇年代の末尾二桁を示したもの。以下同じ、引用者〕には金属工業や船舶工業の既婚女性は二割をこえていた。既婚女性は陸軍や海軍の造兵廠でも多数働き、東京第一陸軍造兵廠では四〇〇名の乳幼児託児所を設けている。四二年には結婚相談所が設置された。しかし、女性労働者の早・流産は多かった。四二年の「重要事業場労務管理令」に基づき戦時託児所が東京市、名古屋市などに設置された。学童保育所が設けられた地域もある。[18]

既婚女性にまで勤労動員が求められた地域で、戦時託児所だけでなく、学童保育所が設けられるようになったのは、なぜか。亀口まか「戦時期日本の学齢期保育――既婚女性の勤労動員との関係に着目して」（二〇二〇年）は、一九四三年以降に国民学校等に設置された学童保育事業（ただし、前述のように亀口は「学齢期保育事業」という概念を使用している）の設置をめぐる言説を分析し、「一部の家庭の児童を対象とした不良化防止や隣保事業というよりも、勤労動員の家庭の児童を対象とする戦時厚生事業であることが強調され」たことに着目している。[19] ここでの指摘と先述の黒澤の指摘とを受けて考えてみれば、一九二〇～三〇年代に都市細民家庭の子どもが放課後に放置されることで生じた児童問題は、一九四三年以降、既婚女性を含む勤労動員がすすめられることにより、都市細民の家庭に限らない「勤労動員の家庭の児童」にまで拡がったという仮説も成り立つ。その実証は、今後の課題である。

二　戦後日本の学童保育に関する先行研究と到達点

１　戦後日本の学童保育のはじまり――今川学園保育所や園長三木達子について

学童保育の関係者の間でも、今川学園における学童保育については、前述の西元論文が言及して以来、その後も年表等に位置づけられてきた。しかし、その具体的な内容についてはほとんど明らかにされていなかった。その後、セツルメント史研究として、井上和子「大阪の地域福祉と今川学園――三木達子の歩みを通して」（一九八六年）、同「大阪における戦後のセツルメント運動と学童保育――大阪市社会福祉協議会関係資料を中心にして」（一九八七年）によって、今川学園や三木達子の業績が明らかにされた[20]。

井上の研究成果をふまえて、石原剛志「今川学園保育所における学童保育と園長三木達子の思想と行動――敗戦から一九五〇年代半ばまで」（二〇一一年）が、今川学園と三木の行動を学童保育の歴史に位置づけた[21]。石原は、戦前・戦時下における学童保育の研究が進んでいない段階での「暫定的なもの」としながら、敗戦後から取り組みをはじめた今川学園保育所における学童保育について次のように評価した。

専任の保育者や専用の部屋を学童保育に不可欠の条件とし、「只今」と帰ってきた子どもに「おかえり」と迎えることの大切さを確認し、さらには「おやつは絶対必要」だとした学童保育像に今川学園保育所における学童保育実践は到達する。それは共同保育を中心に組織された運動のなかで到達した学童保育要求の内容に繋がるものであり、まさに日本の学童保育の起点となる実践として位置づけられるべきものである[22]。

2　戦後日本における学童保育運動史研究

日本の学童保育の歩みを振り返ると、政策主体に先行して保護者や学童保育指導員らによる要求や実践があったことが見えてくる。その意味で、日本の学童保育史において、運動史を欠くことはできない。

しかし、日本の学童保育運動史研究も、ようやく緒に就いたばかりである。保育所づくり運動のなかに学童保育所づくり運動を位置づけた成果には、橋本宏子『戦後保育所づくり運動史――「ポストの数ほど保育所を」の時代』（ひとなる書房、二〇〇六年）がある。同書は、第三章「『ポストの数ほど保育所を』の国民的大運動　一九五五年～七〇年」の「四　女性運動と保育所づくり」のなかに「(八) 学童保育所づくり運動」を位置づけた。

近年、地域における運動の史料を発掘し、学童保育運動史に着手した成果が発表された。石原剛志「講座　学童保育を求め、つくってきた人々　学童保育の歴史から学ぶ〔全六回〕」（全国学童保育連絡協議会編・発行『日本の学童ほいく』五〇六号～五一一号、二〇一七年一〇月～二〇一八年三月）である。(23) この連載論文は、敗戦から一九七〇年代はじめまでの戦後日本の学童保育運動史を、今川学園保育所における学童保育、大阪と東京における学童保育運動の成立と展開、愛知における学童保育運動の成立、運動の全国組織化について、父母・保護者、学童保育指導員の姿を軸に描いた。

証言集や資料集としての側面も強いが、運動を担った当事者や運動団体によって書かれた学童保育運動史には、例えば、次のようなものがある。草創期の東京の学童保育運動については、全国保育団体連絡会編『戦後の保育運動』（草土文化、一九八八年）が、松本ちさえ「東京の学童保育運動」を収録している。また、東京都学童保育指導員労働組合編『東京の学童保育運動』（さ・さ・ら書房、一九七二年）は、東京都における正規職員化を実現させた運動の経過と資料をまとめたものである。大阪における学童保育運動については、戦後大阪における学童保育の歴史をまとめた大阪学童保育連絡協議会編『ランドセルゆれて――大阪の学童保育二〇年』（労働旬報社、一九九〇年）があり、さらにさかのぼれば、大阪保育研究所編『燃える放課後―主体的努力を育てる学童保育の実践―』（あゆみ出版、一九八二年）の七（章）「大阪の学童保育のあゆみ」がある。また、大阪保育研究所は、学童保育を含む保育運動の証言集として、大阪保育研究所編『子育てはみんなのなかで――証言でつづる大阪保育運動の歴史①』（あゆみ出版、一九八六年）、同編『子育ての輪をひろげる――証言でつづる大阪保育運動の歴史②』（あゆみ出版、一九八六年）もまとめている。

ただし、以上のような出版社から刊行されたものは、東京と大阪の運動に集中しており、他の地域のものについては自費出版のような形で製本されたものにとどまる。現在は、そうしたものの収集や整理から課題となる段階である。

３　日本の学童保育の通史と時期区分

現在、日本の学童保育の通史は描かれていない。ただし、放課後児童健全育成事業の創設に至る法制度とそれ以前からの運動の展開を中心に通史「的」に叙述したものに、石原剛志「学童保育の概念・歴史・制度」（二〇一三年）[24]がある。石原は、仮説的に戦前・戦中・戦後の関連について歴史像を提示するとともに、戦後についても、次のような仮説的な時期区分を提示した。

・「その他」の児童の「保育」から「学童保育」へ（敗戦から一九六二年頃まで）
・学童保育運動の成立と国・自治体施策のはじまり（一九六二年頃から一九七二年頃まで）
・学童保育運動の全国組織化・制度化要求と都市児童健全育成事業（一九七二年頃から一九九〇年頃まで）
・放課後児童対策事業の施行と「学童保育の法制化」（一九九〇年頃から一九九七年頃まで）

しかし、日本の学童保育の通史を描くためには、各地でそれぞれに発展してきた地域における学童保育の運動史や実践史がモノグラフとして描かれ、通史として総合していく作業が必要となる。その道のりは長いものになるであろう。

三　日本の学童保育史研究の課題と展望

以上をふまえて、日本の学童保育史研究について、その課題を四点にわけて提起し、今後を展望したい。

第一には、組織的な研究体制をつくっていく課題である。日本学童保育学会の設立を機に、日本の学童保育の歴史研究は、ようやく始まったという段階である。日本学童保育学会をはじめ関連する学会、研究グループが、個人研究の交流を進める役割を果たすとともに、学会として組織的研究に取り組んでいく必要がある。

第二に、史資料の保存と整理、活用、さらには聞き取り調査に取り組む課題である。筆者（石原）が、大阪や全国の名を冠する前の学童保育連絡協議会の運動史について一部ではあれ書くことができたのは、大阪学童保育連絡協議会における史資料保存の努力と、名古屋・愛知の史資料についてその一部を筆者が委託され保存できていたことによるものであった。

地域での学童保育運動は、ほとんど歴史として叙述されていない。それでも、運動のなかでの経験がその人達のなかで記憶され、後に続く人たちがそれを聴くことができるうちはよい。しかし、例えば、愛知学童保育連絡協議会が結成された一九六九年から数えて五〇年が経ち、大阪学童保育連絡協議会が結成された一九七〇年から五〇年が経った今、そうしたことも難しくなってきた。過去を知る人々の記憶に頼ることができなくなってきたからである。言いかえれば、記憶を記録として残す作業に、自覚的に取り組むことが求められるようになってきたのである。特に、一九六〇〜七〇年代の学童保育運動を担った人たちから聞き取りを組織的に行っていくことが必要になっている。

また、すでにある様々な史資料（例えば、各学童保育所の父母会・保護者会の総会資料、ニュース。各学童保育所のおたより。各学童保育連絡協議会によって作成されたニュースや会議資料など）も、保存や整理に向けた方針がなければ、捨てられ失われたりしていくしかない。もちろん、未整理のまま全てを保存していくということも不可能である。今後、各地・各団体の運動史資料について、学会から、現存史資料の保存と整理について呼びかけ、保存や整理を進めていく必要がある。資金を確保できれば、デジタルカメラによる撮影・保存なども可能であるし、復刻ができれば多くの人が活用できる。

第三に、学童保育実践史をまとめる課題である。すでに、教育学や乳幼児保育学の分野では、これまで刊行されてきた実践記録を踏まえた実践史がまとめられている。例えば、教育学においては、教育科学研究会編『戦後日本の教育と教育学〈講座　教育実践と教育学の再生　別巻〉』（かもがわ出版、二〇一四年）があるし、乳幼児保育学においては宍戸健夫・木村和子・西川由紀子・渡邉保博・上月智晴編『保育実践のまなざし―戦後保育実践記録の六〇年―』（かもがわ出版、二〇一〇年）などがある。

学童保育実践についても、次のように優れた実践記録が刊行されてきた（以下のものは、単行本として刊行されたものを、地域のバランスなどを考えて発行年順にピックアップしたものである。もちろん、全てではない。【　】内は、その実践が展開された地域）。

①　大塚達男・西元昭夫編著『あめんぼクラブの子どもたち』（鳩の森書房、一九七〇年）【埼玉】
②　中村雅子『昼間のきょうだい』（鳩の森書房、一九七三年）【神奈川】
③　全国学童保育連絡協議会編『あそびで育つ子どもたち――学童保育のすべてⅡ』・『生活を創る子どもたち――学童保育のすべてⅢ』（一声社、一九七六年）【全国】
④　三橋登志枝『おもいやりと夢を育てる』（一声社、一九八一年）【東京】
⑤　大阪保育研究所編『燃える放課後』（あゆみ出版、一九八二年）【大阪】
⑥　高橋ヨシヱ・川島武久『子どもと共に育つ』（一声社、一九八三年）【東京】
⑦　宮里和則・北島尚志『ファンタジーを遊ぶ子どもたち』（いかだ社、一九八六年）【東京】
⑧　夢野北学童保育所編『親育ち・子育ち』（労働旬報社、一九八八年）【兵庫】

⑨　日本女子大学附属家庭福祉センター編、佐藤進・田中美奈子・須之内礼子著『学童保育の福祉問題』（勁草書房、一九九三年）【東京】
⑩　大阪保育研究所編、白畠美智子著『仲間のなかでひかるとき』（労働旬報社、一九九五年）【大阪】
⑪　森崎照子・近藤郁夫『心の共鳴』（法政出版、一九九六年）【愛知】
⑫　障害をもつ学童の放課後保育を支援するつばさ応援団編、安藤京子著『ぼくらは放課後に育った』（共同文化社、一九九八年）【北海道】
⑬　東京都学童保育連絡協議会編『ぼくらのオアシス学童保育』（一声社、一九九九年）【東京】
⑭　片山恵子『一筋縄ではいかないのです』（大月書店、二〇〇一年）【埼玉】
⑮　大阪保育研究所編、札内敏朗・船越勝著『あそびなかまの教育力』（ひとなる書房、二〇〇一年）【大阪】
⑯　清水結三著・福田敦志解説『荒れる子どもとガチンコ勝負』（フォーラム・A、二〇〇七年）【大阪】
⑰　河野伸枝『わたしは学童保育指導員』（高文研、二〇〇九年）【埼玉】
⑱　宮﨑隆志編著『協働の子育てと学童保育』（かもがわ出版、二〇一〇年）【北海道】
⑲　日本学童保育士協会 学童保育における子育て・家族支援研究会編『いっしょに育てたらええねん』（日本機関紙出版センター、二〇一六年）【大阪、京都、石川など】
⑳　学童保育協会・楠凡之・岡花祈一郎編『遊びをつくる、生活をつくる。』（かもがわ出版、二〇一七年）【九州】

学童保育実践史をつくっていくことは、現場と研究をつなぐ重要な課題であると思われるが、これらを日本の学童保育実践史として描く取り組みはほとんど行われていない。二宮衆一「学童保育実践の特質とその構造――『生活づくり』の歴史的変遷をたどりながら」（二〇一二年）[25]は、数少ない先駆的な試みである。

最後に、「学童保育とは何か」と概念や本質を問いながら学童保育史研究に取り組むという方法論的な課題である。日本の学童保育史を戦後から描くのか戦前・戦時下から描くのかという問題も「学童保育とは何か」という概念の設定にかかる問題でもあった。日本学童保育学会第九回研究大会の課題研究「学童保育の源流を探る」において増山均は、学童保育の「源流」と「概念」に関わる課題として次のように指摘していた。

学齢児の保育は、大正から昭和にかけて、保育所、母子寮、セツルメント等で取り組まれているが、その名称は一様ではない。海外の取り組みの紹介で使われた「学童預り所」や、「児童保育所」「学童託児所」「学童倶楽部」「子どもクラブ」「少年少女クラブ」「お伽学校」などが使われ、満州事変以降の戦時体制の下では「学童保護所」「学童指導所」「国民学校補導所」などのように管理的名称に改変されていく。こうした、名称・呼称の変化と組織主体の変遷、時代状況とニーズの変遷については、今後の詳細な研究が必要である。(26)

さまざまな名称・呼称による取り組みを、学童保育概念との関連でどのように捉えていくか。かつて教育学者の勝田守一は「教育の歴史的研究は、仮説的な教育概念に導かれながら、それ自体が教育概念を認識する過程である。この循環を含まぬ歴史的研究は、けっして教育史を構成しない」としていた。(27)この勝田の言葉は、学童保育の歴史的研究にも当てはまる。学童保育の歴史的研究もまた、仮説的な学童保育概念に導かれつつ、学童保育概念を明らかにしていく過程である。

注

（1）『「日本学童保育学会」（仮称）準備会への参加を呼びかけます。」（二〇〇九年）。この文書は、石原剛志「学童保育研究における日本学童保育学会設立の意義と課題」（学童保育指導員専門性研究会編・発行『学童保育研究』かもがわ出版、二〇一〇年）に資料として収録されている。

（2）登壇者と報告タイトルは次の通り。石原剛志「基調報告　日本の学童保育史研究の現状と課題」、増山均「学童保育の源流を探る――帝大セツルメントなどの戦前の取り組みについて」、前田美子「大阪における学童保育づくり運動の成立と発展――共同学童保育の思想と実践」。なお、日本学童保育学会『学童保育』編集委員会編『学童保育』第九巻（二〇一九年）に、このシンポジウムの成果を踏まえた特集が組まれている。

（3）西元昭夫「学童保育の歩み」一～一六（全国学童保育連絡協議会編『〈隔月刊〉日本の学童保育』一、五、六号、一九七四年六月～一九七五年四月、鳩の森書房。全国学童保育連絡協議会編『〈隔月刊〉日本の学童ほいく』七～一六号、一九七五年六月～一九七六年一二月、一声社。全国学童保育連絡協議会編『〈月刊〉日本の学童ほいく』一七～一九号、一九七七年一月～一九七七年三月、一声社）。

（4）西元昭夫「『学童保育』の誕生――草創期（一）〔学童保育の歩み 四〕」、全国学童保育連絡協議会編『日本の学童ほいく』第七号、一九七五年六月、八六頁。

（5）前掲書、八〇頁。

（6）西元は、この連載論文の第一回において、場所だけでなく運動の主体として独立したものを「学童保育」としてイメージしていた。「第二次大戦後は、大阪のセツルメント活動の『学童組』等が、一九五〇年以後始まり、東京でも、一九五三年には、渋谷区の公立保育園園長による学童保育設置の運動が起きています。しかし、これらの保育は、民間の篤志家が、福祉事業の一部として取り組んだものであり、その後の父母自身が運営の主体となり、全く独立した場所を確保しての〝学童保育〟とは、運動の質において異なっていたと考えます。」（西元昭夫「学童を保育した例は明治時代までさかのぼれる――草創期の動きと年表〔学童保育の歩み 一〕」、全国学童保育連絡協議会編『日本の学童保育』第一号、一九七四年六月、八六頁）。

（7）全国学童保育連絡協議会編『学童保育年報』no.1（一声社、鳩の森書房、一九七八年）に所収。

（8）真田祐「学童保育の歴史をふりかえる」、『学童保育』編集委員会編『希望としての学童保育　シリーズ学童保育 五〔現状と課題〕』

大月書店、一九九九年、五二頁。

(9) 高島芳忠「戦前期の学童保育事業」、小木美代子他編『児童館・学童保育と子ども最優先――子どもの権利条約と学校五日制〔二一世紀の児童館・学童保育Ⅲ〕』萌文社、一九九六年。

(10) 亀口まか「戦前における学童期の保育の展開――二葉保育園の実践を中心に」(『日本社会教育学会紀要』四六号、二〇一〇年)、同「戦前日本の放課後事業に関する基礎的研究」(奈良教育大学教育学部附属教育実践総合センター『教育実践総合センター紀要』二〇巻、二〇一一年)、同「戦時期日本の学齢期保育――既婚女性の勤労動員との関係に着目して」(『教育学研究』八七巻一号、二〇二〇年)。

(11) 早川紀代「女性たちはどこで、どのように働いてきているのだろうか――近代・現代」、総合女性史学会・辻宏和・長島淳子・石月静恵編『女性労働の日本史――古代から近代まで』勉誠出版、二〇一九年、五〇頁。

(12) 鷲谷善教『私たちの保育政策〔実践保育学講座 四〕』文化書房博文社、一九六六年、二〇一～二〇二頁。

(13) 増山均「学童保育の源流を探る」『日本学童保育学会第九回研究大会プログラム』二〇一八年六月、七頁。

(14) 黒澤ひとみ「一九二〇～三〇年代の隣保館児童クラブに関する研究――東京府大島隣保館の「実践児童都市」」(日本学童保育学会『学童保育』編集委員会編『学童保育』第九巻、二〇一九年)。

(15) 同前、四一頁。

(16) 同前、四一頁。

(17) 同前、四〇頁。

(18) 早川、前掲書、五九頁。

(19) 亀口まか「戦時期日本の学齢期保育――既婚女性の勤労動員との関係に着目して」(『教育学研究』八七巻一号、二〇二〇年)、八頁。

(20) 井上和子「大阪の地域福祉と今川学園――三木達子の歩みを通して」、『今川学園の五〇年』今川学園、一九八六年。同「大阪における戦後のセツルメント運動と学童保育――大阪市社会福祉協議会関係資料を中心にして」(『大阪女子短期大学紀要』一二号、一九八七年一二月)。

(21) 石原剛志「今川学園保育所における学童保育と園長三木達子の思想と行動――敗戦から一九五〇年代半ばまで」(『日本学童保育学会紀要　学童保育』一巻、二〇一一年)。

(22) 同前、七一頁。

(23) この講座（全六回）の内容は、次のとおり。第一回「悲しみからの出発――敗戦直後、学童保育をはじめた三木達子と今川学園」、第二回「セツルメントによる学童保育――一九六〇年代、大阪市」、第三回「東京の学童保育づくり運動――保育園が支えた、保護者の運動から学童保育連絡協議会へ」、第四回「働きつづける決意と共同が切り拓く――東京都葛飾区、青戸学童保育会・中青戸学童保育クラブ」、第五回「つながる各地の学童保育づくり運動――学童保育研究集会に集まる願いと経験」、第六回「手探りで歩む――学びあい、綴りある学童保育指導員」。

(24) 石原剛志「学童保育の概念・歴史・制度」、学童保育指導員研修テキスト編集委員会編『学童保育指導員のための研修テキスト』かもがわ出版、二〇一三年。

(25) 二宮衆一「学童保育実践の特質とその構造――「生活づくり」の歴史的変遷をたどりながら」、日本学童保育学会編『現代日本の学童保育』旬報社、二〇一二年。

(26) 増山均「学童保育の源流を探る」、『日本学童保育学会第九回研究大会プログラム』二〇一八年六月、八頁。

(27) 勝田守一「教育の概念と教育学」、勝田守一『教育と教育学』岩波書店、一九七〇年、八九頁。なお、初出は、勝田守一『教育学〈現代哲学叢書〉』青木書店、一九五八年。

第二部　学童保育実践の研究と実践者の養成・研修

第一章　学童保育実践の特質と構造

中山芳一

一　学童という対象を保育する営み

学童保育という営みは、二〇一五年以降、放課後児童クラブにおける「育成支援」として位置付けられるようになった（厚生労働省：二〇一五）。しかし、現在もなお学童保育は育成支援以上に、馴染み深い言葉として用いられている。そこで、本稿を進めていくにあたって、改めて学童保育という用語を「学童＋保育」という合成語、すなわち「学童」という対象を「保育」する営みとして捉えておきたい(1)。

このとき、対象となる「学童」とは小学生という意味だが、さらに言及するならば以下の二点を示すこととなる。一つ目に、学童期または児童期という発達段階である。後述するが、「保育」という用語の対象は、乳幼児を指す場合が多い。つまり、一歳未満の乳児期、一～六歳までの幼児期の発達段階における児童のことである。しかしながら、学童保育はその対象となる発達段階が六～一二歳までの学童期（児童期）の児童（留守家庭児童）に限定しているのである。二つ目に、発達段階に加えて乳幼児との生活世界の違いが学童にはある。学童は義務教育が始まる小学生を意味しているため、課業としての学校と課業から解き放たれた放課後が初めて明確に二分化される。そのため、放課後という生活が乳幼児とは決定的に異なることを敢えて焦点化しており、特には課業から解き放たれることで、より一

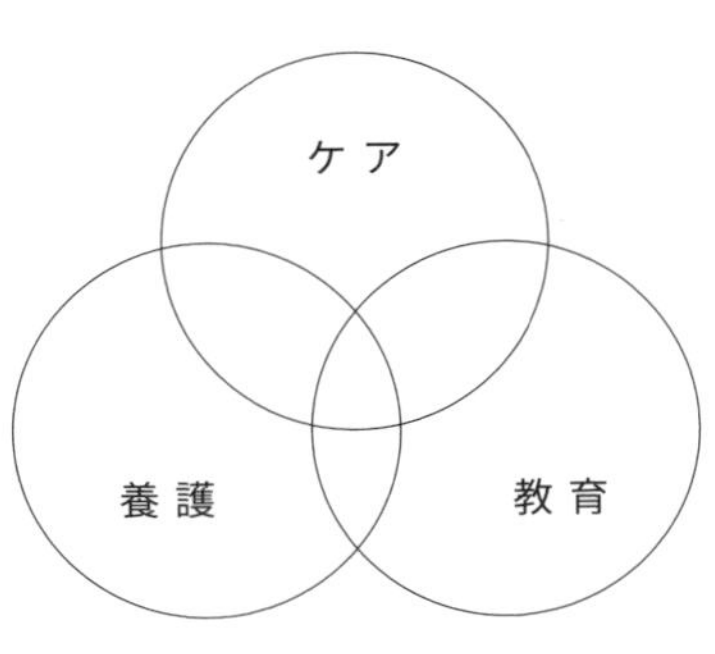

図　学童保育における養護・ケア・教育の関係

層「自由を謳歌できる時間と空間」として意識づけられる。[2]

次に「保育」とは、本来一八歳未満の児童を対象に広く家庭などで行われるものだが、その中でも本稿で取り上げる保育とは、乳幼児を対象とした保育と同様に、保育所などの施設における専門的な営みとしての保育を指している。従って、学童保育所における専門的な保育という点では、保育そのものに本質的な差異はない。[3][4] さらに言及するならば、上述した保育とは対象児童の身体的な安全や健康・衛生のための「養護」と情緒の安定や安心のための精神的な「ケア」と発達段階に応じた能力の獲得・向上ならびに人格形成のための「教育」が総体的に機能することではじめて成り立つ営みである。[5][6] 保育として、これら三つが総体的に機能するということは、【図】の通り、それぞれが乖離した状態で単独に機能するのではなく、重なり合いながら相関的または相補的に発揮されることが求められる。[7] なお、この三つの機能の関係性については、実践の構造上の仮定として後述する。

保育が養護・ケア・教育の総体であるという前提は、その対象が乳幼児であっても学童であっても共通している。しかしながら、保育実践として捉えたとき、具体的に対象者へ向けられる実践者の意識や行為は、発達段階や生活世界の異なる乳幼児と学童では、明確な差異、すなわちそれぞれの保育実践の独自性を生じさせることとなる。そこで、次節では学童保育実践に焦点を当ててさらに言及していきたい。

二　学童保育実践及び実践に内在する目的意識

学童保育実践（または育成支援実践）とは、上述した学童保育を実践することである。この際の実践（practice）とは、目的意識的な働きかけのことを意味している。換言するならば、学童という対象に、目的意識を持って養護・ケア・教育を総体的に機能させていくことで、はじめて学童保育実践となり得る。従って、凡庸かつ漠然と子どもたちを眺めているだけであったり、雑駁と無意図的に子どもたちと活動を共にしているだけであったりという行動とは意を異にする。言うまでもなく、情動の制御を失い子どもへそのまま自分の感情をぶつけることでもない。この点において、学童保育実践者（学童保育指導員または放課後児童支援員等、以下実践者）は、感情労働者としても位置付けることができる[8]。自らの感情を目の前の対象者たちやそれぞれの場面ごとの状況に応じてコントロールしながら、学童保育の専門職者として目的意識的な働きかけができることを実践者は求められているからである。

ところで、実践が目的意識的な働きかけであるならば、実践者は一見無意図的に見える行動であっても、そこには何らかの明確な目的意識をもった意図的な行為をしていることとなる。例えば、子どもと一緒に遊んでいる実践者は、ともすれば単に子どもと遊んでいるだけに見えるかもしれないが、その最中であっても子どもたちが安全に遊べているか、子ども同士の関係性は良好だろうか、などに意識を働かせている。そして、気がかりなことが生じれば、いかに対応すべきかを思考・判断して対応へ転じている。この目的意識とは、画一化した目的意識ではなく、放課後の生活と遊びの場という特性を踏まえた対象者たちの様々な状況から生み出される（状況依存的で）多様な目的意識なのである。

しかしながら、上述の目的意識を個々の実践者だけに委ねてしまうと、対象者へ働きかける実践場面が状況依存的であるために、実践者個人または各学童保育所単位に委ねられてしまい、過度に多様な目的意識を生み出してしまうことが危惧される。一方、同じ保育実践を担う乳幼児保育においては、原則として保育所保育指針が目的意識の基盤となるように制度を確立してきた。遅ればせながら、学童保育においても厚生労働省（二〇一五）の省令第六三号となる「放課後児童健全育成事業における設備及び運営に関する基準」に加えて、局長通知ではあるものの「放課後児童クラブ運営指針」まで策定された。(9)(10)これによって、これまで広くは「児童の権利に関する条約」、狭くは各地の現場における経験値を拠り所にせざるを得なかった実践者にとって、新たな目的意識の基盤が加わったことになる。

ただし、これはあくまでも「守破離」の「守」であり、実践者たちはこの基盤の上で日常的に子どもの現状を捉えながら実践を展開していかなければならない。特に、実践者の目的意識が対象者である子どもの現状や発達段階から乖離していたり、実践者の一方的な押し付けになっていたりすることがないように留意すべきである。学童保育所において子どもたちが主体的に放課後の時間を過ごすことが求められているように、これまでも学童保育実践では乳幼児保育と同様に、実践者が子どもの主体性を失わせることなく、子どもを活動要求の主体ならびに活動を実行できる主体として育てていくことが重視されてきた。(11)特に、学童期の発達段階にある子どもたちは、自らの内面にある意思を言語化できやすくなる成長過程でもあるため、対話を通じて共に目指したいところへの合意形成やそこに至るまでの過程に関する共同決定を可能にした実践が散見できる点は、学童保育実践の独自性及び成果の一つといえるだろう。(12)

ところで、学童保育実践者として対象となる子どもに目的意識的な働きかけを展開していくのだが、例えば自らの言葉で意見や要求を発することが十分ではない子どもへ、それができるように支援していくとする。このように、できないことをできるようにしていくための支援は、能動的に変容を促すための目的意識によるが、学童保育では常にこのような目的意識によって実践が展開しているわけではない。例えば、何かに対して興味・関心を持ってじっと眺めている子どもの傍に寄り添い、その視線の先にあるものを共に見ることもまた実践といえる。これは、上述のできないことをできるようにしていく能動的な目的意識というよりも、共に存在するケア的な感覚（共存在感）に根差した目的意識となる。[13]このような学童保育実践における目的意識は、放課後の生活と遊びの場として多様で状況依存的であるがために、いかに制度としての基盤が確立し始めたとはいえ、明確に定まりにくく個人の力量に委ねざるを得ないという課題を抱えたままになってしまう。

三　学童保育実践に求められる実践者の専門性

前節のように学童保育実践の内実、特に実践者の行為の裏付となる目的意識について捉え直したとき、個々の実践者には高度な専門性を求められることがわかる。この実践者の専門性は、例えば、知識・技術、思考・判断、さらには子ども観や保育観によって構成されている。[14]児童期の発達段階の特徴、応急処置、対人支援などに関する知識とそれに伴った技術を獲得していかなければ、実践者として専門的に対応することはできない。また、知識・技術だけではなく、その時々の状況を踏まえて対象となる子どもの心理的な面やそこに至るまでの理由・背景について想像的に理解して、正解とはいえないまでも最適となり得る判断をすることは実践者としての行為を裏付けることとなる。そして、いわゆる子ども観や保育観といった価値観は、思考・判断の拠り所となるだろう。

これまでも、学童保育実践者は画一的な正解を見出しやすい技術的熟達者ではなく、「反省的実践家」として位置付けられてきた。[15]そのため、上述した学童保育実践を構成する専門的な知識・技能、思考・判断、価値観は、日常的な省察や訓練等によって反省と改善を繰り返しながら研鑽し続けなければならない。[16]従って、個人の資質に依存するだけではなく、例えば目標や計画を言語化して職場内や保護者間で共有したり、日々の記録や事例検討に努めたりと実践とは切り離せない職務に取り組むことも、より一層重視されるようになってきた。[17]また、ＯＪＴ（職場内研修及び職場外研修）による訓練をはじめ、実践者間のロールモデルの存在や相互研鑽を生み出せるような同僚性についても、実践を支える要素として欠かすことはできない[18]。なお、これら様々な実践を支える要素の詳細については、本稿以外でも言及されているため、各稿へ委ねることとしたい。

四　学童保育実践における機能の構造

学童保育は、異年齢の子どもたちを対象として、放課後の生活と遊びの場において展開する営みであるため、子どもの活動内容や対象となる子どもについて画一化や単純化ができない点は上述した通りである。従って、それだけ多様かつ複雑な活動内容や対象者について実践しているのが学童保育実践だといえる。そこで、これまでも多様かつ複雑な学童保育実践を明らかにするために、構造化や分類化の試みがなされてきた。例えば、学童保育実践における遊びと行事や取り組みといった遊び以外の活動を分類した試みがある[19]。

本稿では、上述した養護・ケア・教育の機能的側面から学童保育実践の構造を捉えていきたい。つまり、学童保育は養護・ケア・教育が総体的に機能しているのであるならば、実践にこれら三つの機能が内在していると仮説立てられる。そのため、養護・ケア・教育が実践中にいかに機能しているかを焦点化して、生活場面の各行為にそれぞれの機能が対応している場合と、実践場面の一連の行為に複数の機能が連続している場合について提起しておきたい[20]。

第一の場合についてだが、例えば、実践者が日常的にかかわっている遊びの場面において、個々の子どもが安全に遊べているかを確認する行為は、養護的機能になっている。子どもたちの遊びの雰囲気がより楽しくなるように積極的に楽しさを分かち合おうとする行為は、ケア的機能になっている。また、遊びの途中で起きた子ども同士のトラブルを解決するために仲介しようとした行為が、自らの意見の表明やお互いの意見が違うことへの理解を促したいのであれば、教育的機能になっている。このように、遊びをはじめとして、おやつ、出席確認、宿題などの学童保育における様々な生活場面において、子どもへ何らかの目的意識的な働きかけを行う実践者は、養護・ケア・教育の目的意識を内在しながら、それぞれに対応して機能させていることがわかる。

第二の場合についてだが、これは特定の実践場面の一連の行為に焦点を当てたとき、その一連の行為が養護・ケア・教育を連続的に機能させている場合を示している。例えば、以下の事例を参照されたい(21)。

【事例】

チエ（一年生）が、一輪車に挑戦し始めている。しかし、チエは中々一輪車に乗ることができず、数日後には思い切り前のめりに転んでしまう。それを見ていた指導員が、チエのもとへ駆けつけ、一輪車の練習にストップをかけようとする。しかし、チエはかたくなに指導員のストップを拒み続ける。そして、チエは泣きながら「イヤ！　ぜったいイヤ！　やめないもん!!」と叫ぶ。指導員はそんなチエに「どうしてそんなに練習を続けたいの？」と尋ねる。すると、チエは指導員に、よくお世話をしてくれる憧れの上級生のカナのように一輪車が上手になりたいと告げる。そんなチエの思いに動かされて、指導員は「チエ、わかった！　このままがんばって乗れるようになろう！」と声をかけ、その日はチエに付き添って一輪車の練習をサポートする。

また翌日には、チエのことをカナにも伝える。カナは、「だったら私がおしえてあげるっ！」と言って外へ飛び出し、一輪車を片手にチエのもとへ向かい、丁寧に教えてくれたのだった。

この【事例】では、チエの危険と見られた一輪車の練習にストップをかけようとしたのは、養護的機能であった。しかし、チエはかたくなに練習を続けようとしたため、実践者はチエの動機に耳を傾けようとした。このかかわりは、チエに対する共感的な理解が意図されているためケア的機能として位置付けられる。そして、チエの動機を理解して、一輪車が乗れるように支援したのは教育的機能となる。さらに、翌日のカナへの働きかけは、チエの一輪車だけでなく、カナとチエとの関係性をも視野に入れた働きかけであるため、ケア的かつ教育的機能を果たそうとしていた。このように一連の子どもに対する実践を養護・ケア・教育それぞれの機能から分析してみると、いずれか一つだけが単独で機能しているわけではないことが明確になるとともに、三つの機能が連続することで、より一層適切な実践へと方向づけられると仮定できる。

このように、学童保育は養護・ケア・教育が総体的に機能することを前提に、学童保育実践を三つの機能によって構造化することを試みた。さらに、三つが実践場面でそれぞれの機能に対応している場合と、一連の実践場面の中で連続的に機能している場合があることを仮定した。いずれの場合においても、三つの機能によって、学童保育実践の目的意識を裏付けることができるため、実践の省察・改善ひいては実践の質的向上にも生かすことが期待できる。

五　継続的な学童保育実践の特徴

前節では、学童保育実践を機能的な面から構造化することを試みた。さらにここでは、学童保育実践が、対象や活動内容だけでなく対象者へ一定の目的意識をもって働きかけることで、学童保育実践が継続性を有する点について述べておきたい。というのも、原則として学童保育所は、乳幼児保育所と同様に子どもたちが継続的に通い続ける場である。従って、学童保育もその時々によって単発的な実践で終わることはない。一定期間において一貫した目的意識による実践が連なることで、継続的な実践を構築していくこととなる。

前提として子ども同士のトラブルの仲裁、遊びの場面での安全の確保、表情が思わしくない子どもとの対話などのように、日常的に様々な子どもと様々な場面で繰り広げられているような実践場面がある。そして、これらの実践場面の中で、同一の子ども（または子どもたち）へ一貫した目的意識を持って継続的に働き続ける実践が生まれてくるのである。

例えば、周囲の子どもたちを拒絶して頑なに仲間との関係を築こうとしない子どもがいたとしよう。実践者はその子の課題を解決しようとするのはよいが、仮にたった一回の単発的な実践を行ったとして、この課題が解決することは考えにくい。そこで、その子に対してまずは対話や活動を通じて実践者との間に基本的な信頼関係を築き、そこから他の子どもとその子が意欲的に臨める活動などを通じて緩やかに関係構築をしていったとしよう。当然のことながら、このような段階を経ていくためには、実践に一定の期間が必要となってくる。また、この一定期間においてその子に対して段階的な支援を進めていく上では、各段階の現状把握に基づいた段階設定も欠かすことはできない。このように、一場面での実践が特定の一貫した目的意識によって紡がれていくことで、一定期間中の継続的な実践となる。

以上のように、学童保育の継続性という観点から一場面の実践と継続的な実践とに整理することで、そこで予め意識されるべきは何なのか、実践後に省察すべきは何なのかが明らかにされ、実践の質的向上にも重大な役割を果たすことが期待できるだろう。この実践の継続性は、学童保育における目標や計画の設定の際にも意識されるべき視点であり[22]、実践後の省察においてもまた意識される必要がある[23]。次節では、実践後の省察のために活用されている学童保育実践記録の実際を紹介しながら、一場面の実践と継続的な実践の特性を踏まえて、それぞれに適した実践記録の方法と期待される効果について提示しておきたい。

六　一場面の学童保育実践の特性と記録の方法

学童保育実践は、多くの場合実践者と対象者との応答関係によって成立する。その中でも、特に対象者の児童期という発達段階上の特性から、乳幼児保育と比較して言語的コミュニケーションを通じた実践を展開しやすくなる。また、言うまでもなく非言語的コミュニケーションも実践に欠かすことはできない。さらに、実践場面によってはすぐさま声掛けなどの働きかけをするのではなく、敢えて意図的に見守ることから始まる実践もある。

このように、実践はいずれの場合においても共通して、実践者が対象者との応答関係の中で目的意識的な働きかけ、すなわち、実践者の意図（思考・判断）に基づいた言語的・非言語的または静観なども含む様々な行為として表出されているのである。特に、対象者との応答関係がより一層クローズアップされる実践の一場面であれば、なおさら一つひとつの行為と意図に注目することが可能となる。従って、次の表のように実践を記録することもできる。[24]

子どもの言動	実践者の意図	実践者の言動
一輪車の練習をしていたチエが思いきり前のめりに転んでしまった。 チエは、そこにしゃがみ込んだまま泣き始める。そして、「イヤ！　ぜったいイヤ！やめんもんっ!!」と叫んだ。	さすがにチエがこのまま練習を続けるのは危険だと思い、チエのがんばりは認めながらも、不器用な彼女を危険な挑戦から守るためにストップをかけようとした。 どうしてそこまでチエはかたくなに練習を続けようとしているんだろうか、と知りたくなり、チエにそのわけを聞いてみようと思った。	チエのもとへ駆け寄り、「チエ、よくがんばってるけど、まだちょっと難しいと思うな。あそびならほかにもあるんだし、もう少し安全なあそびをした方がいいよ！　だからもう一輪車はやめよう！」と声をかけた。 「チエ、どうしてそんなに練習を続けたいん？」と尋ねる。

チエは、「だってな……、カナみたいにわたしものれるようになりたいんよ……」と話した。	チエの泣きながらの訴えの理由が納得できた。そして、そんなチエの思いを大切にしたい、チエが一輪車に乗れるまで応援したい、と思い始めた。	「チエ、わかった！　このままがんばって乗れるようになろうな！」と声をかける。
チエは立ち上がって再び一輪車に乗り始めた。	いまの私にできることは、チエの危ない転び方を防ぎながら、チエに一輪車の乗り方をアドバイスすることだと判断した。	チエに付き添いながら一輪車の乗り方をアドバイスした。

（※傍線部引用者）

このように、外在化困難な実践者の内面的意図まで言語化することで、一つの切り取られた実践場面について精緻な分析も行えるとともに、実践の省察へつなげることができる。なお、この実践記録は、前節の【事例】の一部を書き起こしたものであるが、前節で養護・ケア・教育の機能を分析した通り、実践者の行為だけでなくその行為を裏付ける意図には、下線部の通り対象者を養護（――）、ケア（〰〰）、教育（――）しようとしたことを明示化している。このように、一場面の実践は、対象者の言動、実践者の意図と言動一つひとつを焦点化できる利点を有しており、この利点を踏まえた右の表のような実践記録の枠組みの有用性が期待できる。

七　継続的な学童保育実践の特性と記録の方法

前節の学童保育実践は一場面として切り取り、単独した形態で実践記録へ書き起こした。継続的な実践とは、一定期間の中でこの一場面の実践が複数つながることで作り出される。従って、継続的な実践の対象者は同一であり、一貫した実践の目標と現状との間に生じる差異に応じて実践の段階は設定されることとなる。その際、対話的で直接的な実践だけではなく、保育領域で重視される意図的な環境構成のように間接的な実践も含み込まれることで、実践はより重層的なものになり得るだろう(25)。そして、実践者は自らの継続的な実践に一定の区切りを設けた上で、当該期間の実践を記録・省察し、以降の改善や修正につなげていくことができる。なお、このような実践に対応した記録の枠組みは、前節の一場面の実践記録とは異なり、一つひとつの意図や行為に着目するのではなく、一貫した実践の目標や段階的な計画などを意識づけられるような枠組みが方法として効果的といえる(26)。

ところで、この継続的な実践を省察していく上で、一場面の実践とは異なり看過できない重要な点がある。それは、実践が継続するからこそ各段階での修正を次の段階へつなげていける点と、実践の方向性そのものに修正の必要が生じた際にはたとえ途中段階であっても修正が求められる点である。実践を展開する上で、当初設定した目標や計画が対象者にとって過度な要求になっていたり、実際の働きかけが目標や計画とミスマッチしていたりすれば、是正しなければならない。継続的な実践であるからこそ、目標や計画の設定だけでなく、適宜修正・改善を推し進めていくことが求められる。

八　これからの学童保育実践に求められること

これまで、学童保育実践の構造を機能的な面から検討し、さらに実践が持つ継続性という特徴を加味することで、学童保育実践の構造と内実に迫ってきた。学童保育実践は、これまでの学童保育の歴史の中で、多くの実践者たちの実践の蓄積によって創出されてきた。さらに、そこへ学童保育実践に寄り添ってきた研究者たちと共に言語化が進められてきたといえるだろう。日本学童保育学会もまた一〇年間の歴史の中で、その一役を担ってきており、本稿もその恩恵を受けたことに改めて敬服の念を抱いている。

さて、これから一〇年先を見据えたとき、学童保育の実践そのものや実践研究はどのような成長が必要となるだろうか。一つ目に、社会的な状況の急速な変化に伴い、子どもと家族、学校と放課後の変化に応じて学童保育実践は、堅持すべき本質と変化へ対応するための可変性が検討されなければならない。従って、何を堅持し、何を変化させるのかは社会的な状況の変化に比例してますます検討が求められるだろう。二つ目に、だからこそ学童保育実践の質とは何か、その質を向上させるためには何が必要であり、質を向上させたことをいかに検証するのかが求められる。学童保育が全国的に量的な拡充から質的な向上へ移行を始めたとはいえ、実践の質そのものの検討はさらに必要とされている。そして三つ目に、実践の質そのものや質的な向上のための方法に関して、今後は単に概念的に論じるだけでなく、より客観的なエビデンスに基づいて各領域における専門的な分析・検討がますます求められてくるだろう。本稿で論じてきたことも、決して仮説や仮定の域を超えてはいない。この仮説や仮定に対してより多くのエビデンスを集積して、妥当性の検証を進めていくことが肝要であることを本稿の自戒の念も込めて問題提起しておきたい。

以上の三つをこれからの学童保育実践及び実践研究、そして日本学童保育学会が向き合うべき課題として示し、本稿を締めくくりたい。

注

（1）中山芳一（二〇一二）『学童保育実践入門』かもがわ出版、八―一〇頁。

（2）学校と放課後における学童保育の時空間の検討については、照本祥敬（二〇〇二）「学童保育実践における生活と指導の位相」、学童保育指導員専門性研究会編『学童保育研究』第三号、八―一六頁を参照されたい。

(3) ただし、学童保育所（放課後児童健全育成事業）は、児童福祉法第六条に位置づく児童福祉事業であり、保育所は同法第七条に位置づく児童福祉施設であるという法制度上の違いは否めない。

(4) 中山（二〇一二）、前掲書一〇―一三頁。

(5) 養護を福祉の機能として捉えたとき、保育は教育と福祉が機能的に統合した「教育福祉」としても提唱された。小川利夫・高橋正教編著（二〇〇一）『教育福祉論入門』光生館、一九―二一頁。

(6) 育成支援についても、厚生労働省（二〇一五）「放課後児童クラブ運営指針」第一章　総則　三.　放課後児童クラブにおける育成支援の基本の本文中からも、養護とケアと教育それぞれの機能に該当する内容が確認できる。

(7) 図は、中山（二〇一二）、前掲書一七頁より抜粋。

(8) 大谷直史（二〇一四）は、学童保育指導員は生活の場を形作る仕事をしているという意識をもっているという点で感情労働として位置づけられると述べている。「学童保育指導員の類型分析―学童保育の考え方に関する質問紙調査より―」日本学童保育学会『学童保育』四巻、三三―四二頁。

(9) 設備運営基準第五条に「（前略）当該児童の自主性、社会性及び創造性の向上、基本的な生活習慣の確立等を図り、もって当該児童の健全な育成を図ることを目的として行わなければならない」と明記、運営指針については前掲と同様の箇所に明記。

(10) 制度的には、放課後児童クラブ運営指針に対応する保育所保育指針については、局長通知ではなく大臣告示であることも付言しておきたい。

(11) 保育実践における子どもと保育者の相互主体的な関係については、加藤繁美（二〇〇七）『対話的保育カリキュラム〈上〉理論と構造』ひとなる書房、五五―五八頁。ここで加藤は、子どもの主体性は活動要求に基づく「活動主体性」であるのに対して、保育者の主体性は子どもの活動要求をさらに高く誘っていける「教育主体性」であると論じている。

(12) 例えば、田中一将による実践記録「トモヤと周りの子どもたちとの関係をつくりたい」では、自閉症スペクトラム障害の診断を受けているトモヤとそして周りの子どもたちとの豊かな対話を通じて子ども同士の関係構築やトモヤへのエンパワメントに取り組んできた実践が記されている。中山芳一（二〇一七）『新しい時代の学童保育実践』かもがわ出版、八七―九三頁。

(13) 中山芳一（二〇〇八）「相互主体的なケア実践としての学童保育に関する研究―ケア実践者としての学童保育指導員の専門性―」『生

活指導研究』no25、エイデル研究所、九六―一一五頁。ここで、「共存在感」をマルティン・ハイデガーの共存在概念を踏まえて、実践者と子どもが共存在感を抱く関係をケア的関係として論じた。

(14) 中山（二〇一七）、前掲書、二〇頁。

(15) 「反省的実践家」は、ドナルド・A・ショーン著、佐藤学・秋田喜代美訳『専門家の知恵――反省的実践家は行為しながら考える』（二〇〇一年、ゆみる出版）や同著者、柳沢昌一・三輪建二監訳『省察的実践とは何か――プロフェッショナルの行為と思考』（二〇〇七年、鳳書房）の中で提唱された。

(16) 日常的な理論や実践に関する訓練や自己研鑽の必要性については、それぞれ前掲の設備運営基準第七条（放課後児童健全育成事業者の職員の一般的要件）及び運営指針第一章三（三）放課後児童支援員等の役割の中にも明記されるようになった。

(17) 前掲の運営指針第三章　五．育成支援に含まれる職務内容と運営に関わる業務としても明記されるようになった。

(18) 実践者間の同僚性に関しては、例えば高岡敦史・籠田桂子編著（二〇一七）『学童保育支援員の育ち方・育て方――子どもとクラブの成長を支える人材育成』かもがわ出版によって新規的な提起及び分析がされているので参照されたい。

(19) 例えば、札内敏朗（二〇〇二）は、学童保育における行事・とりくみとあそびとを差別化した上で、あそびを中心として行事・取り組みは周辺的にあることを提起した。『あそびなかまの教育力』ひとなる書房、一四一―一四二頁を参照されたい。

(20) 学童保育実践上における養護とケアと教育の機能的な関連性については、以下の論考をさらに検討した。中山芳一（二〇〇九）「学童保育指導員の実践場面におけるケア・福祉・教育の機能の関連性」子ども家庭福祉学会『子ども家庭福祉学』第九号、七九―八八頁。

(21) 事例及び分析については、中山（二〇一二）、前掲書二五―二六頁より引用。

(22) 学童保育計画については、住野好久・英真子・矢吹一馬（二〇一二）「学童保育における保育計画の実践化と評価・改善に関する研究」日本学童保育学会『学童保育』二巻、三九―四八頁を参照されたい。

(23) 実践期間を意識した記録及び省察については、中山（二〇一七）、前掲書。

(24) 中山（二〇〇九）、前掲八五頁に掲載された実践記録を一部改訂して引用した。

(25) 保育領域における意図的な環境構成について、学童保育実践では間接的な働きかけと呼んでいる。中山（二〇一二）、前掲書九四―九五頁、中山（二〇一七）、前掲書一七―一八頁。

(26) 例えば、枠組みの一例として、中山（二〇一七）、前掲書五二―五三頁で記録例を交えて提案している。

第二章　学童保育指導員・支援員の職務と専門性

矢吹真子

一　学童保育における育成支援の内容

学童保育研究において、指導員・支援員（以下、支援員と記す）の専門性に関する研究は学童保育指導員専門性研究会・日本学童保育学会を中心に二〇〇〇年ごろから研究テーマの中心として行われてきた。その中でも、支援員の職務内容については、代田盛一郎（二〇一七）が「放課後児童クラブ運営指針（以下、運営指針と記す）」の記述と関連させて述べている。運営指針第三章で育成支援の内容として示された九項目は以下の通りである。(1)

①子どもが自ら進んで放課後児童クラブに通い続けられるように援助する。
②子どもの出欠席と心身の状態を把握して、適切に援助する。
③子ども自身が見通しを持って主体的に過ごせるようにする。
④放課後児童クラブでの生活を通して、日常生活に必要となる基本的な生活習慣を習得できるようにする。
⑤子どもが発達段階に応じた主体的な遊びや生活ができるようにする。
⑥子どもが自分の気持ちや意見を表現することができるように援助し、放課後児童クラブの生活に主体的に関わる

ことができるようにする。
⑦子どもにとって放課後の時間帯に栄養面や活力面から必要とされるおやつを適切に提供する。
⑧子どもが安全に安心して過ごすことができるように環境を整備するとともに、緊急時に適切な対応ができるようにする。
⑨放課後児童クラブで子どもの様子を日常的に保護者に伝え、家庭と連携して育成支援を行う。

代田は、この九項目を「(ⅰ) 子どもたちにとって放課後児童クラブ（学童保育）が安心して過ごすことのできる生活の場であることが実感できること、(ⅱ) 発達段階に応じた主体的な遊びや生活が充実すること、(ⅲ) 児童期に求められる基本的な生活習慣が確立されること」の三項目に分類している。そしてその三項目全てを補完する項目として家庭・保護者と連携することを含めている[2]。

ここからは代田の分類に倣い、各項目の指す育成支援の内容についてより詳細に述べていく。

1　子どもたちにとって放課後児童クラブ（学童保育）が安心して過ごすことのできる生活の場であることが実感できること

放課後児童クラブにおいて、何よりも大切なことは①で書かれている「自ら進んで通い続ける」ことである。保護者からすれば、子どもが毎朝「児童クラブに行きたくない」と訴えてしまうと、たちまち困ってしまう。「私が働くことで、子どもにさみしい思いをさせている。」と後ろめたい気持ちを抱えることにもつながってしまう。だからこそ、子どもが自ら進んで通い続けるための援助が全ての育成支援内容の筆頭に位置づけられているのではないだろうか。また、②出欠席と心身の状態の把握、⑦栄養面や活力面から必要とされるおやつの提供、⑧安全に安心して過ごすことができるための環境整備といった、養護面に関する内容も子どもが安心して過ごすためには重要である。保護者が安心して働けるためには、放課後児童クラブでも大きなけがを未然に防ぎ、体調不良等に適切に対応していくことが求められる。そのためにも、子どもの命と健康を守るための養護に関わる内容が含まれている。

２　発達段階に応じた主体的な遊びや生活が充実すること

③と⑤、⑥の中では、「主体的」という語が繰り返し用いられている。子どもが主体となってクラブで生活するということが九項目のうち、三項目について言及されているのである。これは、①で述べられた自ら進んで通い続けることも含め、子どもがクラブでの生活を自らの意思で作り上げていくことが重視されていることの表れである。合わせて、⑥で「自分の気持ちや意見を表現できるように援助する」と書かれてある通り、子どもの意見表明権についても重要視されていることが分かる。このように、放課後児童クラブでは、子どもの主体性や意見を重要視することで、子ども自身がクラブでの生活に見通しや期待感を持つことができ、自ら進んで通い続けることができるようになると考えられている。

３　児童期に求められる基本的な生活習慣が確立されること

④では、「日常生活に必要となる基本的な生活習慣」の習得について記載されている。荷物を片づけたり、服をたたんだり、コップを洗ったり、子どもが生活するうえで必要な力を育むことも放課後児童クラブには期待されているのである。

４　家庭・保護者と連携すること

最後に、⑨では家庭と連携することについて記されている。その中では、子どもたちがクラブでどのように過ごしているのかについて、家庭と日常的に情報を共有することが重要であるとされている。運営指針では、「保護者と日常的に情報を共有すること」についての記述が様々な箇所でなされており、その重要性がうかがえる。

以上の様に、放課後児童クラブの育成支援の内容は、細かく運営指針に記載されており、そのことを達成するための職務が支援員には求められていることが分かる。

二　たけのこクラブにおける職務内容の実際

では、上記の育成支援をより充実したものとしていくためには、支援員はどのような職務をこなすことが必要なのだろうか。運営指針では「育成支援に含まれる職務内容と運営に関わる業務」として、以下の内容が書かれている。

○子どもが放課後児童クラブでの生活に見通しを持てるように、育成支援の目標や計画を作成し、保護者と共通の理解を得られるようにする。
○日々の子どもの状況や育成支援の内容を記録する。
○職場内で情報を共有し事例検討を行って、育成支援の内容の充実、改善に努める。
○通信や保護者会等を通して、放課後児童クラブでの子どもの様子や育成支援に当たって必要な事項を、定期的かつ同時にすべての家庭に伝える。

ここでまとめられた四項目は、支援員として学童保育実践の質を高めるために求められる職務内容である。支援員が専門職者として実践の質を高めていくために、中山（二〇一二）はＰＤＳＡサイクルを意識して実践に当たることを提起している。ＰＤＳＡサイクルは、Ｐ＝Plan（指導員の方針）Ｄ＝Do（指導員の実際の関わり）Ｓ＝Study（実践の成果と課題の検討）Ａ＝Act（成果と課題から改善へ）の四つの要素から成り立っており、育成支援の職務を子どもと関わる場だけに限定せず、その前後での省察も含めてサイクルを回していくという考え方である。[3]

では、現場の支援員たちはこれらの職務内容を実際にはどのような方法で進めており、職務内容を充実させていくためにどのような課題が残っているのか。たけのこクラブの事例を基に検討していきたい。

１　育成支援の目標や計画の作成

育成支援の目標と長期計画

たけのこクラブでは、保育方針と保育目標の二種類の目標を設定し、その目標に沿った形で育成支援計画を作成している。二〇二〇年度の育成支援の目標は以下のように設定している（表1）。

二種類の目標は、はじめに保育方針で大まかなクラブの育成支援の方向性を明示し、より具体的な支援員の行動目標を「自分づくり」「集団づくり」「子育て支援」の三つのジャンルに分けて保育目標で提示するという構造になっている。この保育目標は毎年度職員間で協議を行い、変更すべき項目がある際には適宜変更を行っている。なお、たけのこクラブには四つの支援単位があるが、保育方針・保育目標はたけのこクラブ共通の目標として作成しており、支援単位によらず統一させている。

この保育方針・保育目標に基づき、たけのこクラブでは一年間を第一期～第六期の六期間に分けた期ごとの育成支援計画を作成している（表2）。育成支援計画は、保護者会や運営委員会で提示し、共有している。さらに、各支援

保育方針	つながり・ぬくもり・あこがれの中で育てる
	働く保護者の子育てを応援する
保育目標	〈自分づくり〉 ①基本的生活習慣を身に付け、自分の頭で考えて判断する力を身に付ける。 ②あそびや生活、仲間に対する見通しや期待感を持ち、やりたいことにチャレンジする。
	〈集団づくり〉 ①自分たちであそびや生活について話し合って決め、実行し、発展させていく。 ②一人ひとりの気持ちを共有することで、共に生活する者同士の思いやりと信頼感を深めていく。
	〈子育て支援〉 ①保護者と密接な連絡をとり、育成支援の内容を伝えて理解を得る。 ②保護者との信頼関係に基づいて保護者からの相談に応じられるような関係をつくる。 ③保護者組織と連携して協力関係を作る。

表１　たけのこクラブの育成支援の目標

単位で期ごとの育成支援計画を具体化した「期の計画書」を作成し、支援員間で共有している。支援単位によって子どもの構成メンバーが違っており、子どもが変われば集団が変わり、集団が変われば、その集団に合わせた育成支援計画が必要となる。そのため、計画書は育成支援単位ごとに作成している。

短期計画としての日案の作成

さらに、行事の予定日や年度の変わり目などの重要なポイントでは必要に応じて日案を作成し、計画をより実践に結びつけやすくしている。短期的な育成支援の計画である日案については「放課後児童クラブ運営指針解説書」(厚生労働省、二〇一七)においても記述がなされていない。しかしながら、長期的な育成支援計画を実践に反映させていくために、日案の作成・活用は不可欠なものではないだろうか。「保育所保育指針解説書」(厚生労働省、二〇一八)では、長期的な指導計画とともに、より具体的な子どもの日々の生活に即した短期的な指導計画の作成が必要であるとして日案の作成にも言及している。[4] そこで、ここからはたけのこクラブにおける第Ⅰ期（四月）の育成支援計画をふまえて作成された、新年度第一日目である四月一日の日案をもとに、実際にどのように計画が活用されたのかを分析していく（表3）。

四月一日は春休みの一日保育を実施している最中であり、当日の朝は初めて新入所児童を受け入れるため、在所児童、新入所児童、支援員とも緊張の瞬間を迎える。そこで、育成支援計画に基づき、四月一日の日案を詳細に作成することにした。

さらに、この日の日案を作るもう一つの理由として、春休み一日保育の真っ只中に新しい年度を迎えるというスケジュール上の事情がある。通常行えている保育前、後の詳細なミーティングの時間を確保できないということだ。年度を跨ぐため、新任のスタッフも含めてどう四月一日の保育を行っていくかを支援員一人一人の役割も含め記していくことで、一日の中でのねらい、内容の共有をしていくことができる。

三月の職員会議では、まず「四月一日にどうやったら新入・進級した喜びが実感できるか？」ということを論議した。「四月一日になって急には進級したことを喜べない。それまでの過程が大切」「三月後半から徐々に声をかけて、子どもに見通しを持たせることが必要ではないか」という話になり、それを意識して実践していった。三月後半のある日、「あと五日で新しい一年生が入って来るんよ。どんな一年生が入って来るかな～」とおやつの時間に支援員から声をかけると、「知っとるよ！」「〇〇くんと〇〇ちゃんと…」「おれの妹！」等、新しく入って来る一年生に期待感を持っている子どもたちの姿が見られた。

こうした姿をふまえて、「四月一日の日案」では、期待感を持っている二、三年生が一年生にロッカーの場所等を教えたり所属する班を教えたりする活動を設定した。以下の「日案」では、《自分づくり》のねらいに対応している部分を①、《集団づくり》のねらいに対応している部分を②として下線を引いた。

このように、四月一日の日案を作成する際も、育成支援計画にある第Ⅰ期のねらい（表3）と内容をふまえること

ラブ　保育計画（５，６年）

て、それを使いこなすことができる。 、努力できる。 り出していく。 む。	（子育て支援） ①　保護者と密接な連絡を取り、育成支援の内容を伝えて理解を得る。 ②　保護者との信頼関係に基づいて保護者からの相談に応じられるような関係を築く。 ③　保護者会等の保護者組織との協力関係をつくる。

	Ⅳ期			Ⅴ期		Ⅵ期	
	９月	10月	11月	12月	１月	２月	３月
活リズムを 覚を持ち、 しようとす ようにかか 主体性を引	【ねらい】 ・夏休みからの生活の切り替えを自らスムーズに行う。 ・あそびや生活を豊かにしていくことに挑戦する。 【内容】 ・自ら生活の切り替えを意識して生活できるようかかわる。 ・仲間づくりを進められるようにかかわり、あそびや生活面での期待感、主体性をを引き出していく。			【ねらい】 ・下校時刻の変更など、生活の組み立て、デイリーの変更等を視野に入れることができる。 【内容】 ・生活時間が少なくなる中、生活の組み立ての変更、デイリー等を自分で組み立てられるよう見ていく。 ・仲間とともに、行事や取り組みを組み立てようとする。 ・励ましあえたり、教え合えるような場面で挑戦し、乗り越えられるよう支援していく。		【ねらい】 ・この時期の取り組みを計画・実行し、期待感を持ち、計画、実行していく。 ・仲間と共に、生活や取り組みを計画、立案、実行することに達成感を持つことができる。 【内容】 ・一年間を振り返って、成長したことが実感できるように、一人ひとりを支援していく。 ・新しい年度に向けて期待感を持てるように適切な支援を行う。	
認め合う事 分たちで企	【ねらい】 ・夏休み（一日保育）の生活や体験でつけた力、集団の力を自信にし、更に自分たちで生活を進めていく力をつける。			【ねらい】 ・たけのこクラブの生活を自分たちで組み立て、実行していったことを振り返りつつ、生活をつくり出していく。		【ねらい】 ・一人ひとりの気持ちを共有することで確かな信頼感と深い友情を育む。 ［内容］ ・話し合いの場面で、子どもたちだけで進められる部分を増やせるように、支援していく。 ・一人一人の意見を引き出し、聞けるように支援していく。	
、取り組み り組みがで がら、一人 く。	【内容】 ・話し合いの場面では会の進行に責任を持ち、自分たちで進められるようにしていく。その際、下学年への説明への援助等、取り組みが前に進むよう支援していく。			【内容】 ・低学年で経験した内容やつけた力を基に行事や取り組みを行う。			

を聞き、実際に体験することでクラブの方針がど ールの監視、たけのこ祭り、施設整備、交流会	［ねらい］ ・子どもの育ちを実感する。 ・親同士のつながりを深め、子育て仲間をつくる ［対応する行事］ 伝承遊びを観る会、卒所式　懇談会　個人懇談

親同士のつながりを深め、協力関係を作る。

しやすい雰囲気作りを心がけ、相談があった時には保護者の気持ちを受け止め保護者の自己決定を尊重して対応する。

の育成支援計画

２０１９年度　たけのこク

保育方針	＊つながり・ぬくもり・あこがれの中で育てる ＊働く保護者の子育てを応援する	保育目標	（自分づくり） ①　基本的な生活習慣を身に付け、自分の頭の中で考えて生活を組み立 ②　仲間とともにあそびや生活を豊かにしようと取り組むことに挑戦し、 （集団づくり） ①　自分たちであそびや生活について話し合い、計画を立て、生活を作 ②　一人ひとりの気持ちを共有することで確かな信頼感と深い友情を育		
	Ⅰ期	Ⅱ期		Ⅲ期	
月	４月	５月	６月	７月	８月
自分づくり	【ねらい】 ・新しい集団の構成メンバーを知り、新しい生活をスタートさせる。 ・あそびや生活を豊かにするための提案をすることができる。 【内容】 ・新しいメンバーと出会う。企画や取り組みを計画する中で、自分の役割等を知る。 ・支援員も積極的にあそびを提案しつつ、興味が持てるように関わる。	【ねらい】 ・基本的な生活習慣を再度確認して進めることができる。 ・あそびや生活を豊かにしようとする。 【内容】 ・連休明け、生活の流れやルールを守れるように支援していく。 ・クラブのあそびや生活の見通しを持てる。 ・様子を踏まえ、適切な支援を行うことで、積極性を引き出す。		【ねらい】 ・この時期ならではの１日保育の生 つかむ。 ・夏休みの生活・行事に見通しと自 積極的に生活できる。 【内容】 ・一日の生活の中で、他学年と共同 る気持ちが持てる。 ・仲間づくりを積極的に進められる わり、あそびや生活面での期待感、 き出していく。	
集団づくり	【ねらい】 ・新しい環境の中で高学年の位置づけや役割を知る。 ・自分たちで生活やスケジュールを話し合い、計画を立てていく。 【内容】 ・会議を開き、生活のルールやスケジュールについて、説明や意見を出し合えるよう関わる。 ・話し合いの中で、出された意見を整理せきるように、支援する。	【ねらい】 ・自分たちであそびや生活について振り返りをしていく。 ・計画の具体化し実行しようとする。 【内容】 ・生活の振り返りができるように、集団に合ったやり方で、話し合いができる環境を整えていく。 ・話し合いの中での意見を引きだし、わかりやすく代弁する等の関わりをする。		【ねらい】 ・日々のかかわりを通して、仲間を ができる。 ・この時期の行事を取組む中で、自 画、立案していく力をつける。 【内容】 ・自分たちで、企画・立案した行事、 を責任を持ちながら成功させていく。 ・子どもの要求に根差した行事・取 きるように話し合いを関わっていく。 ・子ども同士の関係性に気を付けな 一人の意見が言えるように関わってい	
子育て支援	［ねらい］ ・クラブの方針を知ることができる。 ［対応する行事］ 保護者会総会、懇談会、父の日、母の日プレゼント、誕生会			【ねらい】 ・クラブにおける子どもたちの様子を のように展開されているかを知る。 【対応する行事】 行事への取り組み、*クラブ見学*、プー お泊り会、キャンプ	
	年間を通して取り組むねらいと内容 ［ねらい］ ①　保護者へ子どもの様子を日常的に伝える。②気になることや困ったことを支援員に相談することができる。③ ［内容］ ①　連絡帳、通信、懇談、保護者会、お迎え時の直接の連絡などを通して子どもの様子を伝える。②保護者が相談 ③　保護者組織と連携して保護者同士のつながりを深められるよう対応する。				

表２　たけのこクラブ

第1期（4月）の育成支援計画

自分づくり	ねらい	①新しい年度を迎え、新入・進級した喜びを実感する。
	内容	クラブの生活（ルールやデイリー）に慣れるように援助する。
集団づくり	ねらい	②下級生は安心して上級生に頼ることができ、上級生は自分の役割が持てる。
	内容	年度初めの時期なのでそれぞれの学年に応じた指導を心がける。

ねらい：②初登所の子どもが安心できるように、在所の2・3年生、OBが靴箱やロッカー等の名前を一緒に探し、迎え入れる。その姿を見てもらい、初めてクラブに子どもを預ける保護者にも安心感を持ってもらう。

時間	1日の流れ	子どもの活動	支援員の動き
8:30	おはよう 1年生登所	連絡帳出し、 グループ分けを確認してそれぞれの部屋に入る。 ①②名前を聞いて、げた箱等をさがしながらかかわる。	出席・連絡帳チェック 新一年生が登所してきたらグループわけを確認。②3年、OBが1年生にかかわるよう促す。子どもの様子を見ながら言葉をかける。 ①1年生が安心するような声かけをしながら、勉強をみる。
9:10	勉強	2、3年は、班ごとにテーブルを出して宿題を始める。	3年生が自分の班の1年生を呼ぶことができるようにする。
9:40	朝の会	②2、3年は先にならび、3年生が1年生を呼ぶ。司会は3年生。	
10:00	遊び	1年生は学校探検。 2・3年生は遊び。	①学校をまわりながら、学校やたけのこでの生活場所を伝え、ルールの確認をする。
12:00	昼食	手洗い、消毒をして班ごとにテーブルにつく。 ②「いただきます」「ごちそうさま」3年が前に出る。 当番は台布巾用意、テーブル片付け	①テーブルごとに楽しくお弁当が食べられているかを見る。特に、1年生が食べている様子を観察。残量等を記録する。 支援員は交替で連絡帳への書きこみ。
13:00	あそび	あそび	遊具の使い方に注意する。
15:20	おやつ用意	おやつ当番がおやつの配ぜん。台布きん用意	おやつ当番の班と一緒に、配膳する。
15:30	おやつ	手洗い、消毒をして班ごとにテーブルにつく。 ②「いただきます」「ごちそうさま」3年が前に出る。 当番→台布巾用意、テーブル片付け	消毒。
16:00	当番	各自、決まった当番を担当する。 ②3年生は、1年生に仕事の中身を伝えながらしていく。	
	遊び	片付け	
17:00	帰りの用意	お帰りの用意 班ごとに並んで座る。	
17:30	帰りの会 降所 延長	帰りの会の司会は3年生。 一斉降所 地域ごとに、集団で帰る。 1年生はお迎え	1年生のお迎え対応。 初日の生活での様子を直接伝えて、保護者が、安心できるよう。

表３　４月１日の日案

で、この日に指導しなければならないことが明確になった。また、日案を作成していく過程を支援員集団全体で行うことで、支援員全員が育成支援計画を理解し、育成支援計画に基づいてこの日に何をすべきかを共有して実践することができた。

育成支援計画の実践化

では、実際に四月一日にどのような実践が行われたのか、実践記録を紹介したい。（記録部分は住野好久ら（二〇一二）より引用[5]）

四月一日は、新一年生一九名のうち、一六名が初登所。朝はあいにくの雨。

三年生のかずくんは八時から来ていました。「今日から一年生が来るから、かずくんロッカーの位置とか教えてあげてな」と支援員の声かけに、①②「わかっとるよ。一年生は何人来るん？」とかずくん。「第二の一年生は一四人で、今日は一二人来るよ」と支援員の返事に「ええっ。そんなにおるん⁉」と驚きつつも、自分の役割がたくさんあってうれしそうな顔のかずくん。

その後、さっそく一年生の大川くんが来たが、かずくんは一年生に気づいたものの中々声をかけられずにいました。そこで、支援員「かずくん、一年生来たよ～」と一年生の近くに行って声をかけると、かずくんも来ながら「名前は？」と聞いてやり、「大川しょうた」との返事を聞いて、「大川」の名前のある靴箱を探しながら、「え～と、あった！　ここにクツを入れて」と教える姿がありました。そして、今度は荷物を入れるロッカーの名前を探すかずくん、「次は、ここに荷物を入れるんよ」と大川くんに教えてやり、コップかけに、連絡帳の出し方と、支援員が声をかけなくても、順番に教えている姿がありました。②同じ出身園の子が一人もいなかった大川くんもかずくんの声かけで安心した様子で、その後の生活にスムーズに取り組めていました。

実践記録を読むと、複数箇所で育成支援計画のねらいを意識した支援員の声かけがあったことが分かる。特に、上級生に対し、上級生なりの役割がもてるよう促す声かけを支援員が複数回行っており、それに対してかずくんが応えている様子が読み取れる。新年度の忙しい時期であっても、一年生だけでなく三年生まで全員に対して保育目標に即した実践を行うことができている。育成支援目標や長期計画を立てるだけでは不十分な目標への意識が、日案を作成したことでより強くなり、実践へと結びついたと言えるだろう。

さらに、期の終わりには、計画された内容がどのように実践されたのかを、職員間で振り返り、支援単位ごとに「期のまとめ」と呼ばれる資料を作成していく（表４）。そうしてまとめた育成支援計画の振り返りを事前に全職員に配布し、読み込んだうえで、「期のまとめの職員会議」を開き、意見を交換する。その中で、さらに分析を深め、次期への見通しと計画を作成していく。

育成支援の目標・計画を支える子どもの見取り

こうした育成支援計画については、日々の事前・事後のミーティングを通して得られた支援員の関わりと子どもの姿が基盤となっている。育成支援に当たった支援員の情報を聞き取りながら、クラブ全体で子どもの見取りと見立てを進めることが大切である。

たけのこクラブでは行事にも力を入れて取り組んでいる。行事をめぐる準備中や当日の子どもの姿からは目標・計画を立てるための様々なヒントが詰まっている。例えば、保育の取り組みでは、年一〇回の食事作り、一カ月に一回の手作りおやつに各支援単位で取り組んでいる。育成支援の観点から、子どもが主体性を持って図書館で本を借りる等して作り方を調べ、自分たちで役割分担をしながら料理やおやつ作りを進めている。
その一つ一つの行事には、子どもに「やるかどうか」を投げかけることから始め、子どもの主体性を引き出していけるようねらいが設定されている。また、計画や予定にない「その時の子どもたちの要望」についても、できる限りかなえることができるように、前向きな話し合いを進めていく。何よりも、子どもたちが納得して進めていけるように配慮している。これらの話し合いの場面の様子を記録に残すことで、目標や計画を立てやすくなるのである。

２　日々の子どもの状況や育成支援の内容の記録

ここまでは、育成支援の目標と計画を作成し、実践していくことについて述べた。ＰＤＳＡサイクルの中の「Ｐ」と「Ｄ」の部分である。そして、質の高い学童保育実践を長期間実施していくためには、日々の育成支援の内容の記録が重要となる。育成支援に用いる記録の種類については、中山芳一（二〇一七）が短期的・中期的・長期的な実践記録のそれぞれの持つ機能についてまとめている。[6] たけのこクラブでは、日々の短期記録として「三分割実践記録」を、中長期的な記録として「期のまとめ」を作成している（表４）。

「三分割実践記録」は、中山芳一（二〇一七）が提案した実践の記録方法で、〈子どもの言動〉〈実践者の思考・判断〉〈実践者の言動〉の三項目で記録を行い、実践者の意図を振り返り、検証しやすくした記録方法である。各期の終わりには職員が三分割実践記録を作成し、その内容を基に事例検討会を行う。事例検討会については次項で述べるが、実践者の意図を明確に検証可能な三分割実践記録を作成しているからこそ、意義のある事例検討が可能になるのではないだろうか。

「期のまとめ」は各期の終わりに支援単位ごとで作成するまとめの資料である。期のまとめでは、保育方針の三項目（自分づくり、集団づくり、保護者支援）に沿って期の振り返りを記述していく。〈自分づくり〉としては、主にねたりしていたり、帰りの会の司会が出ても互いの声掛けが少なく、帰りの会が始まるのに時間が掛かっている状況が多かった。

そもそも、おやつの時に机と台拭きのどちらをしたいかを班のメンバーに聞いて、誰も希望がなければ「出さないと負けのジャンケン」というような、去年から続く流れがあったので、「決め方を考えてはどうか」と投げかけるようにした。それにより、けんた「一年生はしなくても良いよ」と言っている姿や、当番が出たのを見て、さき・まどか「当番出たよ」と声かけをして、あいさつが出来るように協力する姿が見られている。

また、帰りの会では司会が出てから始めるまでに時間が掛かり、３０分のおかえりギリギリになる事が多かった為、余裕をもっておかえりの時間になるようにしていった。時間が掛かる原因としては、一年生の用意の所に時間が掛かり、そこに三年生が付くこともなく支援員が付いて手伝うだけの時があったことなどがあげられる。

そこで、司会の三年に時間を見て始めるように意識させ、用意の所で同じ班の子を見てあげられるように関わっていった。

（課題）

①みなみ・さなについて一支援員が関わり、他の子との遊びをすることはあっても、継続して関わる事が出来ていないと、一人で遊ぶ事がなく居る姿がある。支援員の継続した関わりと、遊ぶ友達を知らせていき、意識させることが必要と考えられる。

②4/2のリーダー会議に、ひさきが最初に参加出来ていない事について、三年生からまなが居ないのに始まる事がおかしいと、気づかせる関わりが出来ていなかった。また、リーダー合宿に向けての会議の時に、まな・さゆりが参加出来ておらず、他の三年生が気付いて呼びにいく事が出来ていなかった。これにも支援員が三年生に意識させる関わりが出来ておらず、そもそも、まな・みさきがいない事に気づけていない事があったので、三年生と支援員の意識が足りなかったと考えられる。

○子育て支援

（成果）クラブ初登所の日から、一年生の様子を毎日連絡帳へ記入していくようにしていった。保護者からも、たけのこでの生活の感想や、家での姿の記入があり、情報共有をしている。また、2・3年生の姿も支援員間で意識し、頑張っている姿を伝えるようにしている。（えい：一年生へ並ぶように声を掛けたり、座る姿勢を教えてあげていた事など）保護者の方からも嬉しい返事があり、確認した上でお便りに載せている。

個別支援

吉田たかし：お迎えから集団下校にする際、一人で帰ってくる事が出来るか、集団下校にするべきか、心配だと話を聞く。保護者のけいしの特性の理解があるからこそ心配だという事がわかり、同じ班で帰る子の情報や、少しづつ慣らしていける様に最初は近くまで迎えに行ってはどうかという提案も行い、保護者も同時にキッズ携帯を持たせるようにすることで下校にする事に。問題なく下校する事が出来て、良かったと聞く事が出来た。

第Ⅱ期に向けて

○自分づくり：クラブのルールや生活習慣を覚える。また、生活する中で役割（リーダー）を担い、生活のルールを守る見本になる。

○集団づくり：異学年との遊びを通して、好きな遊びを共にしようとする。また、リーダー合宿後の、新しい班での生活に期待感を持ち、生活を率先して進めていけるようにする。それに対し、子ども達の良い姿を全体へ返していく。

○子育て支援：クラブでの様子を伝え、家庭と情報共有をしていく中で、保護者との信頼関係を作っていく。また、通信の発行を継続して行い情報発信をしていく。

フォーマット

第一　第Ⅰ期　期のまとめ（自分作り、集団作り、子育て支援）

5月22日　職員会議資料

四月（第Ⅰ期）保育計画より

○自分づくり　①1年生はクラブのルールや、生活習慣を知る。
②新しい環境の中で、進級した自分の役割（リーダー）を知り、生活のルールを守る見本になろうとする。

○集団作り　①新しく出会う子ども同士がつながる。（生活する仲間を知る）
②新しい環境の中で、自分の役割（リーダー）を考え、生活を進めていこうとする。

○子育て支援　①クラブでの子どもの様子を日常的に伝える。直接連絡だけでなく、通信を通して伝えていく。

成果と課題

○自分作り

（成果）①一年生に対し、クラブのルール、生活習慣を知るという項目について、初日にロッカーや靴箱の場所を二・三年生と一緒に確認していく。生活習慣では、朝の会で一日のデイリーを確認し、クラブでの流れを知らせていき、クラブに来たらまず連絡帳を出して、名前にチェックをする事や、昼食やおやつの時間にあいさつをする際の姿勢を確認したり、あいさつ後にお茶を取りに行ったりしない事などを知らせていった。

②まどかは、一年生の初登所の日に、靴箱の場所やロッカーの場所を教えていく姿や、朝の会の司会に立候補する姿があった。また、けんたとは、自分の班のメンバーの出欠を確認したり、けんたが休みの時に、そうた・りゅうじが頑張っていた事を伝えると「すげーな、これなら安心じゃ」と言っている姿がある。（お便りにも載せている）

（課題）①おやつの時間や、帰りの会の時に何をしたら良いのかわからない子が何人かいる事や、二・三年生が頑張っていても手が届かない部分。例えば、おやつ当番の皿洗い中に、一年生を呼びに行くのは難しいので、支援員が気付き当番の確認をしていく事も必要である。また、その中でも頑張ろうとしている、二・三年生の関わりを全体へ返し、一年生へ伝えていく。

②リーダーを頑張ろうとしている姿もあるが、例えば、ここみは「うちが手伝うわ」と言いつつ、手袋をしておやつを配りたいだけだったり、「司会させてくれるんなら手伝う」と言う事があり、リーダーが協力していくという気にはなっていない。手伝おうかなという気持ちはくみ取りつつ、三年生の役割を知っていけるように関わっていく事が必要である。

○集団作り

（成果）①初日の朝の勉強・昼食の時に、一年生は端に並び、三年生が順番に自分の班の一年生を呼んでいく事で、生活班を知らせるようにしていった。また、一年生歓迎会では、班の全員が前に出て、三年生が個別に「名前を言える？」と声を掛け、難しい子は三年生が「この子は○○君です」と伝えるようにした。（主に女の子はほとんどの子が言えず、去年名前を言えなかったはるたは言う事が出来た。）

・遊びの中では、鬼ごっこをする時、こまめに「○○君の鬼になった！」と支援員からも伝え、互いの名前を知るように関わっていった。また、ポコペンなど名前を呼ぶ必要がある遊びに誘い、始める前に参加するみんなの名前を確認してから始めるようにするなど、友達の名前を知る事が出来るよう関わった。

②三年生が生活を進める姿―おやつや帰りの会での間延びをどうするかについて。

・四月の生活を見ていて、去年までの三年の姿と同じように、おやつ、当番活動、帰りの会を進めていこうとする姿が見られた。しかし、支援員から、「おやつ・帰りの会で、当番・司会が出てからの時間が長く間延びしているのではないか？」という疑問があがる。具体的には、当番の子が出たのに気付いてから机・台拭きの係を決め

表４　期のまとめの

らいに即したクラブ内での様子の変化を記録していく。それ以外にも、保護者や学校から収集した情報や家庭環境や習い事の変化、出席率等の子どもに関する情報を総合的にまとめていく。〈集団づくり〉としては、各支援単位で取り組んだ内容（支援員が積極的に関わった内容や、子どもからの要望を引き出し、主体性を引き出した内容等）を記録する。その際、ただの子どもの記録にならないよう、日々の支援員がどのように保育目標と子どもの様子をつなげて意図的な関わりを持ったのかを記録する必要がある。

３　子どもの姿と支援員の対応についての事例検討

事例検討に関して、たけのこクラブでは学期に一回、職員会議を開き、前項で解説した三分割実践記録を基に検討を実施している。事例検討を行うためには、検討するための題材を設定することが難しい。なぜなら、だれもが学べる題材にしなければ、事例検討自体が学びの薄いものとなってしまうからである。そのため、資料作成のための準備期間が必要となる。準備として、日ごろから育成支援中に職員が困った点や迷った場面を書き留めておくことで資料をスムーズに作成することができるだろう。事例検討には基本的に全職員が参加し、支援単位ごとに同じ題材を使って検討に取り組み、質疑テーマに合わせた内容を論議する。各グループにはコーディネーターを置き、質疑テーマからずれるような発言は控える様に修正をしていくことで、学びを深めている。事例検討会で学べたことは各支援員でまとめ、振り返りとしてまとめることで、やりっぱなしの検討会にならないよう指導している。

だが、事例検討はなにも特別な時だけに行うべきものではない。日々のミーティングでも自らの実践を振り返ることで、課題意識を持ち、次への支援のねらいとすることができる。日々の何気ない会話の中でも、ただの世間話にならないよう、子どもの事実に基づいたカンファレンスを大切にしていくことが必要だ。

4　通信や保護者会等を通した保護者との情報共有

たけのこクラブでは、支援単位ごとに年間五〇号の通信を発行している。内容は、いずれも行事や保護者への注意事項の羅列とならないように、子どものクラブの様子が伝わる内容で、かつ保護者が励まされるものを心掛けている。子ども一人ひとりに目が向くようにと、通信に出てきた子どもの名前をチェックし、目立つ子ばかりが取り上げられないようにも配慮をしている。他にも、クラブ全体での通信を月一回、土曜保育の通信を不定期発行している。

また、保護者会では子どもの様子を伝えるために、写真や動画を使い、一人ひとりの様子を全体の場で伝える「保育報告会」に取り組んでいる。日ごろ、クラブでの子どもの様子を見ることのできない保護者も、写真等を見ることで、様子がよく分かると好評となっている。

保護者に対しては、保育報告会以外にも、お迎え時に日常の保育での様子を伝えたり、学年別の懇談会や一人ひとりへの個別懇談を年一回取り組んでいる。また、子育ての悩みや生活での行き詰まり等を支援員が個別に聞き取ることで、保護者も次への子育ての見通しを持てるよう、支援している。そういった保護者支援に関しては、クラブとしても重視しており、家庭と重要な情報を交換することで保護者との信頼関係を構築し、のちの育成支援に役立てるよう配慮している。

三　学童保育における職務内容を遂行していくために解決すべき課題

ここからは、たけのこクラブで行っている上記のような職務内容、そして充実した育成支援の内容を達成するために求められる放課後児童クラブの課題について述べる。

１　職務内容を遂行するための職場環境の整備

このような育成支援の内容を達成するためには、職場環境の整備が必要となる。職場環境の整備には、物的環境と人的環境の二つがある（表５）。

物的環境の整備は、支援ができる場所や備品の確保が挙げられる。生活するための設備として、おやつを食べる机や子どもが休むための静養室、着替える為の部屋と必要な備品等が含まれる。また、子どもの情報を記録し、おたよりを作成していくためのパソコン機器やコピー機、整理するためのファイル等も必要となる。備品や資料の整理をするための書棚は鍵付きにしておくことも大切となってくる。インターネットに接続して、保護者からの連絡をメールでも受け取れるようにしているクラブもある。

人的環境の整備としては、まずは支援員体制を確立することが求められる。主任、副主任という呼び名を使っているクラブもあれば、所長や室長といった呼び名で立場を明確にしているクラブもある。横並びでみんな同じ立場だと、支援員も責任逃れをするようになったり、誰が中心で進めているのか保護者や地域、学校等、対外的にも分かりにくくなってしまう。支援員体制を確立し、誰がどこまで責任をもってやるのかを明確にし、支援員が自らの立場を自覚して育成支援に当たることが求められる。

支援員体制と同時に、職員の勤務時間についても環境を整えていく必要がある。育成支援に当たるすべての職員が事前と事後のミーティングやクラブ内外の研修、子どものカンファレンス等に参加できるように勤務時間を確保するべきである。他にも、育成支援の計画作成、行事の計画・準備や通信の作成・発行、育成支援の記録や備品の購入、おやつの購入、行政資料の作成等についても、誰が責任を持って進めるのかを明らかにしたうえで、勤務時間を確保していかなければならない。

放課後児童クラブにおいては、支援員の存在がとても大きい。子どもと保護者にとって、担当する支援員が信頼で

物的環境	・施設、設備の充実 ・生活に合わせたスペースの確保 ・安全点検チェック	・生活するために必要な設備・備品・スペースの確保 ・安全性が確保されているかどうか、日常的な点検チェック
人的環境	・支援員体制の確立 ・支援員の勤務時間 ・支援員の処遇改善 ・支援員間の連携	・主任等の役職の設定・支援員間の役割分担 ・職務内容の遂行に必要な勤務時間の確保 ・長く働き続けられるための処遇 ・育成支援を進めるための支援員間の連携

表５　必要な環境整備

きる存在かどうかで、クラブで安心して過ごせるかどうかが決まってしまう。育成支援の要ともいえる支援員が、安定した雇用のもとで長く働き続けてくれることが重要となる。そのため、支援員が安心して働けるような処遇改善を進めていくことも大変重要となる。

２　職務内容の基盤としての育成支援計画

このように、たけのこクラブでは、育成支援計画を基に、支援員が連携して育成支援に当たっている。しかし、多くの学童保育所においてはこれらの整備が十分に進んでおらず、子どもたちの健全な育成をめざして意図的・計画的な保育を行うために不可欠な保育計画は、整備されてこなかった。住野好久ら（二〇一二）は、学童保育所（二〇一二年当時は放課後児童クラブとは呼称されていなかった）において育成支援計画が整備されない理由について、国の基準や作成義務がなく、支援員が育成支援計画についての研修を受ける機会も十分に用意されていないからだと述べている。[7] 二〇一二年当時は放課後児童クラブ運営指針の制定前であり、「学童保育」をめぐる状況は今とは大きく異なっていた。特に、放課後児童支援員認定資格研修が行われる前ということで、支援員の受ける研修の内容や頻度は今とは大きく異なっていた。

しかしながら、運営指針が出され、放課後児童支援員認定資格研修の開催が始まって約五年が経過した現在でも、実際には現場とのずれが埋まっていないのではないだろうか。運営指針に基づいたクラブ運営と育成支援を実践するためには、運営指針そのものも、運営指針を運用していく仕組みも改善・充実させていく必要がある。運営指針の定期的な改正や見直しが必要ではないだろうか。認定資格研修では、育成支援の計画の必要性は述べられているものの、育成支援計画の作成の仕方や活用の仕方といった具体的な内容までは示されてはいない。支援員の困り感が解決されるような研修カリキュラムへの改善が必要である（現在は、階層別研修等でフォローしているが不十分）。

放課後児童クラブでは、職員の勤続年数が平均五・九年（二〇一六年時点、厚生労働省調査による）と短いことが問題となっている。その中で、一部のベテラン支援員の頭の中の育成支援計画が、十分な合意形成を得ることなく暗黙の了解としてクラブの計画へとすり替わっていくケースが散見された。一部のベテラン支援員の経験頼みでなく、全支援員がクラブの育成支援に参画できるようにするためにも、明文化された育成支援の目標と計画が必要となるのだ。運営指針の内容を実現すべく、支援員が自信と誇りをもって放課後児童クラブに従事することこそ、子どもたちの豊かな放課後にとっての最大の環境を提供することである。そして、支援員が最大限のパフォーマンスを発揮できる環境を整えることが運営主体者・自治体・国には求められている。

参考・引用文献

（1）厚生労働省（二〇一七）『放課後児童クラブ運営指針解説書』フレーベル館。
（2）代田盛一郎（二〇一七）「放課後児童クラブ運営指針をどう見るか」『学童保育研究』18、六〇―七〇頁。
（3）中山芳一（二〇一二）『学童保育実践入門』かもがわ出版。
（4）厚生労働省（二〇一八）『保育所保育指針解説 平成三〇年三月』フレーベル館。
（5）住野好久・英真子・矢吹一馬（二〇一二）「学童保育における保育計画の実践化と評価・改善に関する研究」『学童保育』2、三九―

四八頁。

（6）中山芳一（二〇一七）『新しい時代の学童保育実践』かもがわ出版。

（7）前掲「学童保育における保育計画の実践化と評価・改善に関する研究」。

第三章　学童保育実践者の養成と研修

中田周作

一　問題の所在

本稿は、放課後児童健全育成事業の領域における放課後児童支援員[①]の大学等[②]における養成と学童保育実践者の研修について考察することを目的としている。つまり、数と質の両側面から放課後児童健全育成事業を支える人材について、現在の状況を確認して将来のあり方を論じようとするものである。

こうした考察を深めるにあたって、まず始めに、現状の社会背景について確認しておきたい。それは放課後児童健全育成事業の急拡大を引き起こしている根本的な要因にもなっている少子化についてである。厚生労働省『令和元年（二〇一九）人口動態統計（確定数）の概況[③]』を参照すると、一九七三（昭和四八）年のいわゆる第二次ベビーブームの最も出生数が多かったときが二、〇九一、九八三人であった。そして、一九八九（平成元）年の合計特殊出生率一・五七という、いわゆる「一・五七ショック」は一、二四六、八〇二人であり、この一六年間に生まれてくる子どもは八四五、一六一人減っている（一年あたり五二、八二三人の減少）。仮に、この一六年間と同じペースで少子化が進行すれば、二〇一三（平成二五）年頃には生まれてくる子どもの数がゼロと試算できる。現実には平成期に入ると国による子育て支援事業が次々と展開していく[④]。その結果、一九八九（平成元）年から二〇一九（平成三一・令和元）年の三〇年間に出生児数は一、二四六、八〇二人から八六五、二三四人になり（一年あたり一二、七一九人の減少）、昭和末期と比較すると出生児数の急激な減少は抑制できたといえる。これは国の子育て支援事業が功を奏したと考えても良いだろう。しかし、これで少子化に歯止めがかかったとはいえない。少子化を論じる視角は幾つかあるだろうが、ここでは家族集団の幸福追求という視点から考察したい。この視点から、国立社会保障・人口問題研究所『第一五回出生動向基本調査（結婚と出産に関する全国調査）』[5]の理想子ども数と予定子ども数を見ると、一九七七年の第七回調査（理想子ども数二・六一人。予定子ども数二・一七人）から二〇一五年の第一五回調査（理想子ども数二・三二人。予定子ども数二・〇一人）まで、一貫して予定子ども数が理想子ども数を下回っている。つまり、個々の子育て家庭が少なく生むことを望んでいるのではなく、生みたくても産めない状況にあると判断できる。そうであるのならば少子化は解決すべき社会問題である。この少子化問題を子育て支援という観点から考えたとき、放課後児童健全育成事業は、いったいどのような方策で少子化問題の解決に貢献できるのであろうか。そのひとつは、放課後児童支援員の必要とされる人数を養成することと、その質を保証することであろう。本稿では、こうした少子化対策としての子育て支援施策の一環として養成と研修に関する考察を進めていく。

二　放課後児童支援員の養成

１　必要人数に関する検討

ここまで都合上、放課後児童支援員の大学等における養成を無条件に前提として記述してきた。本節では改めて必要とされる放課後児童支援員は、本当に大学等で養成されなければならないのか、必要人数の観点から検討したい。その人数の規模は、人材供給のシステムのあり方を規定すると考えられるからである。放課後児童支援員の必要人数

表１　1998（平成 10）年から 2018（平成 30）年の変化

	1998（H10）年	2008（H20）年	2018（H30）年	
登録児童数（人）	348,543	794,922	1,234,366	（１）
全小学生数（人）	7,663,533	7,121,781	6,427,867	（２）
全小学生のうちの登録児童割合（%）	4.5	11.2	19.2	
小学校教員数（人）	415,680	419,309	420,659	（２）
小学校の教員１人あたりの子ども数（人）	18.4	17.0	15.3	
放課後児童支援員等（人）	20,489	68,887	143,669	（３）
放課後児童支援員等１人あたりの子ども数（人）	17.0	11.5	8.6	
児童のいる世帯で母親が仕事をしている割合（%）	46.2	61.9	72.2	（４）

（出典）
（１）厚生労働省『平成 30 年（2018 年）放課後児童健全育成事業（放課後児童クラブ）の実施状況』
https://www8.cao.go.jp/shoushi/shinseido/meeting/jigyounushi/h30/0122/pdf/ref2.pdf
（２）文部科学省『学校基本調査』https://www.mext.go.jp/b_menu/toukei/chousa01/kihon/1267995.htm
（３）2018 年は、厚生労働省『平成 30 年（2018 年）放課後児童健全育成事業（放課後児童クラブ）の実施状況』https://www8.cao.go.jp/shoushi/shinseido/meeting/jigyounushi/h30/0122/pdf/ref2.pdf
2008 年は、厚生労働省『放課後児童健全育成事業（放課後児童クラブ）の実施状況』の放課後児童指導員数。https://www.mhlw.go.jp/houdou/2008/10/dl/h1016-1a.pdf
1998 年は、全国学童保育連絡協議会（1998）『1998 年度 学童保育 実態調査のまとめ』37 頁の指導員数
（４）厚生労働省『国民生活基礎調査』https://www.mhlw.go.jp/toukei/list/20-21kekka.html

を割り出すためには、登録児童数等の経年変化を参照してみる。ここでは法制化を起点にして一九九八（平成一〇）年、二〇〇八（平成二〇）年、二〇一八（平成三〇）年の二〇年間の変化を表1にまとめた。

こうしてみると一九九八（平成一〇）年から二〇一八（平成三〇）年に、全小学生の人数は約〇・八倍と減少しているが、登録児童数は約三・五倍に増えている。全児童に占める登録児童の割合も約四・二倍になっている。この状況に対応するため、放課後児童支援員等の人数も約七・〇倍になり、さらに放課後児童支援員等一人あたりの子ども数も約半分になっている。こ

うしてみると、子育て支援施策における放課後児童支援員等の数は、増加する登録児童数に対応し続けていることが分かる。しかしながら、児童のいる世帯の母親が仕事をしている割合が二〇一八（平成三〇）年には七割を超えているが、その一方で、全小学生のうちの登録児童割合が二割ほどであり、著しく乖離していることは気になる。

こうした状況は、子育て支援施策に織り込み済みのようでもあり、新・放課後子ども総合プランでは、二〇一九年度から二〇二三年度末までに登録児童数を約一二二万人から約一五二万人へと約三〇万人分の増加を目指している。これは、厚生労働省『保育所等関連状況取りまとめ（令和二年四月一日）』[6]を参照すると、二〇一九（平成三一）年四月の三歳以上児が一、五八三、四〇一人である。ゆえに、その三分の一の約五〇万人が翌年度に小学校一年生になっている。常識的に考えると、保育所に通っていたのだから、翌年度は放課後児童クラブに登録することを希望している可能性が高い。そこで二〇二〇（令和二）年七月の状況を厚生労働省『令和二年（二〇二〇年）放課後児童健全育成事業（放課後児童クラブ）の実施状況（令和二年（二〇二〇年）七月一日現在）』[7]を参照すると、登録児童数のうち小学校一年生は、四一四、〇五〇人である。そうすると、約一〇万人の待機児童が発生している可能性がある。同資料によると、二〇二〇（令和二）年は登録児童数のうち小学校一年生が占める割合は三一・六％である。新・放課後子ども総合プランは約三〇万人分の登録児童数増を目指しているが、その三割が小学校一年生に割り振られると、二〇二三年度末には、保育所には預けることができたが放課後児童クラブには預けられなかったという状況は、かなりの程度、解消している計算になる。もちろん預け先が充実すると待機児童も増えるという現象が、しばしば見られることを忘れてはならないが、登録児童数に関しては、今のところ、ひとまず順調に増加している。ここから必要とされる放課後児童支援員等の数を推測すると、新・放課後子ども総合プランが目指している受け入れ児童数約一五二万人に対して、放課後児童支援員等一人あたりの子ども数は前出の二〇二〇（令和二）年の調査では、登録児童数を放課後児童支援員の数で除すると七・九となり、放課後児童支援員等の必要人数は約一九二、四〇〇人と推計できる。

表２　教員等の人数（人）

学校園等	人数	割合	調査日
幼稚園（本務者）	91,798		2020 年 5 月 1 日現在（１）
幼稚園（兼務者）	20,911		2020 年 5 月 1 日現在（１）
幼保連携型認定こども園（本務者）	120,785		2020 年 5 月 1 日現在（１）
幼保連携型認定こども園（兼務者）	19,938		2020 年 5 月 1 日現在（１）
放課後児童支援員等（合計）	165,725	100.0	2020 年 7 月 1 日現在（２）
放課後児童支援員（常勤）	48,712	29.4	2020 年 7 月 1 日現在（２）
放課後児童支援員（常勤外）	47,159	28.5	2020 年 7 月 1 日現在（２）
補助員（常勤）	10,844	6.5	2020 年 7 月 1 日現在（２）
補助員（常勤外）	59,010	35.6	2020 年 7 月 1 日現在（２）
介護職員	153,709		2018 年 10 月 1 日現在（３）
保育所等の保育士	375,312		2018 年 10 月 1 日現在（３）
小学校（本務者）	422,554		2020 年 5 月 1 日現在（１）
小学校（兼務者）	48,457		2020 年 5 月 1 日現在（１）

（出典）
（１）文部科学省『学校基本調査』https://www.mext.go.jp/b_menu/toukei/chousa01/kihon/1267995.htm
（２）厚生労働省『令和２年（2020 年）放課後児童健全育成事業（放課後児童クラブ）の実施状況（令和２年（2020 年）７月１日現在）』https://www.mhlw.go.jp/content/11921000/000708397.pdf
（３）厚生労働省『社会福祉施設等調査の概況』の職種別常勤換算従事者数 https://www.mhlw.go.jp/toukei/saikin/hw/fukushi/18/index.html

ただし、二つの前提については検討が必要である。第一の前提は、放課後児童支援員等一人あたりの子ども数が七・九人で良いのかということである。表1を見ると放課後児童支援員等の一人あたりの子どもの数は、一九九八（平成一〇）年から二〇一八（平成三〇）年の二〇年間で、一七・〇人から八・六人と半減している。一方、小学校では、その二〇年で一八・四人から一五・三人となっており放課後児童健全育成事業と比較すると変化が小さく安定しているといえる。そうすると、二〇二〇（令和二）年の七・九も、妥当な数字なのかよく分からないことになる。検討しなければならない第二の前提は、放課後児童支援員か補助員なのか、常勤職員か常勤外の職員なのかという資格と雇用形態に関することである。それぞれの割合及び近接領域の状況については、表2の通りである。補助員のなかにも子育て支援員研修（放課後児童コース）の受講修了者がいるであろうが、放課後児童支援員でない者が四二・一％となっている。放課後児童支援員のうち、認定資格研修を修了した者の割合は、厚生労働省

『令和二年（二〇二〇年）放課後児童健全育成事業（放課後児童クラブ）の実施状況（令和二年（二〇二〇年）七月一日現在）』によると、二〇一九（令和元）年の七一・三％から二〇二〇（令和二）年には九〇・四％になっており、今後も認定資格研修が継続すれば放課後児童支援員の比率が高くなる可能性はあるが、常勤の放課後児童支援員の割合二九・四％は、もう少し高くするべきではなかろうか。いずれにしても、この二つの前提は目標数値が不明瞭であることを考慮しなければならない。

次に一年間に何人の放課後児童支援員等の人材の供給が必要かという推測であるが、公立小学校の場合は文部科学省『令和元年度公立学校教員採用選考試験の実施状況について』(8)を参照すると、約一五、〇〇〇人である（表2の本務者(9)のうち公立を分母にすると約三・六％）。保育士では、厚生労働省『第三回保育士等確保対策検討会議 平成二七年一二月四日 参考資料一』(10)によると、約四九、〇〇〇人である（表2の保育所等の保育士を分母にすると約一三％）。放課後児童クラブの場合、全国学童保育連絡協議会『学童保育（放課後児童クラブ）の実施状況調査結果について』(11)では、二〇一八（平成三〇）年調査で経験年数二年未満の指導員は一九・五五％となっている。ここから考えると、その半分の約一〇％が経験年数一年未満であり、この一年間で新たに放課後児童クラブに必要となった人材であると推測できる。これらのことから毎年、約一九、〇〇〇人の放課後児童支援員等の供給が必要となる。現在、小学校の教員採用試験の倍率が二〜三倍程度、保育士養成課程の卒業生が保育所に勤務する割合が約五〇％（＝二二、〇〇〇人(12)）ということを考慮すれば、結果的に就職先として小学校や保育所等を選ばなかった学生の一部が、放課後児童クラブに就職するようになれば、供給しなければならない人数の問題は大きく改善する可能性がある。

なお、これまでも大学等における放課後児童支援員の養成課程がなくても、なんとか人材の確保ができていたのは、厚生労働省『令和二年（二〇二〇年）放課後児童健全育成事業（放課後児童クラブ）の実施状況（令和二年（二〇二〇年）七月一日現在）』を参照すると、放課後児童支援員認定資格研修の受講条件である「放課後児童健全育成事業の設備及び運営に関する基準」第一〇条第三項一号から一〇号のうち、一号（保育士）二四・九％、二号（社会福祉士）〇・七％、四号（教員免許）二五・五％、五号（大卒で社会福祉学等を専修）一・九％であり、合計五三・〇％が大学等において、保育学や教育学、社会福祉学等を学んでおり、既に、放課後児童健全育成事業に近接する領域である保育士や教員の養成課程等の卒業生によって支えられているからといっても過言ではない。

２　大学等における養成課程のカリキュラムの提案

現在、我が国には国の制度として大学等における放課後児童支援員の養成課程は存在しない。しかし現実には、放課後児童支援員認定資格研修の受講者の約半数は保育士養成校や教員養成課程等の卒業生と推察される[13]。したがって、大学等の卒業と同時に放課後児童支援員認定資格研修修了者と同等の扱いをされる新規学卒者がいても特に違和感はない。また、これまでにも幾つかの研究や実践（杉山二〇〇四、杉山二〇〇九、中田・中山二〇一一、中山二〇一二など）があるため、これらの先行研究と放課後児童支援員の認定資格研修のカリキュラムを踏まえる必要がある。また、本稿では紙幅の限界もあるので、前提として、保育士及び教員養成課程に事実上併設[14]することと、放課後児童支援員認定資格研修を中心的なカリキュラムとすることとして以下の提案を行いたい。

まず、放課後児童支援員認定資格研修では免除科目が設定されているので、これを踏襲すると項目二の科目四、五、六、七は受講が不要だろう。二〇一九（平成三一）年度の教員養成カリキュラムからは特別支援教育が必修になっているので、保育士養成課程だけではなく教員養成課程においても、上記の四科目は免除の可能性がある。そうすると残り五項目一二科目一八時間は、一つの授業科目（九〇分×一五コマ）で時間的に充足できる。ただし、認定資格研修は、現職者を対象としているので「学童保育実習」のような科目と、その事前事後指導を行う授業が必要だろう。

つまり、認定資格研修に該当する科目が一つ、実習に関する科目が一つ、実習の事前事後指導に関する科目が一つの合計三科目あれば、放課後児童支援員の養成課程の設置が実現可能であると提案できる。

三　放課後児童支援員等の研修

１　研修の概要

放課後児童支援員等を対象にした研修は既に幾つか存在[15]しているが、新規の研修が必要というよりは、厚生労働省『放課後児童クラブに従事する者の研修体系の整理―放課後児童クラブの質の向上のための研修企画検討会まとめ―[16]』においても「現時点においては、国、都道府県、区市町村及び事業者のそれぞれの役割が明確でなく、実施主体によって取組内容にも差異があるため、一定の整理をした上で体系的な研修システムにしていくことが課題」と指摘されているように、現行の研修体系を整理することが課題である。

そこで、まず、現行の研修を概観する。

(一)　子育て支援員研修

子育て支援員研修は、八科目八時間の基本研修と四つのコースから成り立っており、厚生労働省『子育て支援員研修事業実施要綱[17]』によって研修内容が指定されている。このうちの一コースが六科目九時間の専門研修「放課後児童コース」であり、基本研修と専門研修を合わせると一四科目一七時間となる。放課後児童健全育成事業の補助員は、この受講が推奨されている。子育て支援員研修は、放課後児童支援員認定資格研修と異なり、受講の前提条件は定められていない。ただし、補助員のうち何割が子育て支援員研修を受講しているのか不明であるが、表２で示した通り、放課後児童支援員等のうち四二・一％が補助員である。なお、保育士や社会福祉士等には、基本研修を免除できることが規定されている。また、修了者を対象には、フォローアップ研修や現任研修もあり、その内容も簡単ではあるが例示されている。

(二) 放課後児童支援員認定資格研修

放課後児童支援員になるためには、放課後児童支援員認定資格研修の受講が必須[18]である。その内容は厚生労働省『放課後児童支援員に係る都道府県認定資格研修ガイドライン[19]』に六項目一六科目で各科目一・五時間との指定があり合計二四時間となっている。この一六科目については、同資料にシラバスが提示されており、基本的には全国どこで受講しても同じ内容となっている。つまり、放課後児童支援員が共有しておかなければならない一連の知識が初めて国によって示されており、その意義は極めて大きい。この研修では、保育士や社会福祉士、教員の資格・免許を有する者には免除科目がある。

(三) 放課後児童支援員等資質向上研修

放課後児童支援員等資質向上研修事業は、先述の厚生労働省『放課後児童クラブに従事する者の研修体系の整理―放課後児童クラブの質の向上のための研修企画検討会まとめ―』において提示されている内容を参照して行われている。受講の対象は、放課後児童支援員、補助員、放課後児童クラブの運営主体の職員などとなっている。また、勤続年数等によって、初任者研修（一年～五年未満）、中堅者研修（五年以上）、リーダー（事業責任者を含む）研修と三つの階層に分けられており、領域は四つ設定され、それぞれに主な具体例が提示されているが、子育て支援員研修や放課後児童支援員認定資格研修ほど明瞭に内容が規定されているわけではない。

2　研修に関する考察

先述の研修内容について表3から5に項目等を列挙してみた。このように見比べてみると、研修の内容は、①社会背景や制度、政策に関すること、②子どもの発達に関すること、③放課後児童クラブの育成支援に関することの三つに大別できるように思われる。これは先行研究（杉山二〇〇四、杉山二〇〇九、中田・中山二〇一一、中山二〇一二）や、保育士養成カリキュラム、教員養成カリキュラムと比較しても、全く異なるというほどのことではない。ただし、放課後児童支援員認定資格研修の制度の開始に伴い住野（二〇一五）が指摘している幾つかの課題が解決しているようには思えない。さらに、教育学や保育学、社会福祉学では一般的な歴史や思想・哲学に基盤を置く科目が見あたらないことも心細い。[20]しかし、ひとまずは放課後児童指導員等の研修カリキュラムの学習内容は整ってきていると積極的に捉えたい。

その一方で学習の順序という観点からは、やや課題が多いようである。ここでは三点、指摘しておきたい。第一は、子育て支援員専門研修（放課後児童コース）と、放課後児童支援員認定資格研修と、放課後児童支援員等資質向上研修の初任者研修の三者の関係である。提示されているカリキュラムからすると、放課後児童支援員認定資格研修の一六科目二四時間の研修内容を子育て支援員専門研修（放課後児童コース）六科目九時間に圧縮しただけのようである。ここには、単に受講の前提条件を満たしているか否かが異なるだけであり、学習の順序は存在しないようである。また、放課後児童支援員等資質向上研修の初任者研修は、放課後児童支援員認定資格研修を受けていない人に向けた内容になっている。放課後児童支援員認定資格研修は希望者全員が受講できず、順番待ちが発生している状況では、これも一理ある。しかし、放課後児童支援員の認定は、一度受ければ更新も有効期限もないため、いずれその順番待ちは解消されるであろう。解消された後も、放課後児童支援員等資質向上研修の初任者研修は、放課後児童支援員認定資格研修を受講していない人向けの内容で良いのであろうか。また、子育て支援員専門研修（放課後児童コース）と、

表３　子育て支援員専門研修（放課後児童コース）

１．放課後児童健全育成事業（放課後児童クラブ）の理解
２．子どもを理解するための基礎知識
３．放課後児童クラブにおける子どもの育成支援
４．放課後児童クラブにおける安全・安心への対応
５．放課後児童クラブに従事する者として求められる役割・機能

表４　放課後児童支援員認定資格研修

１．放課後児童健全育成事業（放課後児童クラブ）の理解
２．子どもを理解するための基礎知識
３．放課後児童クラブにおける子どもの育成支援
４．放課後児童クラブにおける保護者・学校・地域との連携・協力
５．放課後児童クラブにおける安全・安心への対応
６．放課後児童支援員として求められる役割・機能

表５　放課後児童クラブに従事する者の研修体系

１．放課後児童クラブに従事する者として備えるべき資質
２．子どもの育成支援に必要な専門的知識及び技術
３．学校・地域との連携
４．運営管理と職場倫理

放課後児童支援員等資質向上研修の初任者研修は、どのように異なるのであろうか。

第二は、子育て支援員や放課後児童支援員として認定を受けた後、放課後児童支援員等資質向上研修はいつ、何回、受講したら良いのであろうか。繰り返しの受講が必要であれば、その内容については、子育て支援員や放課後児童支援員の研修のようなシラバスは作成せず、厚生労働省『放課後児童クラブに従事する者の研修体系の整理―放課後児童クラブの質の向上のための研修企画検討会まとめ―』において提示されている程度のものの方が、むしろ良いのではないだろうか。また、この場合も、子育て支援員研修修了者に向けてのフォローアップ研修や現任研修との関係、さらには、キャリアアップ研修や民間団体の主催する研修とは、どのような関係が適切なのであろうか。

第三は、研修の講師及び教材が少ないことである。学童保育の領域は、研究者やベテランの実践者が必ずしも多くはない。そのため、厚生労働省も研修のシラバスに講師要件を定めたり、「都道府県認定資格研修講師養成研修」を実施したりしている。しかし、もともと知識や経験がある者を対象としており、講師の候補が少ない現状に変わりはない。また、放課後児童支援員認定資格研修や子育て支援員研修のような出版された教材はない[21]。付随する課題としては、統一的な教材がなければ、講師によって研修内容が異なることになり、そうした状況は、研修内容の広がりとして肯定的に捉えるのか、学びが共有できていないとして否定的に捉えるのか、研修の方針が明瞭にならなければ答えは出せない。

四　おわりに

１　学童保育実践者の養成と研修における課題

現代の日本の社会において、子育て支援施策は極めて重要であり、放課後児童健全育成事業は、その一環として位置づけられている。放課後児童健全育成事業には、待機児童が多く、それに対応するために放課後児童クラブの数と放課後児童支援員等の数は急増している。こうした状況下、放課後児童支援員の質を担保しつつ、必要人数を育てていくことは焦眉の急であるため、本稿では養成と研修について考察した。

その結果、放課後児童支援員等は当面のところ毎年、約一九、〇〇〇人が必要と推測できた。一方、直近における放課後児童支援員認定資格研修の受講者は、五三・〇％が大学等において、保育学や教育学等の、いわば放課後児童健全育成事業に近接する領域の養成課程等の卒業生であった。また、大学等における放課後児童支援員の養成課程では、三科目開講すれば、放課後児童支援員認定資格研修修了と同程度の知識や技能を修得できる可能性が提案できた。採用後の研修においては、研修の体系化、特に学習の順序において課題はあるものの、身に付けるべき内容は明確になっている。

こうしてみると、かつては、大学等における放課後児童支援員の養成は手が届かない存在であったかもしれないが[22]、いる課題のようでもある。

現状において大学等での養成に取り組んでいないことは、子育て支援施策の一環としては、むしろ出遅れてしまっている課題のようでもある。

２　大学等における放課後児童支援員の養成にむけて

最後に、この課題を乗り越えるための課題とメリットを二点ずつ指摘したい。

課題の第一は、雇用に関することである。養成課程を設置すると、新規学卒者の初任給を示す必要がある。全国学童保育連絡協議会『学童保育（放課後児童クラブ）の実施状況調査結果について』の二〇一八年度の調査では、週二〇時間以上勤務する指導員で年収二五〇万円以上の割合は一六・五七％で、賃金形態が月給である割合は四二・八八％となっている。一方、例えば、厚生労働省『令和元年賃金構造基本統計調査 結果の概況[23]』の保育士（保母・保父）（女）経験年数〇年（二〇～二四歳）の所定内給与額をみると二〇一・二千円、年間賞与その他特別給与額四二・六千円となっており、給与面の格差は否めない。このことは大学等から見たときに、放課後児童支援員の養成課程を設置して、学生が放課後児童支援員の資格を取得したときに、就職先に選ばれなければ、養成課程を設置する意味がないことになる。ましてや、保育士資格や教員免許を取得できるのであれば、放課後児童クラブに就職してから放課後児童支援員認定資格研修を受講すれば、事足りるということになる。第二の課題は、授業担当者である。三つの授業科目を提案したが、その授業内容の幅は広いので、なかなか一人の大学教員でカバーすることは困難であることが予想される。また、実習に関する知見も乏しいため授業内容の構築が容易ではない。

次にメリットであるが、第一は学生が保育者になる場合、特に私立の保育所では、同じ法人内で放課後児童クラブを開設している場合もあり、職務上、有用な場合がある。また、保育所を修了した子どもたちは、小学校に入学する前に放課後児童クラブに通うことになるため、保育所と放課後児童クラブの接続が円滑になることが期待できる。第二のメリットは、小学校教員になる学生に対してであり、小学校から帰った後、放課後児童クラブで、どのように過ごしているのかを知っておくことは有益である。また、そのような小学校教員が増えれば、放課後児童クラブと小学校の連携も行いやすくなる。これらのメリットは、当該学生自身が小学生の頃、放課後児童クラブに通っていた経験を持つものが増加しているので、放課後児童クラブに通っていた割合が低かった年配者以上に、大学生等にとっては理解しやすい可能性が高い。

いずれにしても放課後児童健全育成事業の領域においては、学童保育実践者の養成と研修に関する課題を解決し、子育て支援施策の推進に寄与していかなければならない。

注

（１）子ども家庭福祉としての放課後児童健全育成事業そして放課後児童支援員等を中心に考察を進めるが、放課後児童健全育成事業という児童福祉に該当しないかも知れない民間企業等の学童保育等について排除して論じる意図はない。ここでは、人材の養成と研修に焦点を当てているので、本稿では、こうした議論はしない。

（２）本稿でいう大学等は、四年制大学、短期大学、専門学校、専門職大学、専攻科などを含んでいるので、高等教育機関というよりは中等後教育機関を想定している。

（３）https://www.mhlw.go.jp/toukei/saikin/hw/jinkou/kakutei19/index.html

（４）一九九五（平成七）年のエンゼルプランを始め、一九九九（平成一一）年の新エンゼルプランから二〇一五（平成二七）年の子ども・子育て支援新制度などを指す。

（５）http://www.ipss.go.jp/ps-doukou/j/doukou15/doukou15_gaiyo.asp

（６）https://www.mhlw.go.jp/content/11922000/000678692.pdf

（７）https://www.mhlw.go.jp/content/11921000/000708397.pdf

（8）https://www.mext.go.jp/a_menu/shotou/senkou/1416039_00001.html

（9）表2の本務者には、国立や私立も含んでおり、公立のみは四一五、四六七人である。ただし、この分子に使った約一五、〇〇〇人は概数である。文部科学省『令和元年度公立学校教員採用選考試験の実施状況について』によると、小学校の採用者数の平成二四年度から令和八年までの推移と見通しは、約一二、〇〇〇人から約一七、〇〇〇人であり、放課後児童健全育成事業と比較すると変動が少ない。

（10）https://www.mhlw.go.jp/stf/shingi2/0000106237.html

（11）http://www2s.biglobe.ne.jp/Gakudou/pressrelease20201209.R1.pdf

（12）厚生労働省『第三回保育士等確保対策検討会議 平成二七年一二月四日　参考資料一』によると、残り半分を輩出しているのは七〇万人以上いる潜在保育士であると考えられている。

（13）こうした現状を受けて本稿では、放課後児童支援員認定資格研修の受講の前提条件の検討については紙幅の都合上、割愛する。

（14）ここでは、保育士及び教員養成課程に併設すること以外の可能性を排除する意図はない。また、両養成課程において保育士資格や教員免許状を取得せずに卒業する場合などの詳細な扱いについては捨象し、おおよその方針のみを考察する。

（15）日本放課後児童指導員協会（二〇一八）などでは研修の実態調査も行われている。

（16）https://www.mhlw.go.jp/file/05-Shingikai-12601000-Seisakutoukatsukan-Sanjikanshitsu_Shakaihoshoutantou/0000081835.pdf

（17）https://www.mhlw.go.jp/content/000519628.pdf

（18）現在は過渡期でもあるので、受講修了予定に関する経過措置については触れない。

（19）https://www.mhlw.go.jp/file/06-Seisakujouhou-11900000-Koyoukintoujidoukateikyoku/0000093397.pdf

（20）なかでも歴史的な研究の必要性は『学童保育』第九巻特集一「学童保育の源流を探る」などにも端的に表れている。

（21）子育て支援員研修には、一般社団法人教育支援人材認証協会『子育て支援員研修テキスト』が出版されている。放課後児童支援員認定資格研修では、放課後児童支援員認定資格研修教材編集委員会『放課後児童支援員都道府県認定資格研修教材』や、特定非営利活動法人学童保育指導員協会／中村強士『放課後児童支援員のための認定資格研修テキスト』が出版されている。しかし、放課後児童支援員等資質向上研修などになると、日本放課後児童指導員協会が『放課後児童クラブ職員等階層別研修テキスト　初任者コース』『放課後児童クラブ職員等階層別研修テキスト 中堅者コース』を作成しているが出版はされていない。

（22）野中賢治は放課後児童指導員の資格化が検討されている初期の段階において「「放課後児童指導員に求められる資質・技能と資格についての調査研究」について（概要版）」https://www.mhlw.go.jp/file/05-Shingikai-11901000-Koyoukintoujidoukateikyoku-Soumuka/0000050255.pdf のなかで、「将来、放課後児童クラブにおける子どもの育成・支援の内容の体系化（研修の体系化）が進むとともに、事業の質の向上と職員の待遇改善が図られれば、高等教育において指導的立場の放課後児童指導員を養成する専門教育を設けるなどの方策が開けてくることも考えられる」と指摘している。本稿では、野中のいう「指導的立場」までは検討できていないので、この点は今後の課題としたい。

（23）https://www.mhlw.go.jp/toukei/itiran/roudou/chingin/kouzou/z2019/index.html

引用文献

中田周作・中山芳一（二〇一一）「放課後児童指導員の資格認定カリキュラムの開発――日本放課後児童指導員協会の取り組みから」『学童保育』第一巻、四五―五四頁。

中山芳一（二〇一二）「学童保育指導員資格と養成カリキュラム」『学童保育研究』第一三号、二一―三一頁。

日本放課後児童指導員協会（二〇一八）平成二九年度子ども・子育て支援推進調査研究事業『放課後児童支援員等の研修体系のあり方等に関する調査研究』

住野好久（二〇一五）「子ども子育て支援新制度における放課後児童支援員資格制度の検討」『学童保育研究』第五号、四五―五六頁。

杉山隆一（二〇〇四）「学童保育指導員の養成内容と養成機関」『学童保育研究』第五号、二六―三四頁。

杉山隆一（二〇〇九）「学童保育指導員の資格化と養成」『学童保育研究』第一〇号、五八―六四頁。

第四章　学童保育実践の基盤となる子どもとの対話

森崎照子

はじめに

筆者は愛知県をフィールドとして、学童保育施設において長年学童保育実践を積み重ねてきた。その中で、意識的に実践のテーマとして取り組んできたことは「子どもの心に寄り添う」ことであり、子どもとの「対話」であった。学童保育の子どもたちとの対話を中心とした関わりにおいて、学童保育指導員（以下、指導員と記す）がどのような思考・判断に基づく言動を行っているかを明らかにすることを研究課題として、実践に取り組んできた。本稿では、主に筆者の記してきた学童保育実践記録を紐解きながら、理論と実践を繋ぎつつ論を展開し、提案していきたい。

一　学童保育の生活づくりにおける対話

1　感情労働としての学童保育

学童保育の生活づくりにおいて、今を生きる子どもたちと、日々コミュニケーションを行う指導員という職業について、大谷直史は感情労働として位置づけられるとしている。(1)　かつて、二宮厚美は、指導員の専門性はコミュニケーションの技能の中に求められるとして、「相互了解、合意の獲得」が本質的なコミュニケーションの定義であると述べている。[2] これらの記述から指導員には、子どもたちに対して一方的に指導員の思いを押し付けるのではなく、対話を通して相互に合意を得ながら生活づくりを進めていくことが求められていると考えられる。

２　コミュニケーション行為としての対話

では、コミュニケーション行為としての対話は、どのように定義づけることができるのだろうか。コミュニケーションには、言語コミュニケーションと非言語コミュニケーションの二種類がある。アメリカの心理学者であるアルバート・メラビアンは、コミュニケーションによって伝わるメッセージにおける言語と非言語の割合について記している。それによると、言葉の意味などの言語的メッセージは一割に過ぎず、声や表情、身振りといった非言語的メッセージが九割を占めていると説いている。[3] こうしたことから、感情労働者としての指導員には、子どもの発するメッセージを言語的メッセージだけでなく非言語的メッセージも捉えて呼応することが求められる。

対話的保育カリキュラムについて研究を行っている加藤繁美は子どもとの対話について、子どものことを「意味を作り出す主体」として捉えることから開始される行為だと述べている。[4] 加藤の記述からも、様々な事情を背負って学校から帰ってくる子どもたちに寄り添う指導員にとって、子どもの非言語的メッセージを受け止めつつ、対話を行うことが重要であることを再認識させられる。子どもの側から発信される言動（言語・非言語）を受け止め、言動の奥にあるその訳（発達課題・発達要求）を洞察し、意味づけながら対話を成立させて、児童期の子どもの人格に深く関わる保育を展開する。そこでは、福祉と教育と臨床心理学を統合した専門的力量が求められているのである。

３　学童保育における対話と子どもの権利

子どもの権利条約第一二条一では、「締約国は、自己の意見を形成する能力のある児童がその児童に影響を及ぼすすべての事項について自由に自己の意見を表明する権利を確保する。この場合において、児童の意見は、その児童の年齢及び成熟度に従って相応に考慮されるものとする。」と謳われている。このように、子どもの権利である「意見表明権」を学童保育においても、保障する必要がある。中でも「児童の意見は、その児童の年齢及び成熟度に従って相応に考慮されるものとする」という考えを重視する。又、子どもが学童保育の中で内面に抱えた気持ちや意見を自由に表明するためには、指導員と子どもの信頼関係を結んでおくことが欠かせない。このような観点からも、指導員が日々の生活の中で子どもたちと積極的に対話を中心としたコミュニケーションを交わすことが求められているのである。

二　学童保育における対話を支える子どもの見方

１　非言語的メッセージを読む

子どもの意見表明権を保障するには、子どもの側からの非言語的メッセージをどう受け止め聴くかが、対話を中心とした学童保育実践を進める鍵となる。加藤繁美は保育者の専門性について、『保育の理論学習を通して形成された「概念的知性」と経験によって身体化された「直感的応答力」という二つの要素で構成されているとし、実際にはこの「直感的応答力」の方が、子どもの発達に大きな影響を与えてしまう点に、保育実践の大きな特徴が存在している[5]』と論じている。この理論に照らすと、指導員は子どもとの関わりの中で瞬時に働く〝勘〟や〝コツ〟といわれているものを、日々の実践と省察の中で磨き上げていく必要があるということになる。

では、本稿の研究テーマの中心となる対話においては、どのようなことを意識すれば直感的応答力を高めることができるのか。その鍵は子どもを「見る」ことではないか。学校の規制から解放された子どもは、家でも学校でも見せない素の姿を見せる。その為、学童保育実践は目前の子どもの姿をよく見る（見る視る診る看る観る）ことから出発する。そして、あれっ？と自らの感性のアンテナにひっかかるものを大切にする。なぜならば指導員は、かけがえのない子どもの命（心と体）を預かっているのであり、それが、子どもの側から発信されるメッセージ（心のサイン）と考えられるからである。

２　子どもの見方三つのタイプ

筆者はこの間、様々な場所での「学童保育カンファレンス」を通して、多くの指導員と関わる機会を得てきた。その関わりの中で、指導員の子どもの見方には、大きく分けると三つのタイプが見受けられた。

①タイプ１「レッテル貼り」

あの子はああいう子とレッテルを貼る。そして、それ以上のことは分かろうとしないような見方である。

②タイプ２「他に還元する」

子どもの言動を全て生育歴や環境のせいにする見方である。これは、子どもそのものよりも、環境や育ちの背景等への着目が主眼となる。

③タイプ３「内面を洞察する」

目前の子どもと向き合い、子どもを一人の人間として尊重し、子どもの言動を手がかりにして、言動の奥にある子どもの内面を洞察するような子どもの見方である。

子どもとの対話を重視する学童保育実践では、このタイプ３の見方を重視する。なぜならば、それが子どもの現実の姿をとらえ、瞬時（今ここ）を意味あるものと認識し、子どもの最善の利益を求める保育の基盤になるからである。以降、筆者の実践記録をもとに、タイプ３の子どもの見方の具体的な内実を記述する。(6)

３　保育は瞬時（今ここ）の営みの積み重ね

Ｅ①　保育中の怪我で休職中に訪問した保育室で

力(ちから)は、私がふと気づくたびに、机の上、ピアノの上、本棚の上と、とにかく高いところに立っていた。驚いたのは、パート指導員の肩の上にまで立つ姿を見た時だった。～（中略）～四月に私が復帰した時、力はやはりあの姿を見せ続けていた。私はそのたびに力に声をかけた。「力くん、今どこに立ってるかわかっとる?」すると、力は自分の立っている場所にはたと気づき、急いで下りるのだった。それを繰り返すうちに、力は高い所に立つ行為をやめた。だから、私が気になっていた力の行為はなくなった。しかし、それは力にとっては何の問題解決にもならなかった。力が高い所に上るのは、その理由があるのだろう。行為をやめさせることが、問題解決になるのならば簡単だった。ふと、力が以前に同様の行為をしていた時のことを思い出した。～（中略）～力は、今もまた、あの時のように、優位さをアピールしたいのだろうか？　それとも、大きいものへの憧れだろうか？

Ｅ①のように、子どもの姿と向き合う時、指導員自らが自己内対話しつつ、子どもに即した働きかけをしたり子どもから働きかけ返されたりする。保育は、そうした瞬時（今ここ）の営みの積み重ねといえる。高いところに立つ力の行為が気になった指導員は、力の行為そのものを彼に意識させ、その行為をおさめさせた。しかし、力の行為は彼の心の入口である為、入り口だけをどんなにきれいに整えても、満たされない心は、形を（表現を）変えて現れるのである。

三　見えないものを見る

1　子どもの姿が羅針盤

力が見せていたように、子どもに今必要なことは、子ども自身が教えてくれる。だから子どもの姿に学ぶのである。子どもの姿こそが、学童保育実践の羅針盤なのだ。つまり、子どもの姿に聴くというのは、表面上のやりとりに終始せず、言動の奥の言葉にならない心の声を聴くことなのである。それは、まだ語られていないけれど、語られようとしていることを聴き取ることになる。言い換えれば、子どもの側から発信されるメッセージを子どもの文脈から読み解くということだ。そして、これを子どもと指導員の〝対話〟の中心に据えるのである。

2　子どもの内面を洞察する指導員の思考過程

E①のように高い所に立っていることを自覚した力は、高い所には立たなくなった。が、指導員としては、一連の力の言動を手掛かりに、力の内面を洞察する思考過程を辿ることが求められるのである。以下、起・承・転・結の四つのプロセスに分けて、筆者が力に対する実践を行った際の保育の過程と、その中での筆者の思考を紐解いていく。

①起＝五感で捉え、言語認識する。

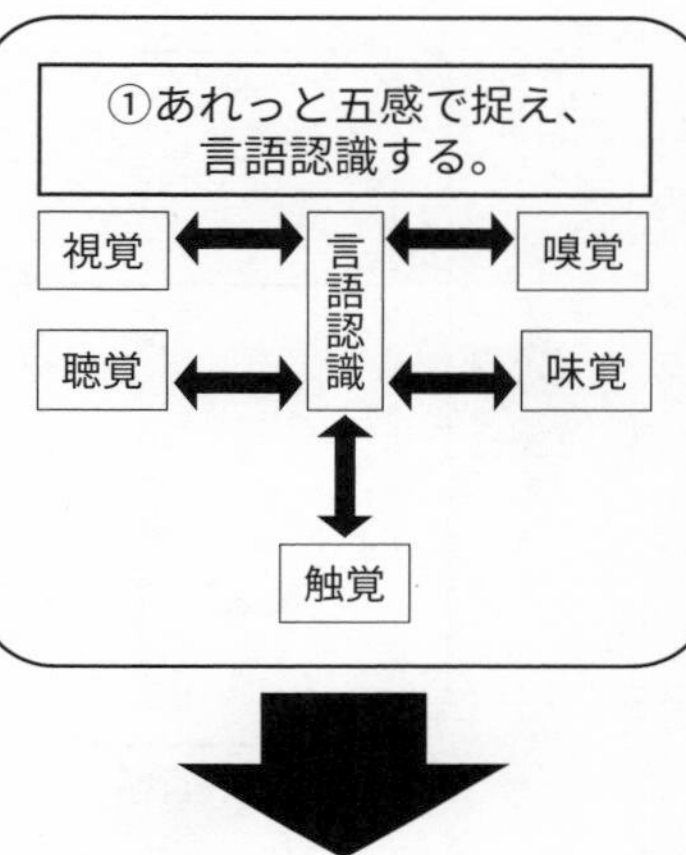

E②　保育カンファレンス

高い所に上らなくなった力は、今度はむやみに食べ物を口に運んだ。おやつも給食も、軽く三人分。「まだ食べるの？」「おなかをこわすといけないから、もうやめたら？」周りのみんなが止めても、力は食べ続けた。その様子をお母さんにお話したら、「家でもそうです」と言われた。そこで、純ちゃん、桂子ちゃん（当時の同僚の呼び名）、私の三人で保育カンファレンスをした。

高い所に上るという行動自体は収まったものの、今度は食事の場面で力の気になる行動が表出してきた。そこで、筆者は同僚指導員たちと保育カンファレンスを行った。E②で取り上げている保育カンファレンスとは、当時筆者たち指導員集団が、指導員の仕事の確立を意識しつつ、午前中の仕事としてルーティン化し、毎日行っていたものである。それは、子どもの気になる姿を捉え、指導員の共同探索によって、その言動の奥の「そうする訳（発達課題・発達要求）」を導き出し、仮説を立てて、子どもに即した今後の働きかけを導き出し、子どもの最善の利益を求めることを目的としている。[7]

②承＝なぜかと問い、発達課題を見出す。

同僚と保育カンファレンスを行う中で、E③（次頁参照）のように、これまでの実践を振り返り、心揺れながら自己内対話を行う。ここで心揺れるからこそ、自己内対話が成立する。そうして、更に理論と経験知を繋ぎながら、指導員の共同で子どもの発達課題を見出していくのである。学童保育の子どもにとっての「発達課題」は、指導員にとっての「保育課題」となる。子どもの姿は学童保育実践の羅針盤だからだ。故にそこに焦点を当てて、子どもに即した働きかけをするのである。ただし、課題を前面に押し出すのではなく、子どもの側の発達要求（「本当は〜したい」）を導き出し、子どもの願いへの呼応を重視する。それは、指導員と子どもとの相互主体の関係の中で、実践主体の指導員が発達主体の子どもの願いを聴き取りつつ、両者の願いが響き合う保育実践を進める為である。

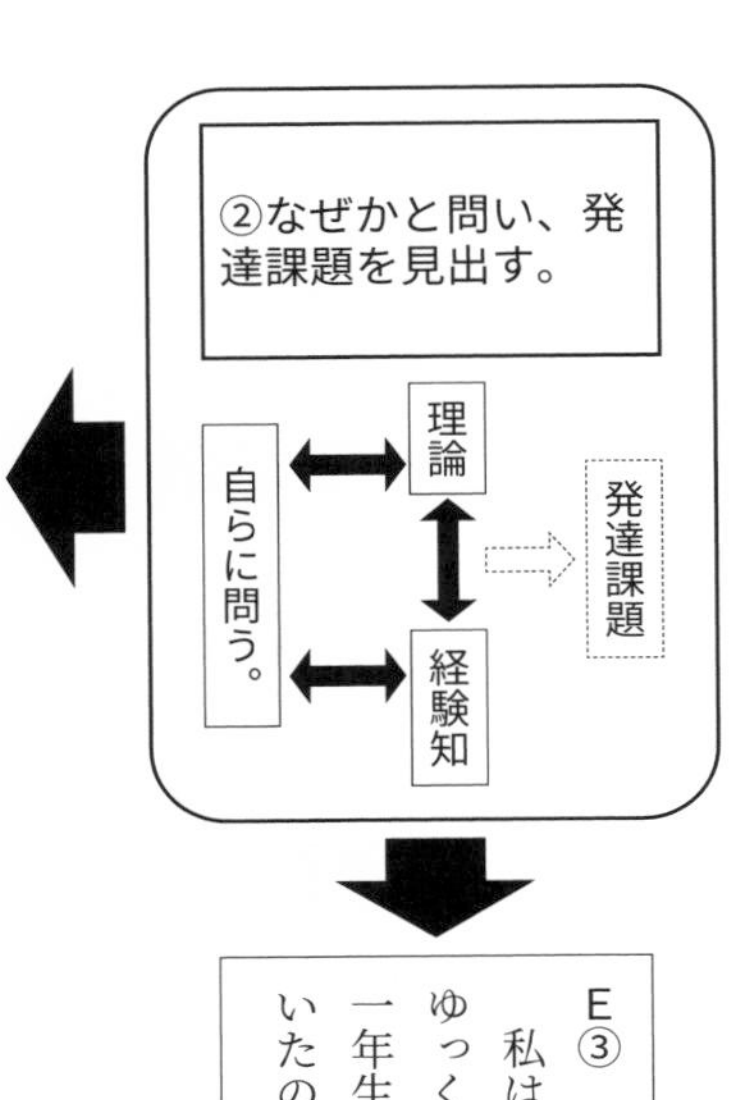

E③　自己内対話

私は、力に先を急がせすぎたのだろうか。働きかけにはもっと時間をかけて、ゆっくりとその行動が変化する時期を待つべきだったのではないか。けれども、一年生の時の力は小食だった。もっともその時は小さくなりたい願望を持っていたのだから、食欲がないのは当然だった。

E④　理論と経験知との対話

力が一年生の時のこと。ある日、秋男の弟が、お母さんと一緒にやってきた。玄関に、その子の小さくて可愛い靴を、お母さんがきちんとそろえて置いた。力は、秋男の弟に気を取られているみんなの脇を擦り抜けて、玄関へ行った。力は、秋男の弟の靴に近づいた。そして、迷わずその小さな靴をはこうとした。「靴が小さいということが、分からないのかしら？　自分の方が大きいということが分からないのかしら？」パート指導員が、午前中の保育カンファレンスの時に信じられないという顔をしながら、その場面への疑問を出した。「大きい小さいが分からないということよりも、力は小さくなりたいと思っているのかもしれない。」「え～！」驚きは当然だった。力の行為を『小さくなりたい』「可愛がられたい」という願望と見るのは、まったく根拠のない憶測ではなかった。力からの心の信号は、私の元に何度か届いていたのだった。その心の信号の一つは、力が描いている絵日記だった。（図―5）「子宮にかえりたい願望」を持つ程に、母親に甘えたい想いを抱える子は、人物を線で囲むという。力は、数日間、図―5のような人物を線で囲む絵日記を描いている。[8]

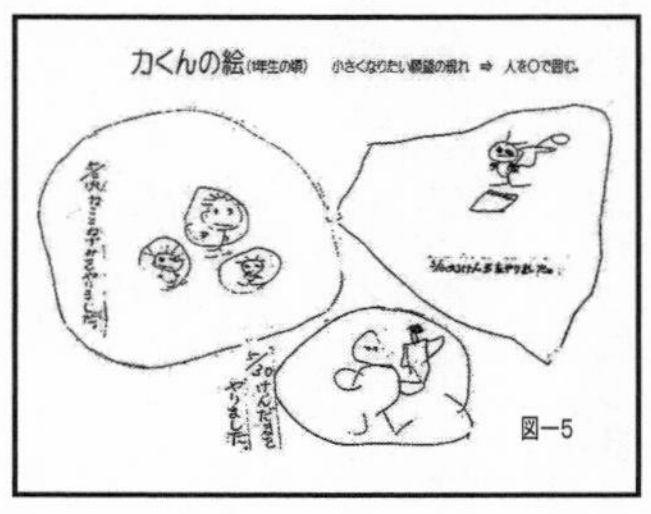

図ー5

③転＝発達要求（本当は〜したい）を導き出し、②③を仮説とする。

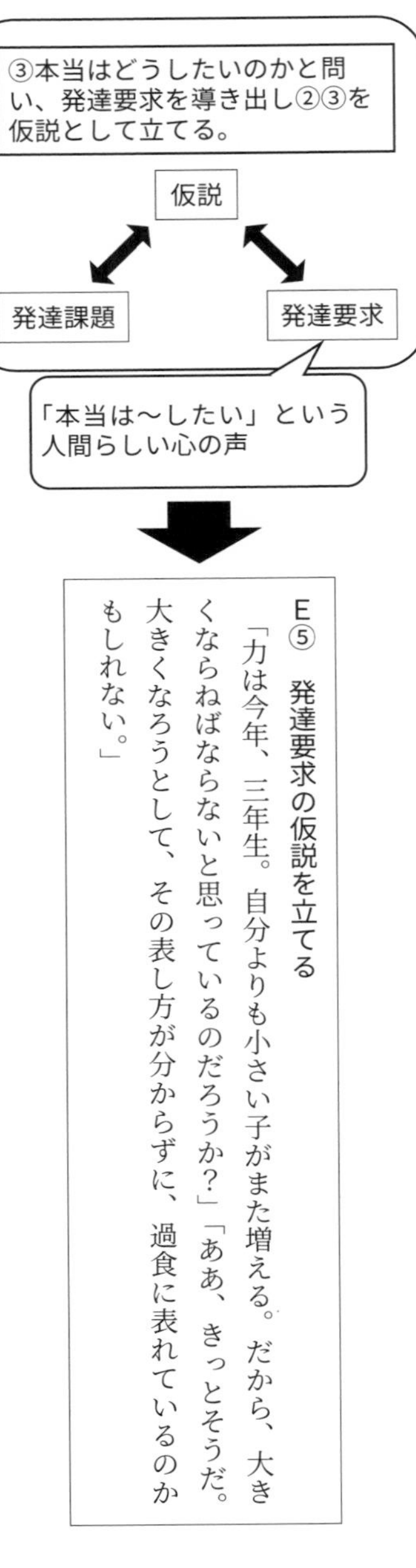

①②で取り上げた保育カンファレンスをもとに力の内面の欲求である発達要求について仮説を立てていった。力の姿の奥には「大きくなりたい」発達要求があり、それがあふれ出たと考えられる。力の心の声が聴こえた時、愛しいと思った。このような考えを「否定の中に肯定を発見する」考え方として重視する。

こうして、保育カンファレンスの中で、多様な捉え方に出会い、心揺れながら、子どもと自分の姿に気づき、子どもを捉えるまなざしを再構築していくのである。

④結＝子どもに即した働きかけの方向性を導き出し、実践の一歩が踏み出せるようにする。

④子どもに即した働きかけの方向性を導き出し、実践の一歩が踏み出せるようにする。

E⑥　導き出した働きかけの方向

それならば、様々な場面で、力に一年生への声かけや、手助けの方法を伝えることにしよう。これらを、指導員の共通認識とした。

E⑦―1　仮説に沿って子どもに働きかけ、検証する

そして　たとえば、一年生が片付けの場所が分からない時には、力にその場所を教えてあげるようにと伝えたり、泣いていたら「どうしたの？」と、声をかけてあげるように促したりした。数日後――「ほら、僕がおんぶしてやる」自分よりも大きい一年生の毅に、力が言った。力は毅の前にすわって、背中を突き出した。毅は一瞬、後ずさりした。けれども、力は「大丈夫だから」と誘った。毅はおそるおそる力の背中におぶさった。力が毅を背中におぶった時、力の足元はふらついた。

E⑦―2　できたことを承認し、共に喜ぶ

けれども、力はすぐにしゃんと自分の体を立て直した。「力くん、すごい！　大きくなったね。力持ちになったね」私は間髪入れずに、力に声をかけた。力は大きくなれたという実感が持てたかのように、得意そうに笑った。

E⑦―3　子どもの姿の変化から、検証する

この日以来、力の食欲は平常にもどり、高い所にも上らなくなった。けれども、当然、力は今でも木登りをして遊ぶのは大好きなのだった。

①〜③を通して立てた仮説をもとに実践の方針を指導員間で共有し、実際に力と関わった記録がE⑥、E⑦である。このように、子どもの言動をメッセージ（心のサイン）と捉えて、その意味を読み解きつつ子どもと対話し、児童期の子どもの人格に深く関わる保育を、求めていくのである。ここまで述べてきた「子どもの内面を洞察する思考過程」をまとめると、以下の図のようになる。

子どもの内面を洞察する思考過程

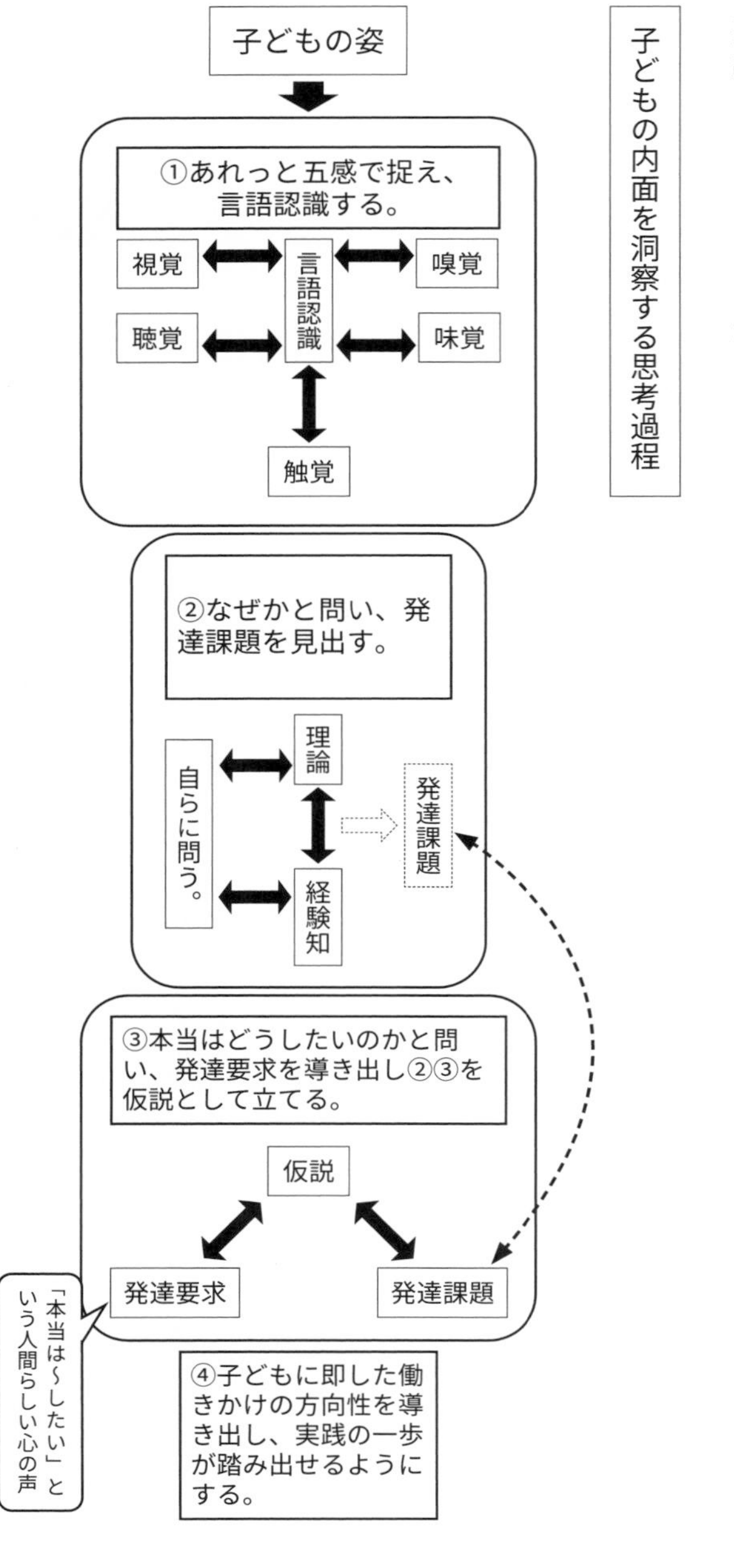

四　学童保育指導員のマクロ・メゾ・ミクロの視点

1　子どもへの視点

ここまで、筆者と力との関わりの実際と、背景にある筆者の思考について実践記録をもとに読み解いてきた。ここからは上述した加藤繁美の論に沿って、さらに別の角度から指導員が持つべき子どもに向けた視点について述べていく。加藤繁美によると保育者の保育観は二重構造であり、マクロの視点〔長期的見通しに基づく指導（●子ども像、保育目標、●保育内容・発達課題の構造）〕とミクロの視点〔短期的見通しで展開される指導（●子どもの要求を感じとる力、●活動を展開するセンス）〕で構成されるとしている[9]。この理論を基盤に据えつつ、学童保育においては、加えてメゾの視点〔間接的指導：異年齢集団の子どもの教育（共育）力への着目、子ども自身が持つ目標、子ども同士の人間関係の中で展開される自治的活動等〕が必要ではないだろうか。なぜならば、児童期の子どもは、大人の手から徐々に離れて、集団として自立する時期にあるからだ。そして、これが、青年期になって個として自立するための援助として、重要な視点である。つまり、指導員は、「学童保育実践のマクロ・メゾ・ミクロの視点」を持って子どもと関わることが重要なのである。以下、力との実践のエピソードをもとにメゾの視点がどのように実践の充実に寄与しているのかを実証していく。

2　メゾの視点の実際

E⑧　仲間と共に
「どうせ、力くんはまた給食当番やらんに。だから、うちの班は大変なんだわ」均が可愛い頬をふくらませて言った。

力はと見れば、班のみんながAルームに集合して給食当番を始めたにもかかわらず、Bルームで他の班の子どもたちと遊んでいた。「もっさ、いいよ。私が連れてくるから」班長の美喜が言った。「大丈夫？」私は美喜に声をかけた。「大丈夫、大丈夫」美喜は自信ありげに笑った。少々抵抗しつつも、力は美喜につれられてみんなのところへもどった。美喜は暖かいご飯を器に盛りつける仕事を、力の仕事として分担した。しかも、そのやり方はプラスチックのコップをプリンの型がわりにして、ご飯をプリンのように器に型づくっていくのだった。そのやり方なら、力は砂遊びの要領で楽しく当番に参加できる。案の定、力は夢中になってその仕事をやった。「わ〜、力くんすごいが」みんなが嬉しそうに声をかけた。ほめてもらった力がますますはりきってやったので、その仕事はたちまち終わってしまった。

E⑨　異年齢の仲間の中で

あの頃、力のあの小さな胸の中に、大きくなりたい願望がふくらんでいたのかもしれない（純ちゃんや周りの仲間からの働きかけを受け止めながら）。それは、はちきれんばかりに心の中でふくらんで、それを、そっとしまっておけないから、溢れだしてきていたのかもしれない。やはり、人間は着実に成長発達していくものなのだ。

E⑧は、力が二年生の頃の班の仲間や班長との当番活動の一コマである。一人っ子の力は、年上の仲間や年下の仲間に囲まれ、共に育ちあいながら、少しずつ成長してきたのだった。だから、三年生になる時に、自分も小さい子に優しく関われるお兄ちゃん（三年生）になろうとしていたのではないかと考えられる。

五　子どもと対話する指導員であるために

ここまでは、学童保育において対話を生み出すための指導員の子どもの見方と思考過程について述べてきた。次に、指導員として子どもと向き合う上での留意点を三点まとめていく。

1　鋭敏に働く感性を磨く

子どもの姿に「あれっ？」と気づく感性は、学童保育指導員が貫く保育観・人間観・子ども観・思想等の価値観を反映し、直接子どもに関わることによって磨かれていくと考えられる。特に児童期の子どもに向き合う時には、「人間の尊厳」に敏感であることが求められる。なぜならば、大人の手から徐々に離れて、集団として自立する時期にある子どもは、時として仲間と創る生活の中に、排除や差別が生じる可能性が考えられるからである。故に、指導員は、常にマクロ・メゾ・ミクロの視点を磨き合う必要があるのだ。

2　子どもと指導員の相互主体の関係づくり

子どもと指導員は、共に生活を創る「人間的呼応の営み」（近藤郁夫[10]）の中で、働きかけたり働きかけ返されたりする相互主体の関係でありたいと願っている。指導員が子どもに働きかけ、子どもは指導員の思い通りに育つというような一方向的な関係ではなく、指導員と子どもは相互に影響し合い、双方向的な関係の中で育ち合う。そんな指導員と子どもの関係づくりを大切にして、誠実に子どもと向き合っていくのである[11]。

3　学童保育指導員文化の創造を

学童保育カンファレンスでは、先に紹介した〝起承転結〟の四つの段階の思考過程を指導員集団で熟練し、子どもと向き合う瞬時（今　ここ）の場面で個々の指導員が、力量を発揮できるようにする。つまり、個々の指導員が子どもと向き合う時に発揮する力を、指導員集団の共同で、熟練していくのである。また、この熟練には、学童保育に関わる仕事（子どもと共に創る目標・計画の策定、保育活動、実践の記録、保育カンファレンス、実践記録）をルーティン化し、それを学童保育指導員文化として継続実施し、知的熟練することが重要となる。

おわりに

ここまで、加藤繁美の論をベースとしながら、対話を中心とした学童保育における指導員と子どもの相互主体の関係の見方と思考過程について述べてきた。最後に、現在愛知県内で、定期的に開催している学童保育カンファレンスルーム[12]に参加した指導員歴二年目の指導員の、ある日の感想文を紹介したい[13]。

今日の学びで特に感じたことが二つあります。一つ目は、どうしてあげたらいいのかなと子どもについて考える時に〝発達課題を導き出すことの大切さ〟です。その子どもの様子、特徴をどんな小さなことでも把握する、知る努力をすること。その子どもの特徴を掴んだ上で、なぜそのような行動をしてしまうのか考えること。そして、その子にとって課題となっている部分は何なのか、その課題を少しでも克服するために私たち指導員が寄り添うことができるのは何なのかを考えること。このカンファレンスにおいて大切にしている〝起承転結〟の形は、子どものことを掘り下げて考えていくために非常に大切にしていくべきやり方なのだと改めて実感しました。この起承転結の形に沿って、子どもの発達課題や、表現が難しくて困っている子どもの心の中にある本当の気持ちに寄り添っていけるように頑張っていきたいと思いました。二つ目は、〝ひとりひとりの子どもに指導員の思いや愛情を表していくことの大切さ〟です。（中略）ひとりひとりの子どもたちが、指導員は自分のことを見てくれているんだなという安心感をもって生活ができるように、できることを精いっぱいこれからも取り組んでいきたいと思います。

この感想文に書かれているように、指導員集団で子どもの願いを聴き取りつつ、子どもの願いと指導員の願いが響き合う、対話によって形作られる緩やかな学童保育実践が展開されていくことを期待する。

また、こうした指導員の仕事には、運営側の理解と協力が不可欠である。なぜならば、学童保育において子どもの最善の利益の保障の為には、子どもがいない時間からの指導員の仕事の勤務保障（拘束八時間、実働七時間）や、専任指導員の複数配置など、指導員の労働条件の整備が必要だからである。

二宮厚美は、「知的熟練というのは、絶えず知識や情報というものを学び、これを己を励ましたり、己を鍛えるための刺激にしつつ、現場、自分の経験でつかんでいく。（中略）これは、長く勤め続け、ずっと安定的継続的にその仕事に従事するということが大事だ、ということを意味し（中略）雇用保障の制度が不可欠になる、というのが指導員の専門性からでてくる一つの結論。」と説いている[14]。

学童保育では、指導員の労働条件は子どもの保育条件と考えて、保護者の理解を得ながら実践してきた経過がある。その為、この二宮論文に強く励まされつつ、実践と研究と運動の共同の力で、行政に向けての要求運動を推し進めてきた。こうした日本の学童保育の歩みを、これからも継続していくことが、極めて重要と考える。

注

（１）大谷直史（二〇一四）「学童保育指導員の類型分析―学童保育の考え方に関する質問紙調査より―」日本学童保育学会『学童保育』四巻より引用。

（２）二宮厚美（二〇〇〇）「二一世紀に生きる学童保育指導員――指導員の専門性を考える」『子ども時代を拓く学童保育』自治体研究

社より引用。

（3）メンタルケア協会編著（二〇一三）『人の話を「聴く」技術』宝島社新書より引用。

（4）加藤繁美（二〇〇七）『対話的保育カリキュラム　上――理論と構造』ひとなる書房より引用。

（5）加藤繁美（二〇一四）『記録を書く人書けない人――楽しく書けて保育が変わるシナリオ型記録』ひとなる書房より引用。

（6）以降の実践記録部分は森崎照子・近藤郁夫（一九九九）『心を抱く』ひとなる書房より引用。

（7）子どもの権利条約第三条（子どもの最善の利益）には、「子どもにかかわるすべての活動において、その活動が公的もしくは私的な社会福祉機関、裁判所、行政機関または立法機関によってなされたかどうかにかかわらず、子どもの最善の利益が第一次的に考慮される。」と謳われている。

（8）森崎照子・近藤郁夫（一九九六）『心の共鳴――もっさの学童日記』法政出版より引用。

（9）加藤繁美（一九九七）『子どもの自分づくりと保育の構造――続・保育実践の教育学』ひとなる書房より引用。

（10）近藤郁夫（二〇〇〇）『教育実践――人間的呼応の営み』三学出版より引用。

（11）森崎照子（二〇一九）「子どもと学童保育指導員の相互主体・相互ケアの関係づくり」『陽だまり―「権利としての学童保育」研究会歩み二号　あいち保育研究所より引用。

（12）森崎照子・石原剛志（二〇一二）『磨き耕す保育者のまなざし――学童保育カンファレンス』かもがわ出版［学童保育カンファレンスルーム二〇一二年度の開催場所と開催状況］を掲載。

（13）あいち保育研究所（二〇二〇）「学童保育 Conferenceroom 通信二〇二〇―一二月号」より引用。

（14）二宮厚美（二〇一二）「子どもの未来を拓く学童保育指導員の専門性」『学童保育研究』一三号、かもがわ出版より引用。

第五章　実践者たちの同僚性と組織的な専門性向上

高岡敦史・籠田桂子

一　支援員とその組織に関する研究

日本学童保育学会機関誌「学童保育」第一〇巻までに掲載された特集、研究論文、実践研究論文、研究ノートの全七八論文の中で、支援員を分析対象とした研究（例えば、支援員の活動実態や心理、専門性などを明らかにしようとした研究）は八件（一〇・三％）のみであり、支援員組織を分析対象にした研究はない。その背景には、創成期の学童保育が社会運動的な特性を帯び、良質な保育実践を支援員個人の自助努力に期待するところが大きかったことがあるのではないかと推察する。

しかし、二〇一四年策定の「放課後児童健全育成事業の設備及び運営に関する基準」、その翌年の「放課後児童クラブ運営基準」策定、そして二〇二〇年には、全児童クラブに支援員資格を持った支援員の配置が義務付けられていることを鑑みれば、支援員の専門的力量の構造化とその育成方法に関する知見の蓄積は喫緊の現場的課題と言えるだろう。また、有資格者の配置が制度化される一方で、必要となる人的資源量を確保しようとすれば非正規の支援員も必要となり、結果として、経験年数や力量、世代などが多様な支援員が協働するという組織的・経営的課題が浮上する。

ここに、学童保育研究における支援員組織研究の今日的必要性が見えてくるわけだが、一〇周年記念誌に相応しい質にまで研究蓄積があるわけではないから、以下では、筆者たちが細々ながら展開してきた支援員組織研究を概観した上で、今後期待される研究の方向性について考えたい。

二　支援員組織の構造に関する研究

社会運動として取り組まれてきた学童保育は、その組織的営為や協働体制の創出・維持・深化といったことが考究対象の中心にはなってこなかった。しかし、支援員の雇用や配置、クラブ運営に関する制度的な整備が進むことで、「望ましい支援員組織のあり方とは何か」を明らかにしたいという研究関心が高まってきた。

二〇一三年の日本学童保育学会第四回大会では、組織構造に関する二つの研究が発表された。

籠田研究（学童保育組織に関する研究（一）施設形態の認識と施設運営イメージとの関連性について）では、学童保育施設の設置形態（公設公営・公設民営・民設民営）について事実と異なった認識をしている施設において、どのような施設運営イメージがなされているか、ということを理解することを目的とした。設置形態への誤解は、制度的に取り決められていることが間違って認識されているというよりむしろ、現場における施設運営イメージによって独自に認識されている、と理解すべきではないかと考えたからである。

結果を概観すると、施設運営に対する運営委員長個人の影響力が強い施設では設置形態の民間意識が強くなり、運営委員長が施設間で連携する地域では施設形態の公的意識が強い施設が多いことが明らかになった。このことは以下の仮説を提起させる。

①学童保育の設立・運営において運営委員長のリーダーシップが強くなると運営的な自律性・独立性が強くなる。
②運営委員長を通してクラブが横につながると、クラブは公的・制度的な性格を帯びるようになる。

学童保育の開設や運営の仕方が学童保育のあり方に関する認識を育んでいることが明らかになった。学童保育は曖昧で不確かであるからこそ魅力がある場所だと言われる。学童保育は子どもたちが自由な放課後を過ごし、親たちがつながり合い共に子育てをする場である。その中でよりよい環境を目指して運動してきた。支援員も有償ボランティアと呼ばれる立場から保育のプロとして職業のひとつと成り得るように努力してきた。しかし、公的立場が強い組織になると曖昧さや不確かさは排除され、組織として強固なものになっていくことは否めない。

「学童保育は自由で自律的な運営がなされる運動体であるべき」という考え方と「行政機能を補完する公的・制度的な組織体であるべき」という考え方を両極とする学童保育のあり方に関する考え方は、クラブの歴史（設立経緯）や日常の運営で決められ、そのクラブの「当たり前」になっていく傾向があった。公設民営を民設民営、公設公営と認識していた理由もそこにあった。

籠田研究が示唆するのは、学童保育の組織とその運営のあり方を考え、あるべき姿を共有していくために、クラブ間交流を通して考え方が多様であることを知ることが必要であるということであろう。地域組織への加入や研修会等を通して学童保育に関わる人々が、学童保育について語り合い、学童保育のよりよい方向を模索することが必要になるだろう。

そして、高岡研究（学童保育組織に関する研究（二）指導員組織の組織構造）は、学童保育支援員の専門性向上と社会的身分保障の確立は、学童保育の質保障上重要な課題だが、同時に支援員間関係に階層化を招き、支援員組織構造の官僚制化と硬直化のリスクをもたらすのではないかと問い、支援員組織の組織構造の水平度と他の組織特性（雇用形態差や給与差など）との関係性を理解しようとした。その結果、下記のことが明らかにされた。

①小規模組織の方が大規模組織よりも水平度は高く、保育タスクはいずれも水平度が高いものの、他機関連携タスクはいずれも水平度が低いことが明らかになった。

②個別児童対応・他機関連携・他タスクは、雇用形態差がないクラブの方が、差があるクラブより水平度が高かった。また、他機関連携タスクは、給与差のないクラブの方が差のあるクラブより水平度が高かった。

身分保障は支援員組織内に雇用形態差や給与差を生じさせる。その結果、タスク分担が生じることが確認された。特に雇用形態の差は水平度を低減させる要因と言える。保育指導の水平度は、個別児童対応と他タスクの水平度と有意な相関が確認されたことから、組織内の役割分担は保育指導の役割分担を導く可能性が主張できよう。専門性向上と身分保障の要請は、組織のあり方とともに議論される必要があるだろう。

籠田研究・高岡研究は、学童保育の組織とその運営のあるべき姿が、現場の情況によって独自に意味づけられ、構成されるものであることを示している。つまり、学童保育のあるべき姿は「誰かが決めるもの」ではなく、「みんなで決めていくもの」だということである。これ以降、支援員組織研究は、社会構成主義的な考え方に基づいて展開されていくことになる。

三　支援員の成長に関する研究

その後、私たちは、学童保育の拡大に伴う急激な人手不足に陥るリスクを予測し、新人支援員の成長を研究対象にした。これまでの支援員組織そのものを分析対象にした研究を下敷きにして、組織を支援員が成長する環境と捉え、同僚支援員との関係性から新人支援員の成長の可能性を考えようとした。

日本学童保育学会第七回大会において発表したこの研究（放課後児童クラブ支援員育成に関する研究）は下記の三つの問いから成っている。

①支援員歴によって目標設定の仕方がどのように異なるか？

②支援員の大きく成長する瞬間（「一皮むけた経験」）はどのような機会に、どのような経験として訪れるか？

③「一皮むけた経験」をめぐる同僚支援員との関係性とはどのようなものか？

①支援員が自ら成長の目標設定をすることは、現場で成長していく上で重要になるが、支援員歴が短いほど到達目標の設定が高く抽象的であり、歴が長いほど到着目標の設定が低く具体的であった。目標の内容が支援員歴の長短で異なるという発見は、支援員歴に合わせた目標設定が必要になることを示唆している。このことは企業組織ではすでに所与のこと（当たり前のこと）だが、学童保育現場においては、現場で新人支援員を育てるためのプログラムも人的配置も十分ではなく、新人の目標設定から関わっていくことが求められるだろう。

②人は、直線的に経験を蓄積して成長していくというよりむしろ、大きな成功体験や失敗体験からジャンプアップするように成長することがある。支援員にも同様のことがある。失敗したときや困ったときへの対応や、研修会等のＯｆｆ—ＪＴの機会に対して、主体的・自発的に向かうことが成長につながることが明らかになった。支援員の成長には、「壁」にぶつかっているという状況を変えようという意識と行動が欠かせないと考えられる。また、自分が一皮むけた（成長した）ときを振り返ることができない支援員が少なからずいたことも着目すべきである。このことは、

支援員が自らの成長を自己認識・自己評価する契機と、同僚支援員との相互評価（特にポジティブ・フィードバック）の契機がないことが原因ではないかと推察される。

③支援員歴の短い支援員に対する聞き取り調査において、「疑問があっても同僚に言えない」、「ミーティングで何を話せばいいかわからない」、「指示されたことしかさせてもらえない」といった発言があった。その一方で、支援員歴の長い支援員からは、「ふつうわかるはずのことが出来ない」、「礼儀やマナーが身についていない」、「言ったことしかしない」などの発言があり、若手とベテランとの間に意識のズレがあることが明らかになった。このズレは、新人支援員の育成を考える上で考慮しなければならないことである。やはり、新人支援員の成長に特化した支援の必要性が示唆される。

この研究から、支援員の成長には自ら状況を変化させようという主体性・自発性が大切であること、同僚支援員との相互作用がその支えになることが確認された。また、今回の調査の過程で、一年未満の支援員による『自分はこんな支援員になりたい』という到着目標を持つと何をすれば良いのかを日々考えながら行動できる」との発言から、支援員としての到着目標をイメージすることは仕事への取り組み方にも変化を与えることが推測された。自らが成長したことを自己認識したり、同僚支援員との相互作用を通して認識したりすることは、現状の成長段階を知ることにつながり、今後の成長の道筋を設定することにもつながるだろう。

支援員の育成のためには、ベテラン支援員が新人支援員に対して、責任を取る覚悟を持った上で、新人にできると判断したことは任せてみる、というエンパワーメントが必要になるだろう。

また、ベテランは新人の教育係としての目を持つことが必要である。新人が「壁」に突き当たったとき、エンパワーメントする程度を判断するために、その「壁」が新人自身で解決できることかどうかを判断する必要があり、自身で解決できると判断したことであれば、ベテラン支援員が対応すればすぐに解決できることでも任せきり、その結果をフィードバックして「一皮むけた」ことに気が付かせることが必要になるだろう。また、いつでもフォローしてもらえるという安心感を持たせることで新人は自発的・主体的に事態に対応できるのではないだろうか。新人支援員育成をめぐる組織的な課題のひとつに、ベテランから新人へのエンパワーメントが挙げられると考えられる。

四　新人支援員の成長：自律性の獲得

そこで、続く研究では、新人支援員の自律性の獲得について研究を進めることにした。この研究成果は、日本学童保育学会第九回大会において「放課後児童クラブ支援員の自律性獲得に関する研究」として発表した。「他律的で不安が大きい状況（支援員歴一一か月時点）」から、「自律的だが不安が大きい状況（支援員歴二年目時点）」に変化した支援員Ａのインタビューから、新人支援員が職務遂行に自律性を獲得していくプロセスを縦断的に理解し、支援員の自律性獲得方策を検討した。

自律性を獲得するに至った支援員Ａは、次のような経験を蓄積してきたと整理できた。

〈言語化経験〉同僚との保育計画をめぐる対話を通して自分の考えを言語化する経験
〈言語化成功体験〉保護者に対して自分の考えを言葉で伝えることの成功体験
〈ポジティブ・フィードバック受容経験〉保育実践を他者から評価されることで意欲が高まる経験
〈自己保育観形成〉同僚との対話を通して自分なりの保育観を形成していく経験
〈役割期待・遂行経験〉先輩支援員からクラブ外の仕事を任され、遂行する経験
〈オーバーアチーブ成功経験〉資格取得への挑戦と成功体験の蓄積

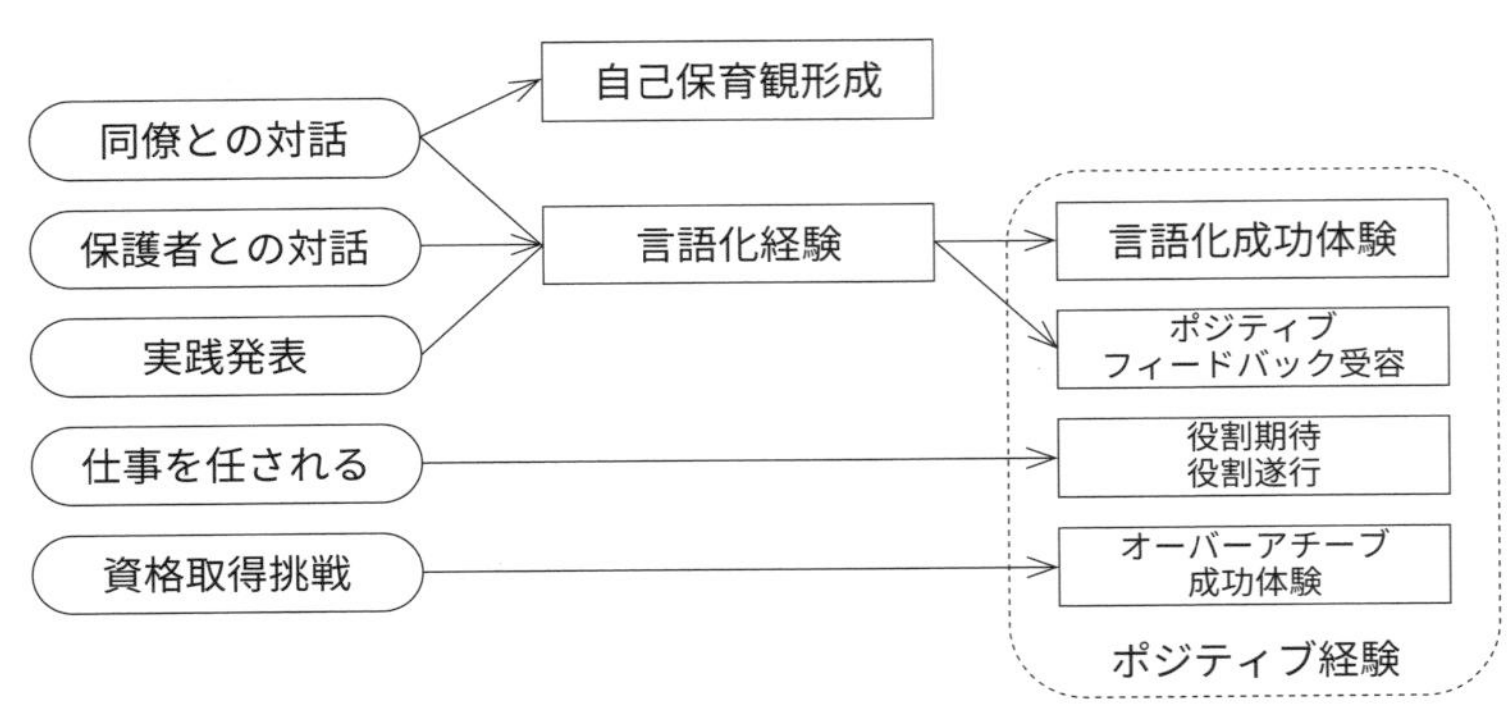

図　新人支援員の自律性獲得に向かう経験の束

これらの経験の時系列的な関係は上図の通りである。四角枠が上記経験内容であり、それらをもたらす現場での経験を丸四角で示している。

これらの経験は、同僚や保護者、あるいは外部関係者との相互作用を経て、概ねポジティブな経験に帰結している。ここから、新人支援員の自律性獲得に向けて以下の仮説が生成された。

仮説一　支援員の自律性獲得には、自らの考えや実践を言語化する経験とその成功体験が必要になる。

仮説二　支援員の自律性獲得には、職務全体を通してポジティブな経験の蓄積が必要になる。

いずれにせよ、新人支援員が成長していく上で、同僚との相互作用は欠かせない。このことが次なる研究を導いた。

五　支援員同士の支え合い：メンタリングの提案

キャシー・E・クラムは個人のキャリア向上を支援するためには、キャリアと心理・社会的両側面から支援する必要があるというメンタリング理論を明らかにした。この制度を学童保育に導入することで先輩支援員のリフレクションおよび新人支援員の初任期特有のストレスを軽減すること、そして職能や特性による組織内の役割分担を共通理解することによって、中長期的に盤石な組織基盤を創り、すべての支援員が働き続けやすくなるのではないか。次なる研究は、メンタリングの導入の効果を検証するアクションリサーチになった。この成果は日本学童保育学会第一〇回大会において「放課後児童クラブにおける支援員間メンタリングの導入に関する効果検証研究」として発表した。

この研究の下位課題は以下の通りである。

①メンタリング・シートを用いた新人支援員と先輩支援員の面談の支援員個人における効果を理解すること。
②メンタリング・シートの活用によって、組織内の役割に関する共通理解醸成に対する効果を分析すること。

メンタリングは、まず新人支援員が自らの仕事の出来具合をセルフチェックシートに回答する。セルフチェックシートは支援員の職務内容を五つの領域に分類し、さらに細分化された仕事内容に具体例を書き添えた二二項目を用意し、新人支援員（以下メンティー）に先輩支援員の横で記入してもらった。

メンティーは、メンタリングしてもらう先輩支援員（以下メンター）といっしょにセルフチェックシートに記入し、その後、ミーティングを（現場の仕事に支障の出ない範囲の）三〇分を目安に行ってもらった。なお、メンターは、メンタル的なサポートを中核として、目標の明確化や目標に対する現状把握、メンティー自身による行動計画立案のサポートを意識して行ってもらった。注意すべきことは、ここでメンターが「答え」を与えず、メンティーが自分で考えて答えを出していくことをサポートする、ということである。このことを徹底するために、このメンタリング実験は、九施設九名のメンティーに対して、それぞれ自施設とは異なる施設の支援員をメンターとして実施してもらった。

日常の新人支援員の働き方を知っている先輩支援員がメンターになった場合、どうしても指導したくなってしまうと予想したからである。

メンタリング後の九名のメンティーの感想から、メンタリングによって相談できる相手がいる安心感が生まれ、仕事へのストレスが軽減された。また、自分を客観的に見る視点を持つことになり、職務に対しての明確な目標を持つことができ、仕事への意欲を維持しやすくなったという。一方、メンターにとっては、新人への問いかけが自分に対する問いかけにもなったことで、自分自身を見つめ直し、学び直すことができ、自身の成長につながったという。また、多様な考え方や視点を身につけるきっかけにもなったようである。

一方で、メンタリング導入の課題は、メンターとメンティーがポジティブな関係であることが前提になるということである。人間関係によってはメンティーに大きなストレスを与えることになる。また、メンターにはかなりのスキルが必要とされ、メンターの育成は大きな課題である。また、メンタリングの定期実施をベテランの支援員個人に任せるのではなく、いつくかのクラブで協力し合って組織的に取り組んでいく必要がある。そういう意味で、一定地域内でスキルをもったベテラン支援員がいくつかの施設を回り、新人支援員とペアになってメンタリングを実施していくメンター制度の導入が必要になるのではないだろうか。

新人支援員は初日から子どもたちの前に立ち、保育実践を始める。実践の中で先輩支援員を観察し、対話を通して成長していった。先輩支援員と師弟関係を築きやすい状況でもあった。しかしながら、雇用形態の変化に伴い個人の成果が強く求められるようになった。新人支援員が働き続けられるためには人材育成やチームワークが醸成される風土を人為的に作り出す必要がある。そういう観点から導入されるメンター制度は、コミュニケーションの活性化など、集団で保育する学童保育だからこそ必要なチームワークを作り出す可能性がある。支え合いながら仕事をする習慣が職場に定着すれば、中長期的に盤石な組織基盤を創りだすことができるだろう。

支援員組織研究はその重要性をますます増している。学童保育の制度的な基盤構築と支援員の身分保障の確立は、支援員の専門職化を要請するが、資格制度や研修制度の整備だけが専門職化を支えるわけではない。医師や弁護士、学校教員のように、支援員が現場で自律的に職能成長する環境整備があって初めて専門職としての社会的認知が達成される。

そのためには、「運動としての学童保育」から「経営としての学童保育」への転換が求められ、支援員の働き方は「職人としての保育実践者」から「職業人としての保育実践者」への転換が求められることになるだろう。今や、学童保育は「ボランタリズムの世界」から「プロフェッショナリズムの世界」に向かおうとしていると言えるかもしれない。

しかし、そのような左から右への直線的な振れ方は、現場的にも理念的にも受け入れられるだろうか。

多様な家庭環境・地域生活環境を背景にした子どもたちを対象にした保育を、多様な経験や年代、個性をもった支援員によって実践されるカオスな現場を、制度の論理や施設経営の論理によってクリエイティブに統制できるだろうか。難しいと言わざるを得ないように感じる。――では、どうすればいいのか？　この問いに答えることが、これからの支援員組織研究のメインテーマになるのではないかと考える。

六　今後の展望

筆者たちの一連の研究は、保育実践や組織運営、支援員間の協働関係、あるいは支援員の成長は、当該施設の情況によって社会的に構成されているという認識を基調としている。社会構成主義の立場から今後の支援員の同僚性と組織的な専門性向上を考えると、研究や改善の対象にすべきは、支援員個人でも施設運営、関連制度でもなく、支援員

写真１　子どもたちが帰ってくる前の打合せ

写真２　保育中のちょっとした会話

と支援員の「間（あいだ）」ということになるだろう。つまり、支援員間の言語的・非言語的コミュニケーションである。

保育実践や施設運営等をめぐって、支援員は何を語り合い（あるいは語り合わず）、何を共有し（あるいは共有せず）、どのような意味・価値を生み出して（あるいは生み出さずに）いるのか、という問いに回答することが研究の基本路線になるだろう。そして、語り合い、共有し、生み出すべきこととは何か、という問いに回答することが学童保育の未来のあるべき姿を見定めることにつながるだろう。その上で、生み出すべきこと・共有すべきことに向かう語り合いの場を創出していく「場のデザイン」が、実践の組織的改善と職能成長の中核的な方策になっていくのではないだろうか。

学童保育現場にデザインできる「場」はたくさんある。

子どもたちが帰ってくる前や帰った後の打ち合わせや情報共有の機会。
勤務時間が異なる支援員との情報共有。
保育実践中の支援員同士の会話、目配せや合図など。
支援員のデスクや資料棚の配置が生み出す空間。
支援員同士のオフタイムの懇親・交流の機会。

こうしたことを、効果的な保育実践と施設運営、支援員の職能成長に結びつくようにデザインしていくことが必要だろう。なお、研究の端緒についたばかりのメンタリングは、先輩支援員と新人支援員の相互支援的なコミュニケーションの場を提供し、支援員の職能成長と組織改善、そして保育実践の改善までを実現させようとするものである。

日本学童保育学会一〇周年を契機に、支援員組織研究がますます積極的に行われることを祈念して寄稿の締めくくりとしたい。

参考資料

籠田桂子・高岡敦史ほか（二〇一三）「学童保育組織に関する研究（一）―施設形態の認識と施設運営イメージとの関連性について―」日本学童保育学会第四回大会抄録、四二頁。

高岡敦史・籠田桂子ほか（二〇一三）「学童保育組織に関する研究（二）―指導員組織の組織構造―」日本学童保育学会第四回大会抄録、四三頁。

籠田桂子・高岡敦史ほか（二〇一六）「放課後児童クラブ支援員育成に関する研究」日本学童保育学会第七回研究大会抄録、四二―四三頁。

籠田桂子（二〇一八）「放課後児童クラブ支援員の自律性獲得に関する縦断的研究」日本学童保育学会第九回研究大会抄録、四二―四三頁。

籠田桂子・高岡敦史ほか（二〇一九）「放課後児童クラブにおける支援員間メンタリングの導入に関する効果検証研究」日本学童保育学会第一〇回研究大会抄録、三九―四〇頁。

キャシー・E・クラム（二〇〇三）『メンタリング――会社の中の発達支援関係』白桃書房。

第三部　学童保育実践における今日的な課題

第一章　今日の子どもたちの発達保障と学童保育実践

二宮衆一

一　広がる「資質・能力」論

「読書力」や「質問力」、「決断力」に「実行力」、「悩む力」、「諦める力」。書店に行くと、「〇〇力」というタイトルが付された書籍が数多く見受けられる。(1) 現代社会において求められている能力が、「〇〇力」あるいは「〇〇能力」というキーワードによって表されているのである。

そうした動向は、出版界にのみ限られることではない。教育界や経済産業界を中心に近年の日本社会全体に広がっている。人材開発の観点からいち早く「〇〇力」を打ち出してきた経済産業界では、例えば日本経営者団体連盟から「エンプロイアビリティ（雇用されうる能力）」（一九九九年）、内閣府による「人間力」（二〇〇三年）、経済産業省の「社会人基礎力」（二〇〇六年）などが提唱されてきた。経済産業省の「社会人基礎力」を取り上げてみるならば、それは「前に踏み出す力」、「考え抜く力」、「チームで働く力」の三つの能力と、それを支える一二の能力要素から構成されている。時代の変化に対応しながら、自らのキャリアを自らの力で切り拓いていける「社会人としての新しい基礎力」と意味づけられる「社会人基礎力」は、新卒採用や人材育成において多くの企業が重視するものとなっている。経済産業界での動きに影響され、近年、教育界にも「〇〇力」の育成が掲げられるようになってきている。そして、それは教育改革を牽引する原動力にもなっている。二〇一七・一八年に告示された新学習指導要領では、従来、「生きる力」と示されてきた子どもたちに育む学力が、「資質・能力」と言い換えられ、「知識・技能」「思考力・判断力・表現力」「学びに向かう力・人間性等」という三つの柱として整理された。そして、各教科などの学びを通じて「何ができるようになるのか」（資質・能力の育成）という観点から、「何を学ぶか」だけでなく「どのように学ぶか」も重視する授業改革が急速に進められつつある。

「教科内容」（コンテンツ）から「資質・能力」（コンピテンシー）ベースのカリキュラムへの移行と称される、この改革は「資質・能力」の育成という教育目標のもとで就学前教育から高等教育までを統合する包括的な教育改革の波となっている。そして、こうした「資質・能力」（コンピテンシー）ベースのカリキュラムを通じた教育改革は、日本だけでなく、世界的な趨勢となっている。

教育改革の柱となった「資質・能力の育成」というフレーズは、それまでの多様な「〇〇力」あるいは「〇〇能力」を飲み込み、今日では「資質・能力」論として広がっている。この「資質・能力」論の特徴は、第一に、認知的な能力だけでなく、対人関係的な能力や人格特性・態度など「非認知的な能力」も含む人間の全体的な能力におよんでいること(2)。第二に、経済産業省の「社会人基礎力」に象徴されるように、子ども・青年の成長・発達保障というよりも、企業等が望む資質・能力を表す傾向にあり、その意味で「能力開発」的な色彩を色濃く持つ点に特徴がある。本章では、そうした特徴を持つ「資質・能力」論が、学童保育を含む放課後支援事業にどのような影響を与えているのかを検討することを通じて、今日の子どもたちの発達に学童保育実践が果たす役割を考えてみたい。

二　「資質・能力」論と放課後支援事業

「〇〇力」や「〇〇能力」の育成そのものは、「資質・能力」論が登場する以前から学童保育を含む放課後支援の中でも提唱されてきたものである。ただし、「資質・能力」論が登場する前後を比較すると、その主張には違いがみられると考えられる。

学童保育が「放課後児童健全育成事業」という名称のもと、国の事業として認められたのは一九九八年であるが、日本において放課後支援事業が積極的に打ち出されるようになったのは、二〇〇〇年代初頭になってからであった。その嚆矢となったのは、二〇〇四年の文部科学省による「地域子ども教室推進事業」の提起であった。その後、二〇〇七年に打ち出された「放課後子どもプラン」では、「放課後子ども教室推進事業」（文部科学省）と「放課後児童健全育成事業」（厚生労働省）を一体的あるいは連携して実施する総合的な放課後対策が打ち出され、放課後支援事業への国の積極的な姿勢が明確となった。

「地域子ども教室推進事業」や「放課後子どもプラン」の目的は、放課後や週末等における様々な体験活動や地域住民との交流活動、あるいは学習活動等の提供、すなわち子どもたちの放課後や長期休暇中の居場所づくりに寄与することであった。そのため、例えば「放課後子どもプラン」では、「放課後等の子どもたちの安全で健やかな居場所づくり」を進めることが目的として掲げられるのみで、能力の育成という言葉は見受けられなかった。[3]

ただし、「居場所づくり」という目的の背後には、現代に生きる子どもたちの能力不足に対する認識が存在した。例えば、中央教育審議会生涯学習分科会（二〇一三年）の「今後の放課後等の教育支援の在り方に関するワーキンググループ」の座長となった明石は、放課後支援事業のあり方について、当時、次のような見解を示している。二〇〇五年の川上との共著『子どもの放課後改革がなぜ必要か』の「はじめに」において「子どもの放課後が失われた。放課後の世界は危機的状況である。手を拱いている場合ではない。具体的な施策を提案しなければならない」と放課後事業の必要性を説いている。[4] そして、子どもたちの成長に欠かせない体験活動として自然の美しさと厳しさを体験できる「自然体験」と遊びや労働を含む「生活体験」を指摘する。つまり、子どもたちの成長に必要な「自然体験」や「生活体験」が放課後生活の中から失われており、そうした体験を提供することが放課後支援事業の役割と捉えられていたのである。

さらに明石は、そうした「自然体験」や「生活体験」の差が、子どもたちの学力格差や体力格差にもつながっていると指摘する。明石によれば「子どもたちの中に『体験量の差』が生まれ始めている……この体験量は子ども自身によるものではなく、家庭の経済力と地域のインフラ・教育力に影響され始め」ていると言う。(5) 経済的に余裕のある家庭の子どもは、夏休みや冬休みに海やスキー、旅行に出かけ、日々の生活においても様々な習い事やイベントに参加し、豊かな体験・経験を積み重ねていく。他方で、経済的に余裕のない家庭の子どもは旅行に行くことも、習い事に通うこともできず、家でテレビや漫画を見るか、友達とテレビゲームをして過ごすことになる。つまり、家庭の経済格差が子どもの放課後の体験量の格差を生み、それが子どもたちの学力や体力の格差につながると主張するのである。

こうした明石の主張には、二つの特徴をみいだすことができる。(6) 一つめは、放課後生活から「自然体験」や「生活経験」が失われていることへの危機感である。明石によれば、同年齢・異年齢の子どもたち、あるいは大人との共同で行う「自然体験」や「生活経験」は、子どもたちの学力や体力、人間関係を築く力である人間関係能力も育む土台であり、そうした体験の喪失が、子どもたちの成長・発達の危機をうみだしていると指摘する。二つめは、失われた「自然体験」や「生活経験」の提供を放課後支援事業の役割と位置づけている点である。放課後支援事業の役割とは、失われた「自然体験」や「生活経験」を担保することで、子どもたちの間に生まれる学力格差や体力格差を是正することにある。つまり、学力や体力、人間関係能力といった「能力」を育むことが放課後支援事業の役割として語られるものの、それは「自然体験」や「生活経験」が乏しくなる中で、保障されるべき成長・発達の機会を十分に得ることができていない子どもたちへの支援という文脈で語られており、現在の「資質・能力」論が主張するような能力開発の色彩はそれほど強くなかったのである。

近年、そうした従来の放課後支援事業の意味づけが、「資質・能力」論の登場と共に、変化してきている。なかでも注目を集めているのは、「忍耐力」や「自尊感情」「協調性」といった「非認知能力」と呼ばれる能力であり、それを育成する機会・場として放課後支援事業を明確に位置づける主張が登場している。

「非認知能力」とは「認知能力以外のあらゆる能力」と定義されて用いられていることが多く、具体的には、意欲、協調性、粘り強さ、忍耐力、計画性、自制心、創造性、コミュニケーション能力、メタ認知能力などがあげられる。[7]「こころの知能指数」として紹介されてきた「ＥＱ（Emotinal Inteligence Quotient）」や物事の捉え方や思考の仕方を表した「マインドセット」、粘り強く物事に取り組むための忍耐力を表した「グリット」という用語が広く普及していることに象徴されるように、現在、「非認知能力」は、教育界や経済産業界において注目されている「資質・能力」である。その背景には、人生の成功には、学力に代表される認知能力だけでなく、非認知能力が大きく影響していているとの指摘がある。[8]

そうした特徴を持つ「非認知能力」を育成する場として放課後の時間を活用しようとする動きが、「資質・能力」論の広がりを背景に、生まれているのである。例えば、キッズコンサルタント協会代表理事であり、民間の学童保育を経営する野上は「小学生の時期は、自分の強みを発揮する力や自発性、主体性など、いわゆる『非認知能力』に磨きをかける時期」と述べ、放課後や長期休みの中で様々な活動を通じて非認知能力を高めることの大切さを主張している。[9]

また中山は「Society 5.0」や「第四次産業革命」といった「これからの時代」に必要な能力の一つとして「非認知能力」を位置づけ、そうした力の育成を目指し、学校だけでなく、放課後においても様々な取り組みを実施していくことを提案している。[10]そして、ＯＥＣＤの「社会情動的スキル」などの様々な「非認知能力」を参考にしながら、独自の「非認知能力」を提起し、「非認知能力を育てるために組織的に取り組んでいる挑戦」の一つとして学童保育の実践を紹介している。

例えば岡山市の「A・M・I学童保育センター」では、「人とつながる力」「課題を解決する力」「将来に向かう力」の三つを放課後に子どもたちに育てたい「非認知能力」として設定している。そして、それぞれの評価観点として次のような項目を掲げている。「人とつながる力」では、「周りの友だちに関心を持ってかかわることができる」「友だちと話し合い、折り合いをつけることができる」「仲間に頼ったり頼られたりすることができる」、「課題を解決する力」では、「いろいろな課題に挑戦し、実行することができる」「課題解決のための計画や方法を考えることができる」「失敗しても次に向かっていくことができる」、「将来に向かう力」では「基本的な生活習慣を身につけることができる」「自分の思いや考えを伝えることができる」「自分の感情をコントロールすることができる」が設定されている。

「A・M・I学童保育センター」では、年二回、三つの「非認知能力」が子どもたちにどの程度、育っているのかを評価し、「学びアセスメントシート」に記入し、保護者に伝えることで、子どもたちの育ちを共有している。子どもたちに育みたい「非認知能力」を明確にし、それを育てるための保育実践を行い、その結果を評価し、保護者と共有することを通じて、「非認知能力」を子どもたちに獲得させようとする学童保育実践は、これまでにはない新しい試みと言えるだろう。

こうした野上や中山の主張を先の明石の論と比べると、両者には能力の育成を位置づける文脈に違いがあることがわかる。明石の主張は、「自然体験」や「生活経験」の量の格差に起因する能力格差を是正することに重きを置いており、能力を開発するという観点は、それほど強くない。対して、野上や中山は放課後支援の役割を「非認知能力」の育成として積極的に打ち出している点に特徴がある。学童保育を「子どもがいる時間だけの預かり事業」と捉える見方が根強く存在する中で、「非認知能力」の育成という目標を明確に掲げることは、学童保育を含む放課後支援事業の役割を明確にすることにつながる可能性がある。ただ、「資質・能力」論の中で注目されることになった「非認知能力」の育成は、成長・発達の機会の担保や能力格差の是正というよりは、社会が求める・将来必要になる「資質・能力」を育成・開発するという教育的観点を色濃く持つ。「非認知能力」の育成を典型とする「資質・能力」論を学童保育を含む放課後支援事業の役割との関係でどのように捉えていくのかが、今、問われていると言えるだろう。

三　「子ども期の貧困化」という問題

「資質・能力」論では、今の社会において求められる能力が何であり、そうした能力をどのように子どもたちに獲得させるのかが、議論の対象となりがちである。しかしながら、子どもたちの成長・発達を考える時、今の子どもたちの生活や子どもたち自身のニーズがどこにあるのかを把握せずに、「資質・能力」の育成のみを声高に論じることは、それが子どもたちの将来を考えてのことであったとしても、子どもたちにとっては抑圧となる可能性がある。ここでは『子どものからだと心白書　２０１９』を手掛かりに、今の子どもたちの心と体の成長・発達についてみていくことにする。

『子どものからだと心白書　２０１９』には、「発達不全状態にある日本の子どもの前頭葉機能」「臨戦状態にある日本の子どもの自律神経機能」「かく乱状態にある日本の子どもの睡眠・覚醒機能」という言葉が並ぶ。こうした表現が表すように、子どもたちの「からだと心」からＳＯＳが発信されている。(11) 例えば、日本の子どもたちの自律神経機能に関する調査では、子どもたちの交感神経の過剰反応が確認されている。野井によれば、「外界からの刺激に対する過剰な反応は、いわゆる〝臨戦体制状態〟であることを物語っており、疲労の原因にもなり」得ると言う。

また、子どもの睡眠についての調査からは、この三五年間で小学校三・四年生の男子では二二分間、女子では二九分間、五・六年生の男子では一七分間、女子では二四分間も睡眠時間が短くなっていることが示されている。日本の子どもたちは、世界で一番寝ていない状態にあり、睡眠時間の短さが、結果として先ほどの自律神経機能の問題などの様々な問題を引き起こす要因ともなっている。事実、野井と鹿野が行った眠りのホルモン（メラトニン濃度）調査では、平日であっても夜二一時三〇分と朝六時三〇分のメラトニン濃度が同程度、つまり同じくらいの眠気を子どもたちが抱えていることが明らかにされており、日本の子どもたちが抱える心身の問題の一端がうかがえる。

この他にも、子どもたちの体力や運動能力の低下問題や、世界の他の国々と比較すると圧倒的に低い自己肯定感の問題など、まさに日本の子どもたちの「心とからだ」からは様々なＳＯＳが発信されていることが『子どものからだと心白書　２０１９』では明らかにされている。[12]

こうした子どもたちの「心とからだ」からのＳＯＳをどのように受け止めるべきなのか。二〇一九年に国連子どもの権利委員会が公表した最終所見が、その手がかりとなる。[13] 日本政府への五一の勧告を含む最終所見では、日本の子どもたちが置かれている状況への次のような見解と勧告が示されている。[14]

・社会の競争的な性格により子ども時代と発達が害されることなく、子どもがその子ども時代を享受することを確保するための措置を取ること（パラ21）
・あまりにも競争的な制度を含むストレスフルな学校環境から子供を解放することを目的とする措置を強化すること（パラ39）
・「休息、休暇、遊び、リクリエーション活動、文化的生活、及び芸術に関する子どもの権利に関する一般的注釈第一七号（二〇一三年）に基づき、本委員会は、十分かつ持続的な資源を伴った遊びと余暇に関する政策を策定、実施すること、および、余暇と自由な遊びに十分な時間を割り振ることを含め、休息と余暇に関する子どもの権利、および子どもの年齢にふさわしい遊びとリクリエーション活動を行う子どもの権利を確保するための努力を強化すること（パラ41）

子どもの権利条約市民・ＮＧＯの会の共同代表・事務局長である世取山によれば、この最終所見は、新自由主義による市民社会と国家の再編のもと「子ども時代と子どもの発達が全体として疎外されているという事実認識のもと……『社会の競争主義的性格』から子どもの発達と子ども時代を『確保』すること、子どもの意見表明を『可視化』する環境を緊急に整えること、そして、子どもの『保護』のための包括的な施策を構築すること」を求めるものとまとめられる。(15)

「社会の競争主義的性格」によって「子ども時代と子どもの発達が全体として疎外されている」という国連子どもの権利委員会が最終所見の中で示した認識は、子どもの権利条約市民・ＮＧＯの会が「発達のための社会的条件を子どもから奪うことにより、子ども期を貧困化させている」という指摘を認めるものであった。(16)この「子ども期の貧困化」という言葉が表すように、子どもたちの「心とからだ」から発せられるＳＯＳは、「発達のための社会的条件」が奪われていることに対する子どもたちの悲鳴であり、成長・発達のための豊かな環境・条件を求める切実な声と捉えなければならない。発達を個々の子どもの中に内在している潜在的な可能性や力が他者や自然、社会との関わりの中で開花・展開していくプロセスと考えるならば、発達のために必要不可欠な「他者や自然、社会との関わり」が奪われていることを子どもたちのＳＯＳは、表わしているのである。

四　「子ども期」の回復という課題

「子ども期の貧困化」をおしとどめ、「子ども期」を取り戻すために、今、求められていることは何か。子どもたちの「発達不全状態」を直視するのであれば、放課後に自由な時空間を取りもどすだけでは「子ども期」の回復は難しいであろう。なぜなら、「三間（時間・空間・仲間）」を失い、学校教育を典型とする管理的・競争的な世界を日常とする今の子どもたちは、自由な時空間を与えられたとしても、自身が経験し、身につけたやり方でしか、遊び・生活することができない可能性があるからである。

実際、子どもたちの日常生活は、今や「発達の社会的条件」を失っているだけでなく、発達を「疎外」する障壁ともなっている。例えば、二〇一七年に実施された博報堂生活総合研究所の「子どもの生活に関するアンケート」では、小学校四～六年生を対象に「増やしたい時間」と「ほしいもの」を尋ねている。それによれば、六割強の子どもたちが「睡眠時間」や「友だちと過ごす時間」をもっと欲しいと感じている[17]。

この調査結果を踏まえ、石濱と野井は、子どもたち（小学校三～六年）が自由な時間に何をしたいと望んでいるのかを調査している[18]。それによれば、いずれの学年とも「ゲーム機・携帯電話・スマートフォン・タブレット・PCなどを使う」が一番多く、次に「からだを動かして遊ぶ」、そして「テレビ・DVDを見る」「スポーツや習い事の練習をする」の順番であった。日本の子どもたちは日頃からゲームで遊び、テレビを視聴する時間が長いにもかかわらず、そうした時間をさらに望んでいることが明らかとなった。

しかしながら、石濱らは、こうした子どもたちの選択は「他の遊びを知らないためにその遊びしか選ぶことができない」結果とも考えられると指摘している。実際、石濱らの分析によれば、「からだを動かして遊ぶ」を望んだ子どもたちは「外遊びの時間」が長く、「スクリーンタイム活動」（「ゲーム機・携帯電話・スマートフォン・タブレット・

ＰＣなどを使う」「テレビ・ＤＶＤを見る」）を望んだ子どもたちは、「外遊びの時間」や「スポーツや習い事の練習時間」が短く、「屋内遊び時間」と「塾時間」が長い傾向にあることが明らかにされている。

子どもたちが自由な時間に望むことは、日常生活の中で行っている活動によって規定、例えば、日常的に屋内でゲーム遊びをしている子どもは、ゲームで遊ぶ時間をより長く求める傾向があると考えられるのである。つまり、子どもたちは「子ども期の貧困化」によって「発達の社会的条件」を失っているだけでなく、自らの成長・発達を促す力そのものを喪失している可能性があるのである。

そうであるならば、「子ども期」の回復は、単に自由な時空間や「生活経験」「自然体験」を子どもたちに提供するだけでは不十分であり、自らの成長・発達を促す力を子どもたち自身が取り戻すことができるような時間と場を創りだす方向で模索される必要がある。この模索の手掛かりとなるのは、学童保育実践の特徴を表す言葉として脈々と受け継がれてきた「生活づくり」、そして二〇一九年の最終所見の中で国連子どもの権利委員会が示した子どもの意見表明権に関わる勧告であると考えられる。

五　「参加することが子どもの力になるような参加」を通じた子どもたちの成長・発達保障

野中によると「生活づくり」という言葉が、学童保育実践の内容を表す意味で用いられるようになったのは、一九七八年の『学童保育年報Ⅰ』においてである。[19] それ以降、全国学童保育連絡協議会主催の全国学童保育研究集会での分科会などを通じて、一九八〇年代から九〇年代にかけて「生活づくり」は、学童保育実践固有の言葉として徐々に広まり、定着してきた。

「生活づくり」の保育実践は、「生活」と「づくり」という二つの言葉の意味を問うことで探究されてきた。[20] 前者の

「生活」については、子どもたちの放課後生活を構成する活動内容とそれにもとづく保育内容の構想に加え、「居場所づくり」という観点から学童保育での生活のあり方が模索されてきた。なかでも一九九〇年代以降、模索されてきた「居場所づくり」という観点は、「生活」を様々な活動の集合として捉えるだけでなく、指導員と子どもの関係、そして子ども同士の関係のあり方を問う視点を提起することで「生活」の捉え方を深めてきた。「子どもに寄り添う」「子どもを受け止める」という言葉に象徴されるように、この模索の中で明らかにされてきたことは、学童保育が子どもたちの放課後の「生活の拠り所」になるためには、単に様々な活動が保障されるだけでなく、そうした活動が子どもたちの気持ちや意見に寄り添うものであり、かつ子どもたち同士の関係をつなぐものとなる必要があるということであった。

後者の「づくり」については、「生活の組織化」や「集団づくり」「遊びの指導」という概念を媒介に、生活主体として子どもを認め、主体者である子どもたち自身が生活を創ることが実践的に追究されてきた。例えば、「生活の組織化」という考え方を主張した高浜は、子どもたちの成長・発達にふさわしい課題を含む様々な生活活動を提案し、子どもたちの欲求や願いを組織化することで、そうした活動に対する主体的な参加を子どもたちから引き出すことの重要性を指摘した。(21) ここには、子どもたちが魅力を感じ、やりたいと思う活動を提起するだけでなく、子どもたちの中に芽生えた欲求や願いを、子どもたち自身の要求へと育てていくことの重要性が提起されている。生活主体として子どもを認めるとは、子どもたちの願いや欲求を満足させることではなく、子どもたち自身に自らの願いや欲求を自覚させ、それを実現する力を獲得させることと捉えられてきたのである。

こうした「生活づくり」の考え方は、子どもの権利条約の一二条「子どもの意見表明権」とも共鳴し、「子ども期の貧困化」の中にいる日本の子どもたちの成長・発達を保障するための取り組みを模索する手がかりとなる。「子どもの意見表明権」は、今、国連子どもの権利委員会による二〇一九年の最終所見に示されたように、意見表明を通して子ども自身が発達を遂げていくことが可能となる環境を保障する方向で発展していっている。最終所見では、これを「参加することが子どもの力になるような参加（empowered participation）」と表している。[22]「empowerment」とは「自分の要求を実現する自由と力、または、自分に起きることをコントロールする自由と力を獲得するプロセス」（ケンブリッジ英語辞典）を意味している。つまり「エンパワーされる」とは、子どもたちの参加を手助けすることではなく、参加を通して子ども自身が成長・発達できることを意味する。

こうした意見表明権と発達との関連を世取山は次のように述べている。「意見表明権は、子どもが生まれながらにもっている主体性、すなわち、身近にいる人間も含む外界に働きかけ、外界から応答を引きだす力を行使し、応答を内面化しながら人間として成長発達する過程を保障するものという意味を持つ」と。[23]ここには、参加を通して、つまり、自由な欲求・要求の自覚と表明を通してこそ、子どもの人間としての成長・発達が実現されるという考え方が示されている。[24]

「子ども期の貧困化」の中で「発達不全」とも言える状況に陥り、自らを成長・発達させる力すら失いつつある子どもたちに「子ども期」を取り戻させるために必要なのは、「参加することが子どもの力になるような参加」にもとづく「生活」ではないだろうか。学童保育を含む放課後支援事業が、そうした時間と場となるためには、「資質・能力」論の中にある放課後支援事業のあり方を今一度、立ち止まり、じっくり考える必要がある。

「非認知能力」を代表とする「〇〇力」の育成を放課後支援事業の役割とすることは、将来を見据え、子どもたちの可能性を広げるという観点からは望ましいことであるかもしれない。しかし、そうした目標を掲げる学童保育での活動が「参加することが子どもの力になるような参加」にもとづく「生活」となっているのかを問い直す必要がある。なぜなら、「〇〇力」の獲得という目標のために提供される「遊び体験」「自然体験」「生活体験」「集団体験」は、様々な教育プログラム活動への参加という体験・経験を子どもに与えることにはなるが、子どもたちの「生活」

や「居場所」を創ることにつながるとは限らないからである。増山が指摘するように「綿密に活動や体験の機会が準備されても、活動プログラムや体験プログラムの合計では『生活』にはならない」のである[25]。

「生活づくり」実践の探究の中で明らかにされてきたように、子どもたちの「生活」は、活動を用意するだけでは保障されない。「生活」という言葉の中に「拠点」や「拠り所」といった「居場所」に通じる意味が含まれているように、子どもたち自身が自らの思いや気持ちを自覚し、それを意見として表明でき、それに寄り添う指導員と仲間がいること、すなわち指導員と子ども、子ども同士が支え合い、お互いの思いや願いを実現できてこそ、様々な活動や体験は「生活」となるのである[26]。

「子ども期」の回復は、現代社会の中で失われた「遊び体験」「自然体験」を提供することや、子どもたちの「非認知能力」を育成するために計画された様々な体験・経験を用意するだけでは実現しない。今、最も必要なのは、自らの思いや願いの表明を通して、子どもたちが自らの手で人間としての成長・発達を切り拓いていく「生活」の場を子どもたちに保障することであろう。「子どもの最善の利益」という子どもの権利条約の理念が示すように、子どもたちは一人の人間として興味・関心を持ち、何が自分の利益にかなっているかの判断をなしうる存在であり、現に生きている。「子どもの最善の利益」の判断は、一方では大人の適切なアドバイスや判断を必要とするが、他方で一人の人間としての子ども自身の意見にもとづき、なされるべきものである[27]。つまり、放課後生活が自分たちの「最善の利益」となっているのかを判断する主体は、子どもであり、そうした意見表明にもとづく「生活」のあり方こそが、今、求められているのではないだろうか。そうであれば、まず考えるべきは「○○力」の育成のために活動を構想することではなく、目の前にいる子どもたちの声に耳を貸し、子どもたちが何を思い、願い、何を必要としているのかを捉えることから始めなければならない。

このことは学童保育の対象が高学年の子どもたちに広げられたことで、よりいっそう求められてきている。現代の高学年の子どもたちは、「九・一〇歳の発達の節目」として表される誰しもがたどる発達課題に直面すると同時に、様々な個別のニーズを持ち、学童保育に通ってきている。[28] ストレスの多い日々の生活の中でひと時の休息を求めに来ている子ども、年下の子どもたちとの関わりに癒しを求める子ども、発達障害などの困難を抱えた子どもなど、様々な子どもたちがいる。そして、そうした子どもたちの中には、自分から望んで学童保育に通い続けている子どももいれば、保護者の希望により学童保育に来ている子どももいる。つまり、高学年の子どもたちが学童保育に通う理由は多様であり、それ故に、子どもたちが持つニーズも多様となっている。

学童保育における高学年保育の大きな課題は、そうした高学年の子どもたちが持つ多様なニーズの中に「発達課題」を読みとり、子どもたちの成長・発達を保障していくことにある。そのため高学年保育では、社会が求める「資質・能力」や将来のために必要な「〇〇力」という物差しで子どもを評価するのではなく、子どもたちの意見や思い、願いの表明を保障し、それを受けとめ、その中に成長・発達の芽を読みとりながら、放課後の生活を子どもと共に創りだしていくことが求められているのである。

学童保育実践として探究されてきた「生活づくり」の思想を受け継ぎ、「参加することが子どもの力になるような参加」にもとづく「生活」を子どもたちに保障していく。それが「子ども期の貧困化」の中にある子どもたちの成長・発達を保障することにつながる。

注

（1）例えば齋藤孝（二〇〇二）『読書力』岩波新書や羽生善治（二〇〇六）『決断力』KADOKAWA、茂木健一郎（二〇一六）『最高の結果を引き出す質問力――その問い方が、脳を変える！』河出書房新社、石田淳（二〇〇七）『すごい「実行力」』三笠書房、姜尚中（二〇〇八）『悩む力』集英社、など、為末大（二〇一八）『諦める力』小学館、様々な「〇〇力」を冠した書籍がある。

（２）松下佳代編著（二〇一〇）『〝新しい能力〟は教育を変えるか――学力・リテラシー・コンピテンシー』ミネルヴァ書房。
（３）厚生労働省（二〇〇七）『放課後子どもプラン全体像』（https://www.mhlw.go.jp/shingi/2007/02/dl/s0207-4a00.pdf、二〇二〇年一二月三〇日閲覧）
（４）明石要一・川上敬二郎編著（二〇〇五）『子どもの放課後改革がなぜ必要か――「放課後の過ごし方」で子どもの人格は変わる?』明治図書出版、三頁。
（５）明石要一（二〇〇九）「地域が提供しなくなった仲間遊びと体験・教育の機会――体験格差を是正する施策を考えよう」『児童心理』臨時増刊二〇〇九年二月号、金子書房、三五頁。
（６）同様の捉え方は川上敬二郎（二〇一一）『子どもたちの放課後を救え！』文藝春秋にもみられる。
（７）経済協力開発機構（ＯＥＣＤ）（著）、無藤隆・秋田喜代美（監訳）（二〇一八）『社会情動的スキル――学びに向かう力』明石書店、無藤隆（二〇一六）「生涯の学びを支える『非認知能力』をどう育てるか」ベネッセ教育総合研究所『これからの幼児教育』などを参照。
（８）国立教育政策研究所（二〇一六）『資質・能力［理論編］』東洋館出版や奈須正裕（二〇一七）『「資質・能力」と学びのメカニズム』東洋館出版などを参照。
（９）野上美希（二〇一九）「放課後や長期休みに『非認知能力』を高めよう。学童でさまざまな経験を」（https://kodomo-manabi-labo.net/mikinogami-interview-03、二〇二〇年一二月三〇日閲覧）。
（10）中山芳一（二〇一八）『学力テストで測れない非認知能力が子どもを伸ばす』東京書籍。
（11）野井真吾（二〇一九）「『国連子どもの権利委員会』に届けられた『子どものからだと心・連絡会議』の議論」子どものからだと心・連絡会議『子どものからだと心白書　２０１９』。
（12）子どもたちの「自尊感情」などの精神面での健康状態については、明石要一・金藤ふゆ子・他（二〇一二）『児童の放課後活動の国際比較――ドイツ・イギリス・フランス・韓国・日本の最新事情』福村出版や古荘純一（二〇〇九）『日本の子どもの自尊感情はなぜ低いのか――児童精神科医の現場報告』光文社新書なども参考になる。
（13）子どもの権利条約市民・ＮＧＯの会（二〇二〇）『国連子どもの権利条約と日本の子ども期――第四・五回最終所見を読み解く』本の泉社。
（14）以下の勧告は、同上書、「資料一　日本政府第四・五回統合報告に関する最終所見」から引用。

(15) 同上書、二四頁。
(16) 同上書、二六八頁。
(17) 博報堂生活総合研究所（二〇一七）『子どもの生活に関するアンケート』を参照。
(18) 石濱加奈子・野井真吾（二〇一九）「子どもが自由な時間にやりたいこと——調査結果」子どものからだと心・連絡会議『子どものからだと心白書　２０１９』。
(19) 野中賢治「学童保育の生活づくり」学童保育編集委員会編『シリーズ学童保育２　あそび、友だち、はじける生活』大月書店、一九九八年。
(20) 「生活づくり」の考察については、二宮衆一（二〇一二）「学童保育実践の特質とその構造——『生活づくり』の歴史的変遷をたどりながら」日本学童保育学会編『現代日本の学童保育』旬報社を参照。
(21) 高浜介二（一九八三）「子ども集団の組織論」大阪保育研究所編『燃える放課後』あゆみ出版。
(22) 以下は、子どもの権利条約市民・ＮＧＯの会（二〇二〇）、前掲書、一八頁および二八頁を参照。
(23) 世取山洋介（二〇一九）「子どもの権利条約の日本での三五余年」『教育』二月号、八頁。
(24) 子どもの権利条約市民・ＮＧＯの会（二〇二〇）、前掲書、二八頁。
(25) 増山均（二〇一八）「学童保育における子どもの『生活づくり』とは何か」日本学童保育士協会編『学童保育研究』一九号、かもがわ出版。
(26) 川合章（二〇〇一）「子どもの生活とは何か」学童保育指導員専門性研究会編『学童保育研究』二号、かもがわ出版および久田敏彦「学童保育における生活と遊び」学童保育指導員専門性研究会編（二〇一三）『学童保育研究』一四号、かもがわ出版を参照。
(27) 堀尾輝久（一九九五）『子どもの権利』を支える子ども観——権利条約にちなんで」『教育学研究』六二巻三号。
(28) 高学年の子どもの発達課題と学童保育実践については、日本学童保育士協会編（二〇一五）『学童保育研究』一六号所収の楠凡之「高学年の子どもの発達と学童保育実践の課題」および福田敦志「六年かけて子どもを育てることへの挑戦」を参照。

第二章 「特別な教育的ニーズ」のある子どもとインクルーシブ学童保育

西本絹子

一 問題と目的

現在、わが国においては特別支援教育からインクルーシブ教育への流れにある。インクルーシブ教育の理念である「インクルージョン」(包摂、包容)とは、一人一人が、経済・社会的地位、障害の有無、性別や人種、言語、宗教、性的志向など個々の特性や属性によって排除されることなく、共に社会に包まれ、社会に主体的に参加することである。

今日、わが国の学童保育においては、障害のある子どもの受け入れには一定の積み重ねがあり、在籍率と実数は増え続けている。また、「障害児」という枠組みには入らないが、発達の偏りがあり集団生活への参加が難しい子ども、児童虐待や貧困のなかにいる子ども、外国に繋がる子ども、不登校の子どもといった、多様な「特別な教育的ニーズ」[1]のある子どもたちが少なからず存在する。むしろそのどれもが増え続けている。そしてしばしば、それらの状態は複合して表れる。さらに、近年多発する地震や大雨などの自然災害の被災や、二〇二〇年に始まった新型コロナウイルス感染症(COVID-19)の拡大による非常事態のなかでの生活は、障害があったり脆弱な環境にいたりする子どもたちに、更なる困難を背負わせやすい。

放課後の子どもの豊かな生活と発達を保障する場である学童保育は、多様で新しい問題を生み続ける現代社会において、今後ますます、複雑で個別な「特別な教育的ニーズ」のある子ども達を支援することが求められるであろう。本論では、多様な「特別な教育的ニーズ」のなかでも、障害や発達に偏りのある子どもをインクルージョンする学童保育に関して論じる。まず、インクルーシブ教育と特別な教育的ニーズの考え方を整理し、インクルーシブ教育の概念がどのように学童保育に適用されるかに関して検討する。そして、従来の障害児を育成する学童保育（以下、「障害児学童保育」と記す）ではない、インクルーシブな学童保育（以下、「インクルーシブ学童保育」と記す）とはどのような育成であり、どのような支援が求められるのか、インクルーシブな集団作りのためにはどのような取り組みが重要であると考えられるか、に関して述べる。

二　インクルーシブ教育システムの推進

1　インクルージョンという理念とインクルーシブ教育

「インクルージョン」の理念は、一九六〇年代の北欧諸国において提唱された「ノーマライゼーション（正常化する）」の運動に始まり、その後に続いた「インテグレーション（統合）」や「メインストリーミング（主流化）」といった概念や施策から発展的に生まれた。その背景には、人の存在を障害か健常かという二分法で捉え、障害児を健常児集団に入れるだけの統合が「投げ捨て（dumping）」の状態を生んだことや、障害児の側のみを行動変容させて健常児集団に合わせるといった発想への反省があった（冨安、一九九五）。また、インクルージョンはソーシャル・エクスクルージョン（社会的排除）とも密接に関連している。一九八〇年代に入り、グローバリゼーションが進む中で欧州外から欧州に流入してきた労働者が、経済活動、教育、医療などから排除され、それは世代を超えてその子ども達にも連鎖するという状況が現れた。その状況への解消や対応策として生まれた概念がソーシャル・インクルージョンである。清水（二〇〇七）は、障害児教育におけるインクルージョンは、「社会福祉や社会政策分野での『ソーシャル・エクスクルージョン』への闘いである『ソーシャル・インクルージョン』と深く結びついている」と指摘している。

「インクルージョン」の理念に基づくインクルーシブ教育は、一九九四年、「特別なニーズ教育に関する世界会議」で発せられた「サラマンカ宣言」に端を発する。同宣言では、教育は障害児を含む全ての子ども達の基本的権利、「万人のための教育（Education for All）」であると位置づけられた。そして、全ての子どもに個別の特性や能力、学習のニーズがあり、一人一人の多様で特別な教育的ニーズに合わせた教育システムが考案されなければならないこと、通常の学校がすべての人を喜んで受け入れる地域社会をつくりインクルーシブ社会を築き上げること、などが述べられている。

上記の宣言にある「特別な教育的ニーズ（Special Educational Needs）」とは、同宣言から一五年ほど前に遡った一九七八年、イギリスの障害児・者に関する教育調査委員会の報告（ウォーノック報告）によって初めて提唱された概念である。「特別な教育的ニーズのある子ども」とは、「障害のカテゴリーによらない本人の『学習の困難さ』に必要な『特別な教育の手立て』のある子ども」（横尾、二〇〇八）である。したがって、障害はないが学業不振の場合や、家庭の言語環境が学校で使われる言語と異なるための学習困難なども含まれていた。

「障害」に換えてこの概念を使用することになった理由として、徳永（二〇〇五）は次の六点を挙げている。①「障害」という否定的なラベリングを避ける、②個々の子どもに必要な手立てを考える、③障害種別の教育内容に個々の子どもの必要とする支援をあてはめない、④子どもの学習困難を成り立たせている要因として学習環境も重要である、⑤個々の多様なニーズを評価して、そのニーズを満たす環境を考える、⑥特別な教育的ニーズのある子どもとそうでない子どもは明確に区別されず、必要な支援は連続している。このように、「特別な教育的ニーズ」とは、障害の有無という医学的観点によるものではなく、教育の主体たる子どもに最善の利益がもたらされるよう、学校教育や子どもを取り巻く学習環境が変わるべきだという、視点の大きな転回を含意する用語・概念である。

サラマンカ宣言以降、インクルーシブ教育の概念は少しずつ変容している。ユネスコは、二〇〇九年に「UNESCO Policy Guidelines for Inclusion in Education」を出した（UNESCO、二〇〇九）。それによると、インクルーシブ教育は、多様性のあるすべての子どもたち、青年、成人に学習の機会を提供するための「学校その他の教育機関の変革に関わるプロセスである」とし、「社会的平等を達成するために不可欠である」という。このように、現在、インクルーシブ教育は、特別な教育的ニーズのある子ども達への教育という意味に加え、公正な社会の実現に向けた「貧困と格差、社会の分断といった課題に対する教育といった意味を持つ」（中村、二〇一九）ようになった。

２　わが国におけるインクルーシブ教育システムの推進

サラマンカ宣言を受け、国連において二〇〇六年に採択され二〇〇八年に発効された「障害者の権利に関する条約」を、わが国は二〇一四年に批准した。この条約の「第二四条　教育」で、障害のある人があらゆる段階の教育や生涯教育において一般的な教育制度から排除されないこと（インクルージョン）、そのために個人に必要な合理的配慮が提供されることなどが示された。これにより、わが国においては、特別支援教育をさらに発展させたインクルーシブ教育システムが推進されることになり、文部科学省（二〇一二）は、「共生社会の形成に向けたインクルーシブ教育システム構築のための特別支援教育の推進（報告）」において、インクルーシブ教育の概要を提案した。同報告では、「どんな子どももできるだけ同じ場で共に学ぶことを目指す」とし、従来の就学相談に本人や保護者の意見を尊重する、学校を連続性のある多様な学びの場とする、特別支援学校・学級と通常の学級との間で交流及び共同学習を推進する、教職員の専門性の向上などについて提言された。また、障害のある子どもの教育を受ける権利を守るため、個に応じた合理的配慮を提供し、そのための基礎的環境整備が必要とされた。

このように、特別支援教育から前進し、障害のある子どものニーズに、より柔軟に対応するしくみが作られようとしているが、次の三点に疑問が残る。①障害の有無という二分法を前提とし、主に従来の特別支援教育で対応される子どもの教育に関するシステムである。通常学級に在籍する、発達障害やその傾向が表われやすい子どもに行われるべき、日常の教室内での特別な教育的ニーズについて積極的に配慮するものではない。そのため、それらのニーズのある子どもにとって、「投げ捨て」状態が変わるしくみが見えない。②児童虐待、貧困、言語的・文化的マイノリティ、性的マイノリティなどの、特別な教育的ニーズには言及されていない。③「交流及び共同学習の推進」によって、障害のある子どもとない子どもの双方に、社会性や多様性を尊重する心を育む、とされている。しかし、「交流及び共同学習」は、どの学校段階でも年間二～三回程度が最多（文部科学省、二〇一七）という行事的な活動に過ぎない。日常の生活の中でこそ、多様な他者と関わり理解し合う力をていねいに育てる必要があるだろう。西本（二〇一六）は、「支援を要する子どもとその周囲の子どもたちとの関係作りや、多様な子どもたちを含み込んだ集団作り、支援を要する子どもを取り巻く子どもたちの社会性の発達支援こそ重視されなければならない」と指摘する。そこで、日常でのインクルーシブ教育が期待される場が学童保育であると言えるだろう。

三　障害児学童保育からインクルーシブ学童保育へ

１　障害児学童保育の現状

「インクルーシブ教育」の考え方は学校教育の分野だけではなく、広い意味での教育や福祉、医療などの分野においても適用されるようになった。例えば乳幼児保育の領域にも、障害児保育や統合保育の概念・用語が「インクルーシブ保育」に置き換えられ始めている（例えば、石井、二〇一三：小山ら、二〇一三）。

学童保育はどうだろうか。最近では「インクルーシブな学童保育」を積極的に打ち出す事業所も生まれてきている（毎日新聞、二〇一九：朝日新聞、二〇一九など）。では、インクルーシブ学童保育とは何だろうか。それは「障害児学童保育」の単なる言い換えであってはならない。本節では障害児学童保育の現状を簡単に振り返り、インクルーシブ学童保育へと転換されるべき理由を考える。

わが国の学童保育において、障害のある子どもは、不十分な条件の下で少しずつ受け入れられてきたが、二〇〇七年度より開始された特別支援教育の流れに沿い、受け入れの増加の勢いが増した。厚生労働省によれば、「障害児」として、二〇一九年では全在籍児童の三・四％に当たる子どもたちが在籍し、二〇〇七年度からの一三年間で入所児童数は約三倍となっている。二〇一九年現在、五六％の学童保育に一施設当たり平均約三名の障害児が在籍する（厚生労働省、二〇一九）。受け入れのための国の補助事業も年々拡大している。二〇一七年現在、加配指導員配置への上乗せ補助、三人以上受け入れる場合は一名の加配指導員の配置に対する経費の補助、受け入れに必要なバリアフリー等の改修経費への補助がある（厚生労働省、二〇一七）。

西本（二〇一九）は、学童保育における障害児の受け入れが三％強であるという数字を次のように論じている。特別支援教育の対象児、ならびに通常学級に在籍する発達障害やその疑いがある小学生の割合（計約一〇％）と落差があることや、放課後等デイサービスを利用する子どもの急増から、[2]学童保育が障害児の受け入れニーズを十分満たしているとは言えない。その背景には、施設のバリアフリー化の経費不足、人的資源（加配指導員）の不足、指導員への負荷の大きさ、外部の専門家による巡回相談や専門機関との連携が十分に期待できない、専門性を担保するための研修等の機会の不足等の理由が考えられる、という。

さらに放課後等デイサービスの利用には、保護者が就労している場合でも、中学校以降の放課後の生活を安定的に過ごせるよう小学生のうちから同サービスに通う、という選択もあるだろう。選択肢の拡大は好ましいが、施設も利用者数も急増している実態に関して「排除や分離の場が広がる動きが危惧される」との指摘もある（込山、二〇一四）。

このように、学童保育における障害児の受け入れは進んでいるとはいえ、その保育ニーズに十分応えていないと思われる。障害や発達に偏りのある子どもに関しては、学校卒業後をも見通しながら、多様な選択肢を柔軟に整えつつ、地域でのインクルーシブな生活をどのように保障し生涯発達支援のしくみを作っていくか、という大きな問題がある。学童保育における障害児の受け入れは、この問題に内包される問題の一つである。さらに、学校教育において今後インクルーシブ教育が本格的に推進されるならば、放課後の時間のインクルージョンのしくみもそれに同期して発展させていかなければならない。以上から、学童保育は地域社会でのインクルージョンを進める役割の一端を担っていると言えよう。

2　学童保育がインクルーシブ学童保育であるとはどういうことか

学童保育がインクルーシブであるとはどういうことであろうか。インクルーシブ教育の概念に沿えば、「どんな子どもであっても、学童保育が行うとされる支援を受ける権利が守られ、個々の子どもに合わせた支援が提供される」と言えるだろう。

そこで、学童保育が行う支援の内容・目的について整理する。

まず、法律に基づく指針がある。国は、二〇一二年の児童福祉法の改正に基づき、二〇一五年に「放課後児童クラブ運営指針」を策定し、支援の内容と目的を五点明記した。

中山（二〇一七）は、学童保育の機能は、「養護とケアと教育の総体」としての保育であるという。養護とは「生命・健康・安全・衛生を護る機能」であり、ケアとは「他者の思いや感情を共に分かち合うことを基礎とした機能」

であり、教育とは「発達段階に応じて対象者の資質・能力を引き出し、人格形成や自己実現に向かっていけるように援助する機能」と述べている。

西本（二〇一三、二〇一八ａ）では、保護機能と発達保障機能の二点が述べられている。保護機能とは、子どもの安全を確保し、親の就労を保障し家族の生活を支えるという子育て支援の機能である。保護機能が十全に果たされるためには、子どもから見たとき、学童保育が「毎日、安心して楽しく通いたくなる居場所」でなければならない。しかしそれは〝安全で、何でも自由にふるまえる環境〟と同じではない。そのためには、指導員に受け止めてもらっているという感覚が持てる・充実した遊びと楽しい集団活動の時間がある・集団の中に位置づく（役割や班活動、仲間に認められる場がある）、意見が表明でき支え合える場である、わかりやすく秩序のある環境である、が保障されることが重要であるという。

発達保障機能とは、学童保育という場に特有の経験や働きかけを通して直接的に子どもの発達が促されることである。ここで、学童保育で促される発達とは、増山（二〇一〇）が述べるように、学校終了後の残りの時間という意味での「放課後」の育ちではなく、「地域住民」としての発達という視座から捉える必要がある。西本（二〇一三）は、その視点に立つ社会性の発達として、学校教育の成果を補完するのではなく、①家庭や学校という枠組みから自由な生活圏での自立・自律、②多様な他者との関わりを通して自己理解・他者理解を深め、社会的ルールを学び、互恵的・民主的な仲間関係を維持構築する力を得る、③余暇を楽しむ力を身につけ文化を継承する主体としての意識を育てる、を挙げている。

これらの支援が一人の子どもも取りこぼすことなく行われる状態が、学童保育がインクルーシブである、ということになるだろう。

３　インクルーシブ学童保育における支援

学童保育で行われる支援がインクルーシブであるといえるのはどのような支援だろうか。ここで、先に見た「特別な教育的ニーズ」や「インクルーシブ教育」の概念から次の五点を試論として挙げる。

（1）特別な教育的ニーズの有無・内容・程度は障害名によっては決まらない。支援を必要としている子どもがいれば、随時その子どもに応じた個別の支援が行われる。

（2）特別な教育的ニーズは、子どもの側にある要因のみによって発生するのではなく、周りの人々との関係や、支援の質をも含む環境との相互作用によって作られ、発達段階や時間の変遷によっても変化する。支援はそれらの要因を包括的に捉えて行われる。

（3）合理的配慮を行うことによって、子どもがよりその子らしい力を発揮し、自らが主体的に生活や遊びに参加できるようになる。

（4）支援によって、一人一人の子どもの存在をお互いに認め合うことができ、どんな子どもでも何らかの方法で集団に参加することができる。

（5）支援の経過で、多様性や違いに関して、また共に生活するとはどういうことかについて、経験を通しながら子どもも大人（指導員・保護者・地域の人々）も考え、学び、育ち続ける。

（1）は、支援におけるインクルージョンの視点である。インクルージョンの視点とは、麻生（二〇一八）によれば、「一人ひとりの『具体』に現れる『個別性』『多様性』、つまり、様々な『兆候』『問題』『障害』を、人間存在の一般的なありかたの現れとして理解しようとすること」である。また、「問題」を有していても、どこかに何かしらの健康で強いところがある、と捉える視点である（西本、二〇一八ｂ）。

（２）は、ＷＨＯのＩＣＦ（国際生活機能分類）の「生物・心理・社会モデル」に基づき、人の健康状態を「生物（遺伝的・医学的側面）」「心理（個としての発達レベルや心理的側面）」「社会（環境の側面）」の関係性の中で包括的に捉えるという視点である。したがって、「問題行動」の意味を、障害特性からマニュアル的に捉えることのない支援が行われなければならない。

（１）（２）は発達障害を含む精神疾患に関する医学的診断の特徴からも説明できる。それは、診断は「客観的な事実によるものではなく状態像によって判断され」（森・杉山・岩田、二〇一四）、障害名のある子どももとない子どもとの間に「明確な科学的エビデンスに基づく境界があるわけではない」（神尾、二〇一二）からである。

（３）は、合理的配慮の目的が、それを必要とする子どもを標準的な子どもや子ども集団に適応させることや、トラブルを阻止するためではないことを述べている。それは排除をなくし、子どもの権利条約でいうところの、参加する権利や育つ権利を守り、自己実現を促すためにある。

（４）は、一人一人の子どもの特徴に合わせて集団活動に参加できるような支援によって、お互いの良さを学ぶことである。

（５）は、インクルーシブ教育とは、お互いに葛藤を経験しながら、集団が成長していくプロセスであることを意味している。自分と異なる存在に対する子どもの違和感や疑いに対して、それに真剣に対峙させることなく、大人から子どもに対して一方的に、また建前として、ルールや社会的知識を伝達するだけの働きかけでは、インクルージョンは遠ざかるばかりだろう。

４　学童保育だからこそ期待できるインクルーシブな集団作りへの取り組み

学童保育がインクルーシブであるための実践とはどのような試みだろうか。未だ理論的・実践的蓄積には乏しいが、インクルーシブな支援を行う素地は学童保育に溢れている。

学童保育は通常学級・特別支援学級・特別支援学校という、三種の学校に在籍する、場合によっては重い障害のある子どもも含め、一年生から六年生までの異年齢の子どもたちが通ってくる、多様性のある場である。そして、子どもの自主的な遊びと子どもが自由に選択する人間関係が尊重され、成績評価もなく、いわば〝本音〟で人間関係を切り結ぶ生活の場である。様々な立場からの考えや主張、リアルな感情や思いが交錯する現実の中で、多様な子どもたちが集団生活をいかに協働できるか、いかに楽しく共に遊び関わることができるかは、２で述べた保護機能の十全な保障の上に、彼らの共生する力を育てる実践の上にこそ成り立つ。

では、その取り組みとはどのようなものだろうか。ここで、実践に関するアンケート結果と、事例から考える。

(1) 実践に関するアンケート結果

西本（二〇一六）は、「障害児と健常児が理解し合うために指導員が行っている実践」のアンケート結果を報告している。一二二件の回答の分析の結果、指導員の実践は、①「健常児に対する支援児[3]理解への援助」、②「(支援児と健常児の) 双方に対する共同生活への援助」、③「支援児に対する集団適応への特別な配慮」の三点で、それぞれ三割程度であった。また、この三つを支援の方向性・目的から整理すると、Ａ「共同経験の蓄積」、Ｂ「障害児のマイナスの面に対する健常児の価値観の転換」、Ｃ「健常児に対する障害児のプラスの面への気づきの促しと新しい価値観の学習」という実践が行われている（図1）。Ａでは、「班活動（当番・遊び）をメインとし子ども同士の関わりを深め共に生活していると認識させる」「環境やルールを工夫して共同遊びを行いやすくする」「工夫しながら上級生会議や行事に参加させる」などの実践があった。それらは３で挙げた（３）（４）をめざすものといえるだろう。ま

A　共同経験の蓄積	同じ場への参加・コミュニケーションの積み重ね・遊びや役割の共有によって相互理解を進める（64%）

・障害児に対する集団に適応するための援助・共同遊びへの援助・双方に対する相互理解のための援助・対等性、公平性を示す・環境の工夫・共同活動、共同生活の意識化への援助

B　マイナスの面に対する価値観の転換	障害児の行動に対する健常児の思いを受け止めつつ、マイナスの面に対する多様な見方や柔軟な価値観を健常児に学習させる（22%）

・健常児に対する、障害児の障害特性への理解や関わり方に関する援助・健常児の気持ちを受け止める・障害児への共感を育てる援助

C　プラスの面と新しい価値観の学習	障害児の得意なことや良さを作り、集団に積極的に位置づけプラスの面を作り焦点化することで健常児に新しい価値観を学習させる（14%）

・プラスの側面を焦点化し健常児の認知を変える援助

図１　インクルージョンのために行われている日常的な実践　西本（2016）より一部改変

た、Ｂでは「支援児の努力が理解できるように説明する」「〝困った行動〟と見える場合はその理由を説明する」、Ｃでは「集団活動（当番、帰りの会、誕生会等）で共通に取り組めるようにし支援児が力を発揮して他児が認める機会とする」等の実践が行われており、ＢＣを併せると、三～四割程度、双方の思いに寄り添いながら価値観を揺さぶるという働きかけがなされている。これは３で挙げた（５）の支援に当たるだろう。

以上のように、インクルーシブな支援は、生活にある協働の機会（当番や班活動、おやつ、帰りの会など）において子どもの力や学年等に合わせた参加が促され、遊びの共同へと取り組まれる。その過程で子どもの社会性の発達に働きかけ、学びや気づきをもたらそうとする。

（２）遊びの支援を通してインクルーシブな集団が生まれていった事例

（１）に述べた生活の協働と遊びの共同の中でも、特に障害のある子どもの遊びを広げる取り組みは、インクルーシブな集団を見事に生み出していく場合がある（西本、二〇〇八、二〇一三、二〇一九：三井、二〇一九）。

ここでは、西本（二〇一三）に記載した巡回相談事例について、その相談時の資料を再整理し、支援の概略を紹介する。事例は、通常学級に在籍する高機能自閉症[4]のある男児で、学童保育では、一年生入会当初から六年生の卒会まで「障害児」として加配指導員が付いていた。

一年生時は強い自閉性が見られていた。感覚過敏や、日常のちょっとしたルーティンが崩れることによってパニックを起こす。コミュニケーションは大人から問われれば単語でなんとか答える程度で、子どもには近寄らない。育成室にはなかなか入れず、しばしば児童館の事務室で一人遊び（絵本、切り絵や折り紙）をして長時間過ごす。本のＩＳＢＮや室内のスイッチ類、水などに対して強いこだわりがある。指導員はＡに密に働きかけ、一対一での遊びとやりとりを広げる取り組みをたんねんに行っていった。

二年生では指導員に対してワンパターンながらも自分から話しかけるようになる。二年生の終わり頃から他児への関心が芽生え、少人数での簡単なごっこ遊びに参加できるようになり、ＩＳＢＮなどの限局化した興味やこだわりがほぼ消失した。しかし、場にそぐわない難解なことばを発したり、他者の感情を逆なでするようなことばを返したりすることがある。

三年生時では、特定の一人の同級生男児との関わりが生まれ、他児とのやりとりが続くようになる。相手の心情に配慮しない発言は少なくなったものの、奇妙な四字熟語で自分の状況や心情を表すなど、語用論上の課題は残る。しかし、下級生の「仮面ライダーごっこ」に入ったり、かくれんぼや鬼ごっこにも入ったりして、集団遊びが少しずつ楽しめるようになった。その他、設定された一年生の集団遊びの会にも入った。また、一輪車に上達したことで「誇らしい」という感情も芽生えた。遊びの年間行事のための班活動にも参加するようになった。予定変更によるパニックが大きく減少した。

四年生時では、同級生がいなくなり学童保育集団を遠ざける傾向も出てきたが、地域のスポーツ教室に通い始め、児童館の遊びのプログラムにも自分から参加するようになる。ことばの語用論上の問題も減り、適切なやりとりができるようになり始めた。

五年生時には、「一年生の面倒を見る」と張り切ることもあり、下級生から親しまれていた。しかし、高学年児童が他にいないこともあり、静かにマイペースで過ごすことも多くなった。

転機が訪れたのは六年生時である。「コマ」に取り組ませたところ、児童館に遊びに来る五年生男児Ｂと競い合うようにして約二カ月間で上達した。その間、お互いの下校や来館を待ちわびるほどであったという。ＢはＡのコマの技術の見事さに感服し、そのことを学校でも語って宣伝し、いろいろな学年の子ども達に知られ、Ａは他児たちに「一目置かれる存在」になり、Ａ自身の自己評価も高まった。一年生にもそれが伝わり、学童保育の一年生たちが「Ａ君が下校するまで、Ａ君に見てもらえるように練習しよう」と言いながら毎日コマの練習をする。Ａはコマ遊びの中でリーダーとなり、コマの様々の技術や、遊びの中での駆け引きの方法を一年生に教えた。その際は、やりとりも感情表出も非常にスムーズである。その他、木製ブロック（商品名「カプラ」）の製作や竹馬などに習熟し、自分で「〇〇ができるようになった」と言うことが増え、自信を深めていった。それと並行するように、病院や補習塾にも一人で行けるようになるなど、生活が広がり、卒会後の地域での生活の準備がなされていった。

以上のように、障害のある子どもの遊びの技能を豊かに広げる取り組みは、子どもの日常生活における対人関係を広げ、コミュニケーション能力を向上させる。同時に、周りの子どもたちにとっても、その遊びや対人関係を広げる。また、日々の取り組みだけでなく、季節ごとの伝承遊びの時間の設定や、遊びの年間行事に向けて一〜二か月ほど班で準備をするなどの活動は、子どもの学年、能力や特徴、その時々の意欲や意志に応じたさまざまな形や役割での参加を可能とする、インクルーシブな子ども集団の創造に繋がるだろう。

また、三井（二〇一九）の六年間にわたる支援の実践報告を、西本（二〇一九）は遊びを通した支援という視点から分析している。それによれば、同実践は次の三点に特徴があった。①「多様な遊びの行事や枠組みが用意されている」。遊びの行事の意義は先に述べた通りだが、遊びの枠組みとは、指導員による設定遊びである。基本的には子どもの自主的な遊びが尊重されるが、避けてしまいがちな遊びの面白さを知り、ふだん接することのあまりない子ども同士が関わりを持てるよう、様々な遊びの設定やしかけが用意されていた。②「上級生の自治能力が活かされている」。これは、子どもが生活の主体となり、リーダーとなる上級生たちが多様な他者を理解する力を育む機会となる。③「一人ひとりの子どもの良さや強みを焦点化する視点がある」。指導員に個々の子どもの多様性や個別性を認める視点があることは、学童保育のインクルーシブな風土を生む基本である。

四　終わりに

国連の全加盟国が二〇一五年に批准した「持続可能な開発目標（SDGs）」では、目標４に「すべての人々に包摂的（inclusive）かつ公平で質の高い教育を提供し、生涯学習の機会を促進する」が掲げられた。インルーシブな社会、インクルーシブ教育が叫ばれるなか、学童保育はその発展を担う役割があり、またその可能性が期待できる。インクルーシブ学童保育は、従来の「障害児を健常児の中に受け入れる」障害児学童保育を大きく問い直す契機であると共に、学童保育実践や研究の捉え直しにも繋がるものだろう。インクルーシブな支援の在り方、そのための専門性、集団がどのように変化するのか、インクルーシブであるとはどのようにアセスメントされるのか等、多くの課題が検討されていかなければならない。

注

（1）今日では、「特別な教育的ニーズ」のほか、「特別な支援ニーズ」「特別なニーズ」という用語を使われることも多いが、本論では原則として正式名称である「特別な教育的ニーズ」と記す。

（2）二〇一七年度の利用者は約二二六、〇〇〇人、二〇一八年度では約三二〇、〇〇〇人である（厚生労働省、二〇一八、二〇一九）。また、利用する児童生徒は約一・七六％であり、特別支援教育の対象者約三・五％の約半数が通っていることになる。中でも小学生の利用が中高生に比べて多い（みずほ情報総研株式会社、二〇二〇）。

（3）西本（二〇一六）では、障害児を「支援児」と表記している。

（4）高機能自閉症とは当時の診断名であり、現在の自閉スペクトラム症に該当する。

引用文献

朝日新聞（二〇一九）「はぐくむ　障害ある子ない子　一緒に学童」二〇一九年九月一四日。

麻生武（二〇一八）「臨床発達心理士の成立とその専門性」西本絹子・藤崎眞知代（編）『講座臨床発達心理学２　臨床発達支援の専門性』ミネルヴァ書房。

石井正子（二〇一三）『障害のある子どものインクルージョンと保育システム』福村出版。

神尾陽子（二〇一二）『成人期の自閉症スペクトラム診療実践マニュアル』医学書院。

込山真理子（二〇一四）「共に育ち合う場から見た放課後デイサービス事業」『福祉労働』一四四号、四二―四九頁。

厚生労働省（二〇一七）「放課後児童クラブ関連資料」。

https://www.mhlw.go.jp/file/05-Shingikai-12601000-Seisakutoukatsukan-Sanjikanshitsu_Shakaihoshoutantou/0000192611.pdf
厚生労働省（二〇一八）「平成二九年社会福祉施設等調査の概況」。

https://www.mhlw.go.jp/toukei/saikin/hw/fukushi/17/dl/kekka-kihonhyou02.pdf

厚生労働省（二〇一九）「平成三〇年社会福祉施設等調査の概況」。
https://www.mhlw.go.jp/toukei/saikin/hw/fukushi/18/dl/kekka-kihonhyou02.pdf

小山望・太田俊己・加藤和成・河合高鋭（編著）（二〇一三）『インクルーシブ保育っていいね――一人ひとりが大切にされる保育をめざして』福村出版。

毎日新聞「教育の窓　障害のある子も学童で一緒に」二〇一九年六月三日。
https://mainichi.jp/articles/20190603/ddm/013/100/042000c

増山均（二〇一〇）「「放課後子どもプラン」の現状と課題」『教育と医学』六八二号、五六―六五頁。

三井悟（二〇一九）「育ち合う子どもたちに学んで」『学童保育』九巻、一七―二二頁。

みずほ情報総研株式会社（二〇二〇）「放課後等デイサービスの実態把握及び質に関する調査研究報告書」。
https://www.mizuho-ir.co.jp/case/research/pdf/r01shogai2019_04.pdf

水野和代（二〇一二）「インクルーシブ教育の理論および起源に関する研究―一九七〇年代以降のイギリスを中心に―」名古屋市立大学大学院人間文化研究科『人間文化研究』一八号、三九―五三頁。

文部科学省（二〇一二）「共生社会の形成に向けたインクルーシブ教育システム構築のための特別支援援教育の推進（報告）」。
http://www.mext.go.jp/b_menu/shingi/chukyo/chukyo3/044/attach/1321668.htm

文部科学省（二〇一七）「障害のある児童生徒との交流及び共同学習等実施状況調査結果」。
https://www.mext.go.jp/component/a_menu/education/micro_detail/__icsFiles/afieldfile/2017/10/30/1397010-3.pdf

森則夫・杉山登志郎・岩田泰秀（二〇一四）『臨床家のためのＤＳＭ―５虎の巻』日本評論社。

中村信雄（二〇一九）「インクルーシブ教育の視点による学校教育の可能性について―ユネスコのインクルーシブ教育の理念と実践について―」『東京理科大学教職教育研究』四号、一一九―一二八頁。

中山芳一（二〇一七）『新しい時代の学童保育実践』かもがわ出版。

西本絹子（二〇〇八）「高機能自閉症・アスペルガー症候群の子どもたち」西本絹子（編）『学級と学童保育で行う特別支援教育――発達障害をもつ小学生を支援する』金子書房。

西本絹子（二〇一三）「学童期の放課後の人間関係とその支援」長崎勤・森正樹・高橋千枝（編）『社会性発達のユニバーサルデザイン』金子書房。

西本絹子（二〇一六）「インクルーシブな子ども集団を育てる支援とは何か――学童保育における特別支援児童に対する実践の分析」『明星大学大学院教育学研究科年報』一号、一七―二六頁。

西本絹子（二〇一八ａ）「学童期における支援」西本絹子・藤崎眞知代（編）『講座臨床発達心理学２　臨床発達支援の専門性』ミネルヴァ書房。

西本絹子（二〇一八ｂ）「発達支援とは何か」西本絹子・古屋喜美代・常田秀子『子どもの臨床発達心理学――未来への育ちにつなげる理論と支援』萌文書林。

西本絹子（二〇一九）「学童保育においてインクルーシブな子ども集団はどのような実践のなかで生まれるのか―遊びを通した支援のなかで起こっていることとは何か―」『学童保育』九巻、二三―三二頁。

清水貞夫（二〇〇七）「新たなメインストリーミング解釈としてのインクルージョン――合衆国でのインクルージョン」『発達障害研究』一九号、一―一二頁。

徳永豊（二〇〇五）「『特別な教育的ニーズ』の概念と特殊教育の展開―英国における概念の変遷と我が国における意義について―」『国立特殊教育総合研究所研究紀要』三二号、五七―六七頁。

冨安芳和（一九九五）「インクルージョン」『発達障害研究』一七（一）、一―一〇頁。

UNESCO（二〇一九）「UNESCO Policy Guidelines for Inclusion in Education」
https://library.parenthelp.eu/unesco-policy-guidelines-inclusion-education/

横尾俊（二〇〇八）「我が国の特別な支援を必要とする子どもの教育的ニーズについての考察―英国の教育制度における『特別な教育的ニーズ』の視点から―」『国立特別支援教育総合研究所研究紀要』三五号、一二三―一三六頁。

第三章　貧困・児童虐待問題と学童保育における家族支援

楠　凡之

一　問題の所在と本稿の目的

厚生労働省（二〇一六）の「平成二八年度国民生活基礎調査／貧困率の状況」では、一三・九％、約七人に一人の子どもが貧困状況に置かれており、さらに、一人親家庭の貧困率は五〇・八％で世界一位の貧困率とさえ言われる現状にあることが報告されていた。

しかも、二〇二〇年に世界中を襲った新型コロナウィルスの問題は主にサービス業に従事していた非正規雇用の女性を中心に大量の解雇者を生み出し、その生活の困窮は女性の自殺者の顕著な増加（二〇二〇年一〇月　前年同月比八二％増）というかたちにも現れている。

当然のことながら、貧困問題の深刻化が子どもたちの心身に大きな否定的な影響を与えているのは否定できない現実であろう。

また、さらに追い打ちをかけるように、コロナウィルス感染対策による三か月に及ぶ休校措置はこれまで以上に家庭の経済力や生活基盤の格差が子どもの生活に深刻な影響を与えてしまう状況を生み出した。たとえば、学校給食で何とか栄養を確保していた子どもの中には、長期にわたる休校期間中に心身の健康維持に必要な栄養摂取さえできなかった子どもたちも少なくなかった。

もちろん、経済的には安定している家庭であっても、児童虐待やDVをはじめとする深刻な家族問題はしばしば存在しており、「経済的に安定した家庭なので問題はない」という見方をしてしまうと、目の前にいる子どもの抱えている生きづらさや傷つきを見落としてしまう危険性があることにも十分に留意する必要がある。

学童保育は学校以上に子どもの家族の中での傷つきや生きづらさが直線的に表出される場である。埼玉の指導員の河野伸枝（二〇〇九）の著書には、様々な傷つきや苦しみを長期にわたる暴力・暴言で表出し続けた子どもと保護者の苦悩に寄り添い、親子を支援する取り組みが多くの事例を通して描かれている。たとえば、本書の第Ⅳ章の実践②では、些細なことでキレて激しい暴力をふるうカズッチとの関わりで指導員自身が傷つき、時には恐怖さえ感じながらも、その攻撃的な言動の背後にあるカズッチの傷つきと生きづらさ（それは家庭環境だけでなく、学校の不適切な指導からももたらされていた）をしっかりと受け止め、さらには孤独さに苦しむ母親の思いも受容し、文字通り家族まるごとを支援する取り組みが展開されていた。このように学童保育は子どもたちの豊かな放課後の生活を保障する場であると同時に、困難な課題を抱える子どもと保護者を支援する場でもあり続けてきたといえよう。

ところで、子どもの権利条約の第一八条には、「親の第一次的な養育責任と締約国の援助義務」が明記され、親が第一次的な養育責任を果たせるように援助していくことが締約国の義務であるとされている。「子育ては親の責任である」という言葉はしばしば使われている。しかし、この日本語訳で「責任」と訳されている“responsibility”という言葉は、“response”（応答）する“ability”（能力）、すなわち「応答能力」という意味でもある。しかし、現代社会において、経済的な貧困やDV、その他の何らかの事情でわが子の感情やニーズへの「応答能力」を奪われている保護者は決して少なくない。それだけに子育て支援の最大の課題は、保護者がわが子の感情やニーズに応答できる力を担保、あるいは取り戻せるように支援していくことであり、これが学童保育における子育て支援、家族支援の最大の課題であると言えよう。

しかし、その一方で、子どもの権利条約の第一九条では「虐待からの保護」が提起されており、「放課後児童クラブ運営指針」の中でも、学童保育が関係機関と連携しつつ「虐待からの保護」の取り組みを進めていくことも要請されている。

さらには養育者から適切なケアを受けられない状況に置かれた子どもに対しては、学童保育が、子どもの権利条約の第二〇条に掲げられている「代替家族ケア」の役割を果たすことも現実には求められている。実際、貧困や児童虐待など、家族の中での傷つきを抱え、それらを指導員や仲間集団に対する攻撃的言動で表現してくる子どもは少なくない。そのような子どもたちと確かな愛着・信頼関係を育みつつ、他者と世界に対する信頼感を取り戻せるように援助していくことも大きな実践課題となってきている。

本論では、このような問題意識に立ちつつ、学童保育における子育て支援、家族支援の課題について考察していきたい。

二　学童保育での家族支援の取り組みに関する実践報告

二〇一〇年に設立された本学会でも、二〇一五年の研究大会の課題研究で「家族支援と学童保育――その可能性と限界」というテーマを取り上げ、本学会誌の第六巻（二〇一六年刊行）で特集を組んでおり、この特集では学童保育指導員の田中敬子と堀江恵理子から複数の家族支援の取り組みの事例が報告されている。

田中は、①母子家庭であり、知的障害のある親子に対する福祉関係機関と密接に連携した家族支援の取り組み、②

母子家庭で、感情の起伏が激しく、虐待の疑いもあった母親への支援の取り組みを報告している。②の事例では最初は拒否的だった母親が堰を切ったように自分の苦しい心情を語り、それを契機にして母親の子どもに対する言動も穏やかなものに変化している。田中は、「保護者の価値観や生き方への評価的な発言を避け、聞き役になることで保護者の気持ちの安定化をはかり、聞いてもらえる人がいるという安心感を通して孤独な子育てにならないように支援する」ことの重要性を指摘している。

ちなみに、田中の学童保育では、保護者会活動などを通して、一人親家庭同士で困った時に子どもを預かり合う関係も築かれており、学童保育でのつながりが、卒所後も保護者同士が支え合う社会的ネットワークの形成につながる可能性も示唆されていた。

宮﨑（二〇一六）は、「家族支援は指導員に固有の責務というよりも、保護者・諸家族の相互支援としてなされるべきであるし、指導員はこの協働を組織し発展させることに責任を持たねばならない」と述べているが、田中の学童での取り組みはまさしく宮﨑の提起を実現した取り組みであったと考えられる。

堀江も保護者との個人面談で保護者の子育ての悩みを受け止めると同時に、学年別懇談会を開催し、保護者がお互いの悩みや子育ての知恵を交流する取り組みを展開している。やはり保護者がお互いの悩みや愚痴を安心して言い合える関係づくりが、保護者が我が子への「応答能力」を担保ないしは回復する契機にもなるだけに家族支援の重要な課題であるといえよう。

さらに堀江は、母親に実母から捨てられるなどの不幸な成育歴があり、子ども二人にも発達障害がある母子家庭の親子を学校や児童相談所などの福祉関係機関とも連携しながら支援した取り組みも報告している。この事例は幾重にも困難さが重複した親子の事例であり、学校と学童保育、そして福祉関係機関との密接な連携なしにはこの家族を支え切ることは到底不可能だったと考えられる。

ところで、堀江はこの報告の最後に次のように述べていた。

「助けを必要としている家庭の子ども、保護者が少しでも笑顔で生活できるには、何をすることが支えになるのかを考え、知ろうとする努力は忘れてはならないと思います」「保護者の話をいつでも聞くよ、という受け止める姿勢が大事だと思っています。それは昔は、近所の世話やきのおばさんの役割でした」「そんな存在が地域から消えてしまいました。だからこそ、学童保育指導員の役割は、子どものことも保護者のことも家庭丸ごと支える存在として求められているのです」「時には卒業した後も相談に来る保護者もいます。頼られたら一生のつきあいと覚悟するのよ、と若い指導員に私は言います。人と人とのつながりが薄れているからこそ、繋げる努力を惜しんではいけないのです」「福祉にかかわる仕事のプロとして、その子の家庭まるごと受け止める気持ちで関わる覚悟を持つことが求められています」「学童保育指導員が、地域を支えるキーパーソンとしての役割をもっと認められるようになってほしいです。地域の働く家庭を支えるために必要な存在として、子育てを支える専門家として、学童保育士の資格がもっと認められるべきだと思います。」

長年、学童保育の指導員として家族支援の実践を地道に展開してきた堀江だからこそ言える言葉であろう。

また、学童保育における家族支援の取り組みに視点をあてた著書としては、日本学童保育士協会「子育て・家族支援研究会」編の『いっしょに育てたらええねん――学童保育における子育て・家族支援』が挙げられる。この本のタイトルには、指導員と保護者、保護者同士がお互いの悩みを共有したり、共同で子育てをしていく関係を創造していくことこそが学童保育の最も重要な子育て支援・家族支援の役割であることが示されている。

本書では、①家事・育児をほとんどしない、指導員からはネグレクトに見えていた母親との関わり、②指導員と保護者がしっかりと協働して発達障害の子どもの豊かな育ちを支援した取り組み、③学年別茶話会などを通した、保護者同士の豊かなつながりを創造する取り組み、④発達障害の傾向があり、母親からも虐待を受け、最終的には児童養護施設に措置された子どもと保護者への関わり、⑤親からの見捨てられ体験の中で他者を信頼できず、攻撃的な言動を繰り返す男児に対する代替家族ケアと子ども集団づくりの取り組み、⑥たんぽぽティータイムなどを通した「悩みをひとりで背負うのではなく、そばにいる子育て仲間にＳＯＳを発信できる場」づくりの取り組みなど、多様な子育て支援・家族支援の実践報告が掲載されている。

ちなみに、この本の第一章で、研究者の植田は「指導員は精一杯生きる親子の生活に寄り添いながら〝まった〟なしの生活課題に向き合わざるを得ない現実とジレンマを抱えている」とし、「相談者が抱えている生活困難が何によって引き起こされているのかを明らかにするための情報収集と分析」を行うソーシャルワーク的な役割の重要性を指摘している。

また、三五年間の学童保育指導員の経験をもつ下浦忠治（二〇一八）もその著書の中で多くの家族支援に取り組んだ事例を報告している。たとえば、「たけしのケース」（下浦、三五―四〇頁）では、パートナーからのＤＶで母親が精神疾患を患って入院し、就学前は乳児院・児童養護施設に措置されていたたけしが、些細なことで激しくキレて暴れたときにも抱きしめて受け止め、たけしのアタッチメント（愛着）のニードにしっかりと応答している。さらには、たけしの居場所と出番を創造していく取り組みを進めるとともに、ＤＶの傷つきから少しずつ立ち直りつつあった母親をもしっかりと支援する取り組みを展開している。

ちなみに、下浦も「学童保育指導員は生活支援（ケアワーク＋プレイワーク＋ソーシャルワーク）という固有の役割を担う職種として認知されてしかるべき」と述べている。

このように長年、家族支援にも深く関わってきた堀江や下浦らは学童保育指導員の役割として、ソーシャルワークの役割も指導員の役割として強調しており、植田もソーシャルワークの知見に基づくアセスメントの重要性を指摘していた。確かに学童保育現場の困難事例をみるとき、ソーシャルワークの役割が必要不可欠な事例が多く存在していることは紛れもない事実であろう。しかし、多くの学童保育の置かれている困難な労働条件や不十分な研修体制の中で、そのようなソーシャルワークの役割を指導員がどこまで担い得るのか、学童保育における家族支援のあり方を検討していく必要があると考えられる。

三　学童保育の困難事例から、学童保育の家族支援の役割を考える。

近年、放課後児童クラブの数が急激に増加していくにつれて、困難な養育環境に置かれた子どももより多く学童に入所するようになってきている。ここでは研修会などで、学童保育の指導員の方から出されたいくつかの事例（ただし、一部内容を改変）を紹介し、今日の学童保育の指導員が直面している家族支援の課題について考えていきたい。

事例１　小二女児とその母親

小一の時には相当細かいことまで母親から指摘があり、市へも連絡されて大変だったようだ。アレルギーがあるためおやつを持参しているが、特別扱いされることをよしとする傾向が強く、女児自身も指導員に暴言をしばしば吐いている。しかし、お迎えがあると急に態度が変わって母親の機嫌を伺っており、ニコニコ抱きつく日もあれば、さっさと前を行く母親を半泣きになって追いかける姿を見せる日もあり、本児が母親の感情に振り回されている様子がよくわかった。学校側も母親の性格をようやく理解し、連携して保護者に対応していこうと話し合っている。

母親が自身の記入ミスやお迎えの時刻に遅れてもお詫びはないが、こちらのミスは激しく攻撃される。新しく入った私が担当のかたちで矢面に立たされていて正直つらいが、とにかく普段は笑顔で、母親にとって“good”な存在でいられるように努力しつつも、いつこちらが“bad”な存在にされるかという覚悟をいつも持って関わっている。本児はそんな私たちの様子を見て、「先生たちはがまんしているんやろう？」と言うこともあり、私たちを安心できる大人と感じてくれているのは救いである。

女児の言動をみると、感情の起伏の激しい母親との関係では過剰な気遣いを強いられており、安心感を奪われていることは明らかであろう。母親の言動からは、パーソナリティ障害の可能性も推測され、母親との信頼関係を構築していくことは容易ならざる課題である。しかし、本児が自分の思いや感情を指導員に安心して表現できる関係を築くことができつつあり、そのことは家族の中で生きづらさを抱えている本児には大きな支えとなっていると考えられる。

事例２　小一女児とその母親

本児は入学当初から感情の起伏が激しく、じゃんけんに負けただけでもひどいかんしゃくを起こしていた。二学期まではそれでも背中をなでると落ち着き、愛情を指導員に求めているのがわかり、大変だけれども甘えて可愛かった。しかし、年明けから様子が変わり、指導員にも反抗的になり、おやつ前の手洗いもせず、暴言はエスカレートし、さらに架空の話をするようになった。（例　一人っ子なのに弟や妹、赤ちゃんがいるという話をする。）

母は若くして本児を出産したが、夫のＤＶにより離婚、その後次々に相手が変わり、四月に今の夫と入籍したが、うまくいっていない。再婚した当初はよく本児のお迎えにも来られ、感じも良かったが、指導員が半年ぶりに会ったらまるで別人のようだった。

ある週の土曜保育で本児が朝から荒れていたのでじっくり話を聴くと、学童でがんばった子に出している「ピカイチ賞」をお母さんに見せてもそっけない態度で誉めてもらえない。だから、ママが嫌いと言う。お金も手間もかからない、ただ「がんばってるねぇ。えらいねぇ」と言ってあげるだけなのにと思うと切ない。だが、母親に「～してあげてください」と言うとかえって逆効果になるのでそれもできず、対応に苦慮している。

この事例では母親自身が虐待、ネグレクトのような困難な養育環境で育ち、他者との基本的な愛着・信頼関係を育めないまま早すぎる妊娠、出産、離婚に至り、その後も不安定で葛藤に満ちたパートナーとの関係を生き続けている。母親自身が親から受けた傷つきや葛藤をそのまま本児にぶつけてしまっているようにも思われる。

この母親が現在の、また、成育史の中で背負ってきた傷つきや葛藤を誰が受け止めていけるのだろうか。困難な課題ではあるが、それなしにはこの母親がわが子への応答能力を取り戻すことはできないのではないか。しかし、学童保育ができることは、本児の荒れの背後にある傷つきや悲しみの感情をしっかりと聴き取ることであり、それが本児の心に安心感を届けていくことになると考えられる。

事例３　小二男児と父、義母、妹、義弟

両親が離婚して小二の男児と妹は父親に引き取られ、義母には三歳の連れ子がいる。本児は宿題をきちんと終わらせないと夕食を食べさせてもらえない。宿題をしているあいだに家族四人は夕食を食べ終わっている。宿題が終わると義母がチェックし、汚いとやり直しをさせられる。やっと宿題が終わると一人で夕食。夕食を食べているときには四人は入浴しており、また一人遅れてお風呂に入る。寂しさゆえに「ぼく死にたい」と言う。

雨がひどくてお父さんが迎えに来てくれた次の日、私に、「お母さんはおやつをくれないが、お父さんの車の中にはおやつがいっぱい。コーラとチョコレートを食べた。おいしかった」と話してくれた。

二学期のある土曜日、学童の帰りに通学路のコンビニでお菓子を万引きし、コンビニから少し離れたところで食べていたことが発覚した。この事件の後、それまでは自分で歩いて帰っていたのが保護者のお迎えに変わったが、「誰が迎えに来たの?」の問いに「お母さんだよ」と答えると本児の顔の表情が曇る。義母とは一緒に帰らず、離れて帰っている。無表情。本児にどんなふうに接していったらいいのかと悩んでいる。

本児にとって今の家族の状況がどれほどつらいものか、想像に余りあるが、学童保育の指導員がこの家族状況を変える働きかけを行うことは非常に困難であろう。ただし、学校や福祉関係機関が現在の本児の置かれたつらい家族状況への理解を共有し、その支援の課題と役割分担を考えていくことは必要な取り組みであると考えられる。

もちろん、学童保育の指導員に何よりも求められる役割は、本児の抱える生きづらさや傷つきを等身大に聴きとり、「自分の思いをわかってくれる他者がいる」という他者と世界への信頼感を育んでいくこと、そして、少なくとも学童保育の中では指導員や仲間とのつながりの中で自分の確かな居場所が感じられるように援助していくことであろう。

事例４　小四男児と母親、母子家庭

両親が離婚する時には激しい喧嘩があり、包丁などが持ち出されることもあったと本児は話していた。母親は本児が小二の時にうつ病と診断され、入退院を繰り返し、経済的にも不安定な状況にあった。また、気分が良い時と悪い時の差が激しく、気分がいいとニコニコとお話されるが、悪い時には一言も話さず、お迎えの車から降りることなく帰っていかれることもある。また、本児の言動が自分の気持ちに添わないと、他児や指導員がいるにもかかわらず、人が変わったように我が子に暴力をふるい、暴言を吐くので場の雰囲気が凍りついてしまうこともあった。

本児は自分の気に入らないことがあると暴力や暴言、物を壊したり、投げたりするため、指導員も対応に苦慮し、本児を力でおさえつけるしかないことも何度もあった。

小三の一学期から一年間近く、本児は不登校になり、学童保育だけには来れるという日々が続いた。しかし、本児自身の成長もあり、小四になると精神的にとても落ち着き、学校にも毎日通ってきている。

現在でも本児は母親の顔色をうかがい、帰る時間やお迎えのときはとても神経質になっている。しかし、それでも学童で暴れることはなく、自分の気持ちをコントロールできるようになっており、随分と変わってきた。母親も本児が学校や学童に行ってくれることで精神的な負担が減り、また、生活保護も受給したことで落ち着いてきている。時々、母親の声が沈んでいたり、ふらふらと足取りもおぼつかずにお迎えに来ることもあるが、それにも左右されず、本児が毎日学校に通い、学童に来れるようになったことが何よりも嬉しい。

この事例の場合、精神的に極めて不安定な母親は本児の感情やニーズに対する「応答能力」をまったく持てない状況にある。それだけに、学童保育の指導員が本児の思いをしっかりと受け止め、学童が「代替家族ケア」の場として機能したからこそ、「学校に来れなくても学童には来れる」ようになり、やがて学童を拠点として再登校できるようになったという点で、指導員が果たした役割は極めて大きかったと考えられる。

母親はうつ病と診断されているが、自閉スペクトラム症の方か、深刻な解離性障害を抱えた方であると推測され、そのことが著しい感情制御の困難さにつながっていたように思われる。したがって、母親への支援そのものは重要であるが、母親が本児への応答能力を取り戻していくことは著しく困難であると言わざるを得ない。それだけに、学童保育の中で本児の感情やニーズにしっかりと応答し、「代替家族ケア」の取り組みを継続していくことが、本児の自立を支援していく上では極めて重要になってくる事例であると考えられる。

事例5　小一男児と母、内縁の男性

母親と年下の男性、男児の三人で住んでいる。男児の首のところにうっ血した後があるのを指導員が見つけて男児に聞いたところ、「お兄ちゃんにやられた」と言う。お兄ちゃんとは同居男性のこと。お迎えに来た母親に首のうっ血のことを尋ね、本児の「お兄ちゃんが…」というのを伝えると、「あー、知りませんでした」ととぼけた。

学童では普段は寝ないが、ある日宿題をしたあと、「眠たい」と横になって寝ていた。熱を測って様子を見、母親にそのことを告げると、「朝学校に行く前に頭を打ったからそのせいかも」と言われたので、急いで脳外科に連れて行ってもらった。

学校では友達に嘘を言ったり、物を隠したり、トラブルが常にある。学童に来ても宿題のドリル、プリントをわざと忘れたふりをして学校に取りに行き、指導員に注意されたがっている。母親にかまってもらいたいのに、母親が仕事や男性に忙しく、本児はかまってもらえないので、指導員の注意を引こうとしているのだろう。

土曜日は朝遅くに男性と二人で車で送って来るが、食事も食べさせずに連れてくる。三月末に結婚式を挙げる予定のようだが、男児と男性との関係も心配だ。

この事例は虐待の可能性が強く疑われ、学童保育だけで抱え込んでいくことは危険な事例であるが、学校や関係機関との連携がなされていなかった。この事例は、学校とも情報を共有し、ＳＳＷなどにも支援を求め、必要と判断す

れば、要保護児童対策地域協議会を開催して関係者が集まり、その対応や関係機関の役割分担を協議していく必要があった事例ではないか。

また、学童保育の役割としては、本児が本当に苦しいとき、辛いときに安心してヘルプが出せるだけの信頼関係を醸成するとともに、気になるエピソードについてはきっちりと記録を取り、疑いがあれば関係機関に通告するなどの対応も求められてくると考えられる。

事例６　小一女児とその母親

入所時よりおもらしがあり、身体も小さい。最初のうちは下着がしめる程度のおもらしを一日に三回くらいはしていた。おもらししても自分からは訴えられず、表情や態度、臭いで指導員が気づいて着替えを行っていた。トイレの声かけは一時間おきに行っているが、本人は、「おしっこが出たのがわからん」「したいかどうかもわからん」と言っている。

今までに期間をあけて三回、母親に話をし、一度病院で見てもらうようにお願いした。毎回、母親からは、「どこの病院へ連れて行けばよいのですか？」と尋ねられるので、その度に「まずは小児科で相談されてはいかがですか？」と伝えている。

時には大便をもらしていることもある。処理中に女児の体を見ると、陰部は赤くやけどのようにただれていることが多く、痛くて座ることが出来ないほどひどい時もあった。

しかし、母親に伝えても、「薬を塗るのを嫌がる本人が悪いのですよ」と返ってくる。日に日に女児のおもらしの量が増えているが、いまだに病院には連れていかれず、かぶれもそのまま。おむつにかえようかと母が思っているのを何とか止めている状態である。

身の回りの世話もあまりしてもらっておらず、歯は虫歯だらけで服、持ち物も不衛生である。祖母がモンスターペアレントと地域でも有名である。母親に女児のおかれている状況をもっと知ってもらうには、どう対応すべきなのだろうか。

この事例は、「母親に女児の置かれている状況を知ってもらう」という発想では解決は不可能であり、「我が子をこのような苦しい状況に追いやることで母親は何を訴えているのだろうか」と考える必要があったのではないだろうか。この事例はネグレクト、メディカルネグレクトの事例である。この母親は本児をひどい状態のまま放置することを通して、自分の生きづらさや内的葛藤を表現し、周囲への「ヘルプ」を出していたのではないだろうか。

ちなみに、わが子を虐待する保護者の中に、「代理ミュンヒハウゼン症候群」と診断される事例があるが、本児の母親にもその可能性が推測される。代理ミュンヒハウゼン症候群とは、子どもを故意に病気にしたり、ケガをさせたりして「病的な状態」を作り出し、不必要な医療を受けさせることを通じて、自分自身がかまってもらうことを求めてしまう保護者の病理である。この事例でも、我が子をわざと困難な状況にすることで周囲の注目を引き、自分がかまってもらうことを求めてしまっていたのではないだろうか。

いずれにしても、この事例は学童保育で抱えていける問題の水準ははるかに超えており、学校とも連携しつつ虐待通告を行うこと、そして、関係諸機関の連携の中で子どもと家族への支援・介入、場合によっては児童相談所への一時保護や里親などの代替家族ケアの検討も必要な事例であったと考えられる。

四　事例検討から浮かびあがってくる学童保育での家族支援の課題

１　保護者が「応答能力」を回復できるように支援することの困難さ

学童保育の子育て支援の最大の課題は、保護者が第一次的な養育責任を果たせるように援助していくことであり、保護者自身が我が子の感情やニーズに応答できる力を維持、回復していけるように支援していくことであることは最初に述べた。しかし、ここにあげた六事例について言えば、保護者・家族の抱えている問題が重く、保護者が「応答能力」を取り戻せるように支援することは著しく困難な事例が多くみられた。（事例１、２、４、６）

また、再婚相手や内縁関係の相手からの心理的・身体的な虐待が疑われるが、虐待の事実が明確ではないため、介入が著しく困難な事例も見られた。（事例３、５）

しかし、事例１～４に関しては、程度の差はあれど、指導員は困難な養育環境に置かれている子どもの傷つきや生きづらさを聴き取り、受け止めることができている。その意味では、保護者が子どもの感情やニーズを敏感に読み取り、応答できない困難事例の場合であっても、学童保育の指導員が「代替家族ケア」の役割を果たすことがある程度はできていたと考えられる。このように、保護者への支援よりも子どもへのケアの方が現実に学童保育でやれる取り組みである場合は少なくないと考えられる。

２　学校や社会福祉関係諸機関との協働やネットワーク形成の課題

児童虐待をはじめとする困難な養育環境にある子どもの場合、学校の姿と学童での姿が大きく異なる場合がしばしばあり、学童保育では子どもが自らの傷つきや葛藤を激しい問題行動のかたちで表出してくることも少なくないことは多くの実践事例からも示されている。しかし、このことが適切に理解されないと、学校から学童保育の指導員に対して「子どもを甘やかしている」という批判になったり、学校との連携の困難さにつながることもしばしばあるだけに、子どもがそれぞれの実践場面で見せる姿の違いとその意味するものを学校や関係機関と共有していくことが重要な実践課題となっている。

ところで、宮﨑（二〇一六）は、「家族支援の課題を共有する他の諸組織・諸機関との協働やネットワーク形成が不可欠」であり、「相談・情報共有にとどまらず協働で実践を展開できるつながりを地域的に構築すること」の重要性を指摘している。（宮﨑、一〇頁）

被虐待児などの「特に配慮を必要とする子ども」の問題については、「放課後児童クラブ認定資格研修」などでも、学校、市町村の児童家庭課、児童相談所などとの連携が課題として出されている。しかし、事例５、６のように、関係機関との適切な連携が行われないまま、子どもが虐待的な養育環境に置かれ続けている事例も少なくないのが現実であろう。

それだけに学童保育の指導員が「最も身近なところで家族を見ている支援者」として、困難な状況に置かれている家族を学校や福祉関係機関につなぎ、関係諸機関との連携の中で家族を支援していくネットワークづくりを進めていくことも今日の重要な実践課題になっている。

おわりに

以上、学童保育における家族支援の取り組みについて、いくつかの文献と事例を通して考察してきた。

宮﨑は、「個別家族への支援もさることながら、むしろ家族の基盤となる新たな依存関係を地域において再建する一翼を担うという視点から、学童保育における家族支援論は構成されるべきであろう」と述べている。宮﨑の指摘する「家族の基盤となる新たな依存関係を地域において再建する」という課題は極めて重要であり、かつ、極めて実現が困難な課題でもあるが、学童保育における家族支援の問題を考える際には常に視野に置いておかなければならない課題であると考えられる。

このような家族支援の最終的な課題を展望しつつ、今後、さらに多くの実践事例を分析し、学童保育における家族支援のあり方を検討していきたい。

引用文献

堀江恵理子（二〇一五）「学童保育における家族支援を考える」日本学童保育学会編『学童保育』第六巻。

河野伸枝（二〇〇九）『わたしは学童保育指導員』高文研。

日本学童保育士協会学童保育における子育て・家族支援研究会編（二〇一六）『いっしょに育てたらええねん――学童保育における子育て・家族支援』日本機関紙出版センター。

宮﨑隆志（二〇一六）「学童保育における家族支援の課題」日本学童保育学会編『学童保育』第六巻。

下浦忠治（二〇一八）『どの子も笑顔で居られるために――学童保育と家族支援』高文研。

田中敬子（二〇一五）「学童保育における子育て・家族支援について」日本学童保育学会編『学童保育』第六巻。

第四章　学童保育における施設づくり・環境をめぐる諸課題

小伊藤亜希子

はじめに

学童保育の量的な整備は急速に進んできたものの、その施設・環境の質の改善は遅々として進んでいない。建築家たちが競って素敵な保育園舎を設計して実践を積み重ねてきたのに比べ、学童保育施設は、空教室や民家の転用、プレハブ園舎が中心で、建築家が腕を振るう機会はほとんどなかったと言える。民家の転用でトイレが一つしかなく待ちきれない子が近所のトイレを借りることがある事例、エアコンが効かず夏は蒸し風呂状態という事例もある。耐震基準を満たさない老朽化した民家で実施されていることも少なくなく、近年の地震や台風では大きな被害を受け移転を余儀なくされたところもあった。学童保育は、今や日本中の多くの子どもたちが毎日の放課後を過ごす場となっている。学童保育施設環境の質確保は、公的責任で早急に改善することが強く求められる。

一方、公的支援が欠如するなか、現場では、職員や保護者が子どもの生活環境を改善する試みを手作りで続けてきた。一九九〇年代以降になると学童保育施設計画に関わる研究も少しずつ取り組まれるようになり、課題も見えてきた。また、立派で大規模な公共施設の代わりに、民家などの小規模な既存建築を活用することでかえって家庭に近い環境だったり、地域に見守られながら子どもが育つ関係がつくれていたりすることは、これからの学童保育の施設環境を考える上で重要である。

本稿では、こうした学童保育施設環境の改善の経過をたどりながら、日本の学童保育実践に対応する施設空間のあり方と課題の抽出を試みる。

一　施設基準設定の試みと一人当たりの面積基準

保育園には戦後まもなくから、設備や広さの最低基準があったのに対し、学童保育には、一九九八年に児童福祉法に位置付けられた後もしばらくは基準となるものがなかった。二〇〇七年の厚生労働省による放課後児童クラブガイドライン（以下、ガイドライン）ではじめて施設基準が提示され、専用区画の面積一人当たり一・六五㎡以上という数字が出された。[1]続いて二〇一四年の厚生労働省令「放課後児童健全育成事業の設備及び運営に関する基準」（以下、厚労省基準）で、ようやくこの数字が最低基準となった。では一人当たり一・六五㎡というのは、どのような広さだろうか。この数字は、半坪、概ね畳一畳分に相当する。ちなみに、終戦直後から据え置かれ低すぎると批判されている保育園の最低基準では、〇～一歳の保育室が一人当たり一・六五㎡であるが、加えてはいはいするための空間：ほふく室三・三㎡が課されている。二歳以上は一人一・九八㎡である。つまり学童保育の一・六五㎡は、保育園の二歳児より狭く、まだはいはいしない赤ちゃんを寝かせる程度の広さと同じということである。

全国学童保育連絡協議会は、国の動きに先立ち、二〇〇三年「私たちが求める学童保育の設置・運営基準」（以下、私たちが求める基準）を公表した。子どもたちの毎日の生活が安定的に保障されるための具体的な基準を提起した画期的な提言で、のちに作成されるガイドライン・厚労省運営基準に大きな影響を与えたに違いない。この提言の一人当たり面積は、生活室一・九八㎡とプレイルーム一・九八㎡を合わせて三・九六㎡であり、別途定められた静養室を除いても、厚労省基準の二・四倍である。

学童保育所に必要な面積基準を検討する研究は、日本建築学会を中心とする建築計画分野でも取り組まれてきた。法制化直前の時点で、三矢（三矢：一九九七）は名古屋市の民家型学童を対象に、一人当たり面積と室分化の関係を分析し、静的プレイルーム、動的プレイルーム、高学年室が分離し室構成の要素を大方整えられているのは、実効床面積（倉庫・物置を除く）二・五㎡以上／人という数字を割り出している。また山田らは、ガイドライン提示後に、適正面積を検討する研究を重ねるなか（中川：二〇一五他）、スタッフの印象評価や意識から、遊びが多様になる条件としての目安となる面積を算出し、施設形態や規模によって幅があるものの、最も小さい小学校併設でも一人当たり二・五㎡以上が最低基準であるとしている。前者は機能分離が可能であるための、後者は多様な遊びが展開されるための面積を算出した結果、少なくとも現行基準の一人一・六五㎡を引き上げる必要性が示された。

二　機能分離と室構成

小学校の空き教室やプレハブ園舎を中心に、学童保育として一室空間が与えられるケースも少なくないなか、次に浮かび上がってきたのは、機能分離の課題である。

宮本らは（宮本：二〇〇七）、施設の平面構成を保育室数と領域数で分類し、活動機能との関係を分析した。一室の場合、家具等で二領域に分けたとしても動的遊びが制限される等の結果から、多様な活動を保障するには少なくとも二室二領域が必要であること、さらに二室三領域になると、動的遊びが明確に分化し、造形的遊び・学習が行われる領域に加えて、読書や静的遊びも分化することが明らかにされた。

また山崎らは（山崎：二〇一二）、児童館内施設と小学校内施設を対象にした調査から、動的空間と静的空間が設定されていても、実際には混在空間になっていることが多いことを指摘した。静的遊びが廊下や玄関、動的空間である遊戯室の一角や、小学校の運動場の端部にもあふれ出し、また学校の運動場や体育館が使えない時間帯には動的遊びが静的空間に入り込み、いずれも半数以上が混在空間となっていた。混在空間では、時には危険を伴う行為のぶつかり合いが発生することから、人数に応じた十分な広さの動的空間と静的空間を明確に分離して確保する必要があるとした。一方で、両行為空間をしっかり確保した上で、時間帯によって転用可能な「混在空間」があることは、子どもの行為の幅が広がる可能性があることも指摘している。

もう一つ具体的な間取り構成についての興味深い研究は、中園らが、「つばめの家」という農家の納屋を改修した学童保育で行動観察を行った一連の調査の結果である（中園：二〇一四、二〇二〇等）。この学童保育は、多目的室とプレイルームの連続した二室と、さらに三畳の畳コーナーを備えており、著者らが二室三領域型と呼ぶ空間構成を持っている。プレイルームで動的遊び、多目的室で学習や静的遊び、加えて畳コーナーがブロックなどの場の限定が必要な遊び空間として使われることで、機能分離に対応していることが観察されている。特に終日保育の場となる長期休暇中には、体験活動・自由遊び・勉強・昼食・おやつ・掃除と場面転換が何度も起こる。指導員が机の片付けや、次のプログラムのセッティングをする時に各領域が逃げ場をつくり場面転換に対応していたのがこの二室三領域の空間構成であった。しかしその後、この学童保育の入所児童数が定員を超えて増加し、一定数を超えると、せっかくの二室三領域の特性がうまく機能しなくなり、活動が混在したり、活動テーマそのものが制限される事態に陥ることも報告されている。

これらの研究から、動的遊びと静的遊びの十分な分離ができる二つの専用室の確保は最低限必要であり、さらに余裕空間である第三、第四の領域を保障することで、子どもの遊びの自由性と多様性が確保でき、場面転換時にも有効であることが明らかになった。

三　子ども集団規模

放課後の居場所を必要とする子どもが増加すると、明確な定員がない学童保育では目の前のニーズに対応する形で受け入れる子どもの数が増えてゆき、大規模化した。一〇〇人やそれ以上の学童保育が出てくる状況のなか、先出の私たちの求める基準（二〇〇三）では、一学童保育の規模の上限四〇人までを提言した。同じ時期、こども未来財団が放課後児童クラブの適正規模についての調査研究結果を公表し（こども未来財団：二〇〇三）、指導員、及び保護者・子どもの意識から適正規模を導き、三〇人という数字を提示した。その後、二〇〇七年のガイドラインでは、おおむね四〇人程度までとすることが望ましく最大七〇人までとされ、厚労省基準にも引き継がれた。しかし大規模化は未だに解消していない。

適正規模を維持するためには、子ども数の増加に応じて学童保育を分割する必要が生じる。二〇〇六年、筆者の研究室では、先駆的に分割を行った名古屋市ほかの学童保育を対象に、分割方法とその効果に関する調査を行った（塚田・小伊藤：二〇〇八）。名古屋市は「低学年が四〇名以上」という分割基準を一九九九年に策定しており、分割実績があった。一口に分割といっても、施設空間と保育方法の関係から三つのタイプが存在し、①敷地内合同保育型は、園舎は二つ作っても、機能分離のために利用し、子ども集団は分割しない。それに対して、②敷地内分離保育型と③完全分離型は、園舎とともに子ども集団と担当指導員も分離して日々の保育を行いつつ、大人数での遊びや行事は合同で取り組む等のメリットを生かせていた。分離の効果に関する指導員のアンケートの結果、敷地内分離保育型と完全分離型では、空間、保育、子どもの生活、運営に至るまで、大きく改善していることが分かった。具体的なコメントをあげると、「一人一人の姿がよくみえてくるようになった」「保護者に子どもの様子を伝えることが増えた」といった指導員と子ども、保護者の関係の変化、「大声を出さなくてよくなりじっくり遊べるようになった」「気持ちを出せなかった子が自分を表現しはじめた」「低学年が高学年に甘える関係が増えた」といった子どもたちの変化の様子が語られている。一方で、敷地内合同保育型では、空間の機能分離ができたこと以外は、大規模化の弊害はほぼ解消していなかった。この調査からは、適正規模を保障するためには、子ども集団とともに、集団ごとの生活空間を明確に分離する必要があることが明らかになった。

続いて、集団規模と平面室構成の関係を捉えるため、京都市の学童保育を対象とした調査を行った（塚田・小伊藤：二〇一三）。京都市の学童保育施設は一九七八年に児童館に一元化されたことから、生活室、遊戯室、図書室が整備された児童館併設施設が多い。この調査では、集団規模が適正規模（四〇人以下）、許容規模（四一～七〇人）、大規模（七一人以上）ごとに、空間の使い方と子どもの遊びを分析した。適正規模（四〇人以下）の学童保育では、部屋ごとに機能を明確に分けずとも、子どもたちは好きな場所でやりたい遊びを展開し、指導員は少し離れた場所からゆったりと見守ることができていた。許容規模（四一～七〇人）の学童保育では、部屋ごとに機能を分離し、「生活室では走らない」などの禁止事項を決めることで、遊びの混在・干渉を緩和し、子どもたちが遊びに集中できる環境を維持していた。一方大規模（七一人以上）になると、部屋によって機能を分ける努力をするも分けきれずに行為の混在が発生する。遊戯室でブロック基地づくりをする子に「危ないから隅っこでやって」、生活室で追いかけっこをする子に「うるさい！」と注意するなど、指導員が子どもの遊ぶ場所や行動を規制する場面が多々みられ、遊びの一時中断が起こっていた。また遊戯室の遊びの種類が時間帯ごとに指導員によって決められることもあり、子どもの自由な遊びが制限されることにつながっていた。これらの調査から、適切な室構成は、子ども集団を適正規模にすることで初めて機能することが確認された。

四　小学校の余裕教室利用の課題

学童保育は、児童福祉法に位置付けられるずっと以前から、保護者らの運動と必要性に迫られて、自治体ごとに整備されてきた経緯がある。そのため、学童保育の設置場所や形態も、自治体によって様々であり、施設タイプごとに異なる空間課題をかかえている。余裕教室を含めて学校敷地内に設置されるものが量と比率ともに増加しており二〇一九年では五五・八％と半数を超えているものの、児童館内、公民館などの公的な施設内、市立保育園等の法人施設内のほか、空き家等の民家・アパートを借用しているものまで多様である。ここでは、近年増加している学校内の余裕教室型と、最も課題の大きい民家型をとりあげ、空間課題を検討する。

急増する学童保育需要に対応するため、国は学校施設の活用を方針としてきた。二〇一八年の「新・放課後子ども総合プラン」でも、「学校施設を徹底的に活用することとし、新たに開設する放課後児童クラブの約八〇％を小学校内で実施することを目指す」としている。これまでみてきたように、学童保育には、広いプレイルームと生活室、少人数でほっこり過ごせる小さな空間が必要で、指導員の目の届く中にこれらの空間が連続的に配置され、子どもたちが自由に移動して自分の居場所をみつけられることが求められる。また学童保育は、遊びだけでなく、食べたり休んだり、掃除をしたりする生活の場であり、そのための設備が必要である。しかし、教室は区切られた時間割で学習するための空間であり、大きさや配置が固定的であり、廊下にそってばらばらに配置されているのが一般的である。キッチン設備がなかったり、トイレや手洗い場も教室の外にあることが多い。

余裕教室利用のもう一つの課題は、戸外スペースとの関係である。学校の休み時間や体育の時間とは異なり、放課後の時間には、子どもたちは室内と戸外空間を自由に行き来して遊ぶ。ところが、学童保育に与えられた余裕教室は校庭と離れていることも少なくなく、指導員の手が足りなければ、外遊びの時間を制限しなくてはならないことが起

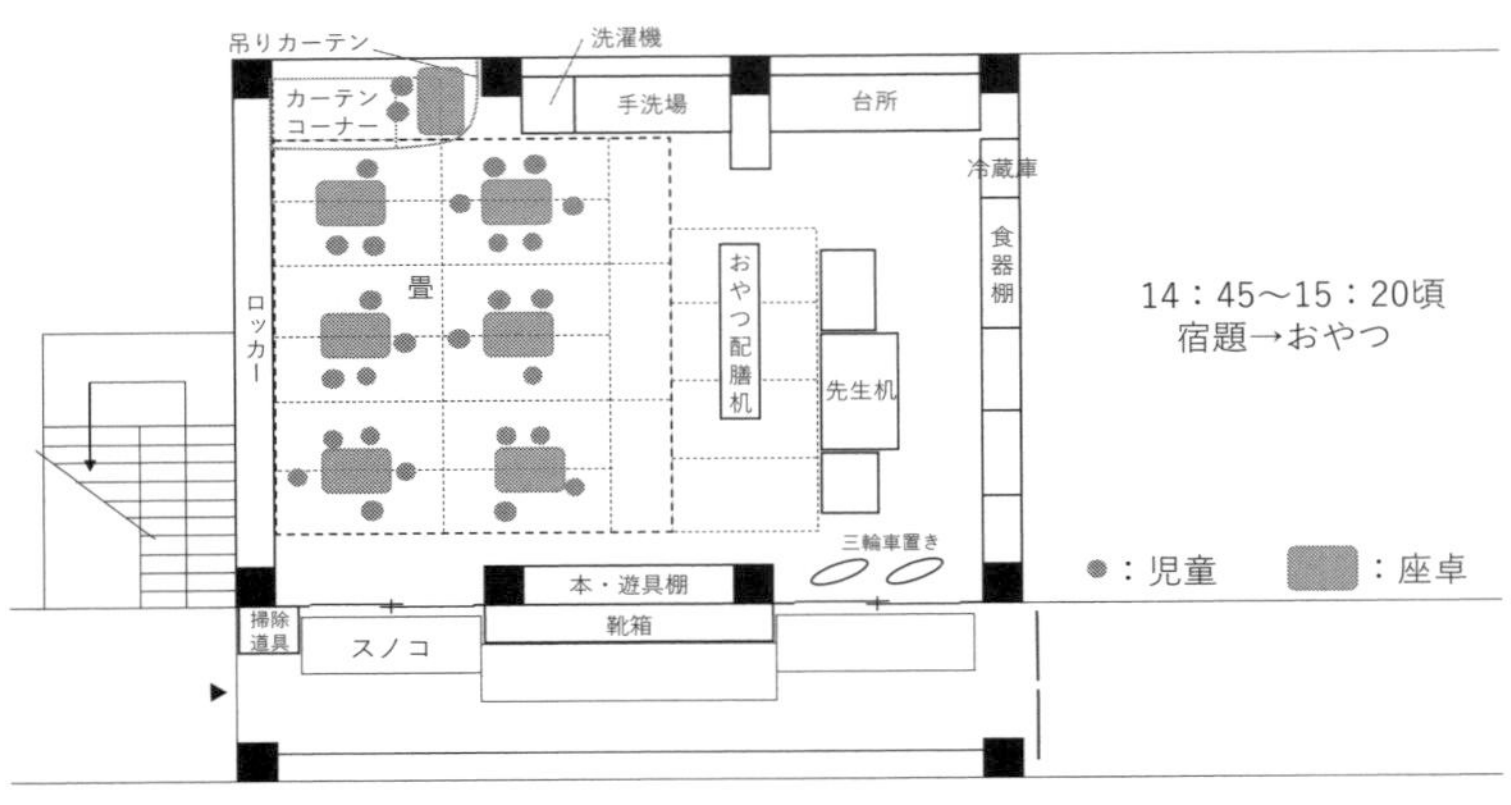

図１　教室を利用した吹田市Ｂ育成室　出典：石伊（2017）

こる。学童保育に使う教室は、優先的に校庭が見守れる位置に確保したいところである。また専用空間ではない校庭では、例えばタイヤを並べる、ロープを張るなど固有の遊具や作りかけのモノを置いたりはできない。

このように多くの制約がある余裕教室を学童保育に転用するには、それなりに手を加え、空間のしつらえを整える必要がある。大阪府吹田市は全国の少子化の流れとは裏腹に子ども数が急増している地域である。学童保育（育成室）の多くが小学校内で行われている。図１は、小学校空き教室を利用した公立公営のＢ育成室の、宿題〜おやつ時の使われ方である。調査時（二〇一七年）のＢ育成室の登録児童数は八〇人で、一階から三階まで三教室の三クラス編成となっており、図は一階クラスの間取りである。トイレは離れているものの、育成室の中にキッチン設備と子どものサイズに合わせた手洗い場が設置されており、子どもたちはキッチンでおやつのお皿を洗い、手洗い場で雑巾をしぼり毎日自分達で掃除をする。約八×七ｍのワンルームの教室の半分には畳を敷くことで、ユカ座で子どもたちがくつろげる環境をつくるとともに、空間の切り替えをしている。宿題が終わると机を適宜移動し、静動活動の分離が行われる。運動場は育成室の目の前にあり室内からも見守ることができるので、子どもたちは概ね自由に外で遊ぶことができていた。そして特徴的だったのが、教室の隅に作られたカーテンコーナーである。もとは発達障害のある子どものクールダウン等を意識して、途中で取り付けられたものだったが、多くの子どもに人気の場所となり、将棋をしたり、机を持ち込んでここで宿題をする子もいるという。ワンルームの教室利用であっても少し手を加えることで環境改善の工夫をした例と言える。ただし室内の静動空間分離は十分とは言えず、雨の日の動的遊び空間の不足、外階段で移動するクラス間の交流がしにくい、トイレが離れているといった課題は残る。

五　民家を利用した学童保育の可能性

民家やビル、アパートの一室等を利用して学童保育を実施するタイプは、運営主体が父母会である場合に多い。全国の学童保育に占める比率としては減少し二〇一九年では六・九％となっているが、それでも絶対数は増加傾向にあり二〇〇〇箇所以上ある。

筆者らが最初に大阪市の学童保育調査を行ったのは、ガイドライン前の二〇〇二年であった（塚田・小伊藤：二〇〇四）。大阪市では特に戦前長屋など古い物件を使っている事例が多く、老朽化や設備不足、狭小過密、避難口の確保ができていない等の空間的な問題が深刻であった。加えて近隣への音や振動を気にして子どもの行動を制限せざるを得ないこと、そして半数の学童保育に移転経験があり、二回三回と移転を繰り返しているところが少なくなかった。その理由として最も多かったのが、家主から立ち退きを要求されたことで、老朽化や狭さがそれに続く。近隣からの苦情が理由になっているケースもあった。このように、民家型では、施設空間そのものの課題だけでなく、安定して施設を使うことへの障害が立ちはだかっている。さらに移転するためには、新しく場所を見つけなくてはならない。必要な広さ、台所設備があること、小学校から子どもが歩ける範囲で近くに公園もあること、家主や近隣の理解が

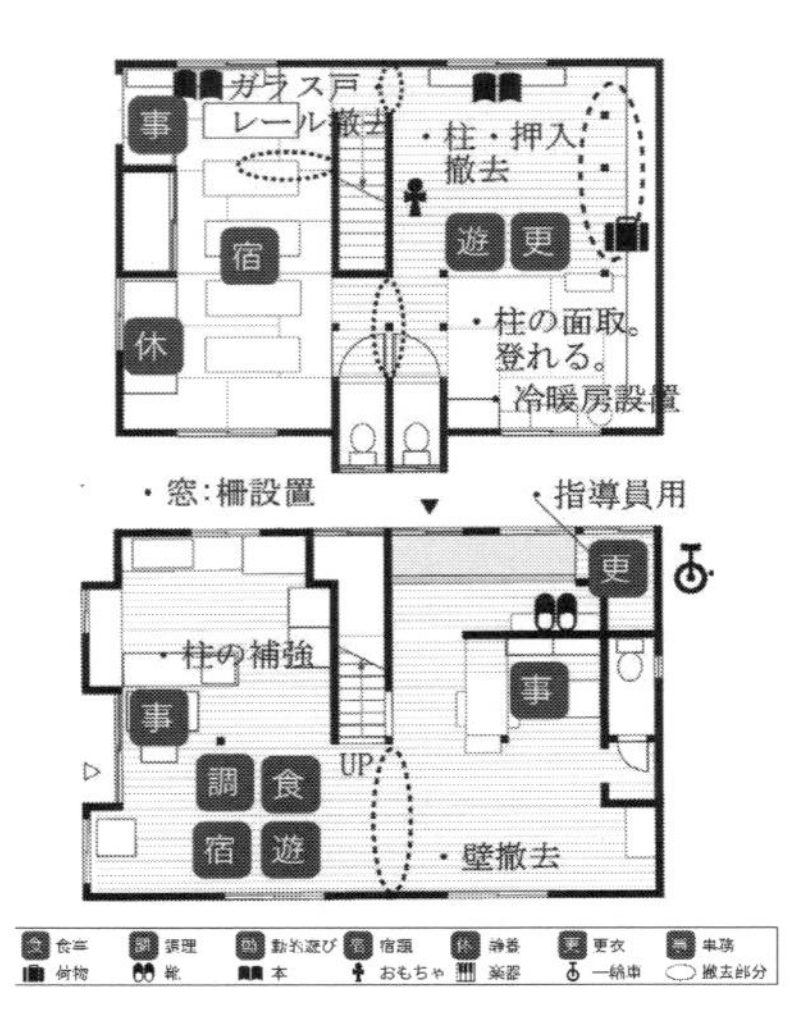

図２　大阪市Ｄ学童保育　２軒長屋を改修

得られること、継続して使用できる見通しがあること、これらの条件をクリアする物件を、限られた予算内で探すのは困難を極める。二〇一五年に、二〇〇二年以降に新設または移転した大阪市内の学童保育所を対象として、移転に伴う民家等の活用プロセスと施設整備の実態についての調査を行った（塚田・小伊藤：二〇一八）。活用されていた物件は、一年以上空き家だったものが半数以上で、家賃は五万円〜一〇万円未満が中心、戸建てや長屋の木造民家が多く鉄筋コンクリートのビルタイプも一部含まれる。いずれにせよ、限られた予算内で見つかった必要な条件を満たす物件は「老朽空き家」であった。こうした古い物件を使うためには一定の改修が必要である。畳の交換、壁紙の張り替え、洋式トイレや冷暖房設備の設置など、必要最低限の改修は行っているものの、資金不足から十分な改修ができていない事例も多く、耐震補強を行った事例は皆無であった。

しかし、改修費を保障し、きちんとした改修を行えば、古い物件であっても民家のよさを生かした学童保育施設づくりは可能である。指導員や父母らの工夫と努力で間取りの変更を含めた改修が行われていた事例もみられた。民家は小部屋が連続している間取りが多いことから、建具を外す等の簡易な作業で広く見通しのよい空間を確保しつつ、元の部屋の区切りを頼りに、家具配置や床材の切り替えによって一定のゾーニングを行い、うまく使いこなすことが可能である。一方、上下階に部屋が完全に分離されている二階建ての場合、指導員の目が行き届かない二階は使われなくなり、物置や事務スペースになっている事例もみられ、小学校の分離した教室と同じ問題が起こっていた。二軒長屋を改修したD学童保育は（図2）、二階建てであっても階段を生活室内に付け替えいわゆるリビング階段にすることで、空間を連続させつつ上下で静動の機能分離をし、全空間が有効に使われている。積層タイプの場合は、階段位置の変更や吹き抜けにより上下階の気配が伝わるようにすることで有効な空間利用が可能になる。

大規模な改修まで至らなくても、現場の指導員と、子どもたちも参加したＤＩＹで改修した事例もある。図3は、名古屋市が建てたワンルームプレハブの園舎に、指導員たちが手作りで付加した多様な居場所の例である。室内と戸外の中間領域をつくる縁側を取り付け（写真A）、室内には静養室を兼ねた小さなロフトとその下には定員二人の小さなこもれる空間をつくった。カーテンを取り付け、ただいま使用中の札が下がっている（写真B）。また可愛いけれどもうるさい低学年の子と離れたい時もあるとのことで、家具とカーテンで仕切った高学年専用空間もつくった（写真C）。いずれも指導員が日々の保育のなかで必要と感じた子どもたちの居場所である。

A：縁側

B：指導員の手作り、定員２人の空間
“ただいましようちゅう”の札

C：高学年専用スペース

図３　ワンルームのプレハブ園舎に指導員が付加した空間（名古屋市）

生活スケールのほっとできるしつらえ、連続した小さな部屋があったり少し分離した部屋があったり、廊下や縁側があったりと多様な居場所がつくりやすいこと、民家の持つ心地よさは、子どもたちが家庭に代わる放課後を過ごす場として、空き教室や大規模な施設では得られないものである。

六　障害児が居場所をみつけられること

二〇一二年に放課後等デイサービス事業が開始され、障害児の放課後の居場所の選択肢は拡大したが、一般の放課後施設を利用する障害児も多く、健常児を含む子どもたちとの交流の中で過ごせる環境を整備することが求められる。二〇一七年に大阪市のいきいきと民間学童保育所を対象に、障害児と健常児の交流が生まれることに着目して施設環境条件に関する調査を行った（田村・小伊藤：二〇一九）。両施設ともに発達障がい児の割合が高く、多くの障害児が他児童との友好な交流を持つことに困難を抱えていることが観察された。いきいきでは、遊びの輪に加わるのが難しい障害児は、指導員との交流が中心になる傾向があったが、健常児と同じ空間に居合わせることで、興味を持って眺める、聞くといった行為が観察され、双方向の「成立した交流」に発展する可能性が認められた。学童保育では他児童との「成立した交流」が多く行われていたが、それらが遊びだけでなく、おやつ・掃除といった生活行為や、共通の目標をもった継続的取り組みを少人数の班活動で行う中で発生していることが分かった。また健常児との交流が生まれやすい空間条件として、①戸外空間を含めた居場所の選択肢が複数あること、②遊びの輪が変化しやすい広がりのある空間、③他児童の存在が感じとれる小規模な空間、④少人数または一人になれる空間の必要性を指摘した。複数の小部屋がある民家等を活用した学童保育では、特に①③④の条件が得やすく、②についても部屋を連続させて利用することで一定達成できていたが、戸外空間は地域の公園等を利用するため、近くにあることが必須になる。空き教室を利用したいきいきでは、①は複数教室を利用している場合は運用によって一定達成できていたが、障害児が広い教室のなかで、ロッカーの隙間や机の下を居場所にしている姿が観察され、③④には課題があった。学童保育の生活を保障する多様な空間づくりは、多様な子どもの居場所保障と重なる。

七　地域の中で育つ環境

そして民家の何よりの魅力は地域の中で子どもたちが育つことである。天気のよい日には、表の道でも遊ぶし、園庭がないので近くの公園に出かけることも多い。近所の商店街におやつを買いに行ったり、夏休みには銭湯に出かけることもある。ボールがお隣の家に飛んでいくこともあるかもしれないが、謝ってボールを返してもらう経験もあってよい。「高学年の子はヤモリの家をつくるために、指導員に行き先と戻る時間を伝えて子どもだけで団地の裏手へ草を探しに行く。」「近所に住むクラスの友だちが「遊ぼう」と誘いに来たり、お隣に住む幼児と前でいっしょに遊んだりしています。」「自転車整理のおじさんに「今日はどこいくんやー」って訊かれたら、子ども達に答えさせていきます。地域の人と挨拶や話しができる子になってほしいので。」これらは、大阪市の民家型学童保育の指導員が語った言葉である。地域の中にある民家型学童保育では、日常生活のなかで地域の人との交流が生まれている。

親の働く時間が長くなり、学童保育の開所時間も六時や七時までと延長されている。学校から学童保育に直行して、暗くなるまで過ごす子どもたち。心配されるのは、小学校内など施設の中に囲い込むことによって、子どもたちが地域のなかで遊び育つ機会が奪われてしまうことだ。二〇一五年の児童福祉法改正により学童保育の対象が高学年に拡大された。高学年になるとある程度の危険回避能力も備わり、次第に地域のテリトリーを広げながら遊ぶようになる。特に高学年からの放課後には、囲い込み型ではなく拠点型の居場所の選択肢が用意されるべきである。民家型学童保育は、安全な居場所としての拠点を提供しつつ、地域のなかで遊び育つことができる地域拠点性を備えた学童保育の可能性を持っている。

八　子どもたちの自由な遊び世界を保障する空間

子どもの自由な遊び世界の縮小は、様々に指摘されてきた。子どもの放課後は学校の授業時間の増加に伴い縮小され、かつ塾や習い事の予定でいっぱいである。まちから多様な遊び空間が消え、子どもの遊びは道からも追い出された。犯罪や事故の心配から親や学校が子どもの行動を規制するようになり、子どもだけで外で自由に遊び回ることさえ難しくなっている。地域の子ども遊び集団が成立しなくなるなかで、異年齢集団のなかで子どもが遊び育つことのできる学童保育の役割はますます重要になっている。日本の学童保育は、親たちの運動によって放課後の保育を目的として始まったが、子どもの主体的に遊ぶ力を育てることを大切にし、加えて家庭に代わる居場所として、ぶらぶらしたり一人や少人数でだらだらできる余暇を保障する場づくりの実践が積み重ねられてきた。このことは、放課後の時間が大人によるプログラムで埋められる傾向が世界各国で強まるなか、かけがえのない財産である。

では、子どもの自由な遊び世界を保障する空間条件は何か。学童保育の施設計画研究のなかでは、多様な遊びや過ごし方を保障する空間の追求がされてきた。前出の三矢が行った名古屋市の民家型学童保育施設の調査（三矢：一九九七前出）では、自由時間に子どもたちが個別に遊ぶ行為の観察から、一人ひとりの子どもの自由な振る舞いを保障している「淀み空間」という概念を設定した。淀み空間は、①プレイルームの一角、本読みなどができる「小壁に守られた暗がり」、②戸外空間に隣接したごっこ遊びのための「外界とコンタクトする日溜まり」、③体ごと潜り込んで遊ぶ「風の溜まる隠れ家」、④よじ登ったり飛び降りたりする「風の抜ける絶壁」の四つに分類され、こうした空間が多様にあることが、子どもが自分のしたい遊びを見つけだし、空間を使いこなすことによって自らの遊び生活を充実させるのだとした。

また学童保育で過ごす個々の子どもの詳細な観察から、「ぼんやり」「ながめる」「ウロウロ」といった無為的行為の存在を見いだし、子どもごとの過ごし方の差異に着目して、過ごし方の多様性と空間条件との関係に踏み込んだのは清水の研究である（清水：二〇一六、二〇一九等）。具体的には、子どもの行為を、一人の行為、定型行為（定まったルールや型のある遊びや行為）、不定型行為（型がないか、ゆるやかなルールによる遊びや行為）に三分類し、子どもによって、定型が多い子、不定型が多い子、不定型と一人の行為が多い子など、過ごし方の特性があることを明らかにした。こうした子どもの多様な過ごし方に対応するためには、定型行為に対応する広い「空間」と、不定型や一人の行為を保障する、安心して留まれる「拠点」の両方が必要で、拠点は多様にたくさんあることが必要であることを示した。

近年の企業参入による高付加価値型学童の動向など、「子どもの将来の役に立つ」プログラム化の流れのなかで、改めて子どもの遊び世界を保障する役割が学童保育に求められている。施設空間の環境づくりの課題は、こうした理念と別ではあり得ない。

注

（１）専用区画とは、「遊び及び生活の場としての機能並びに静養するための機能を備えた区画」をいい、事務室、便所等は含まない。

参考文献

石伊真衣（二〇一七）大阪市立大学卒業論文「世界の子どもの放課後対策と空き教室の空間利用」。
こども未来財団（二〇〇三）「放課後児童クラブの適正規模についての調査研究」。
清水肇（二〇一六）「学童保育施設における過ごし方の多様性と空間構成――コーナーのある一室型施設における過ごし方の事例検討」『日本建築学会計画系論文集』第六九八号。

清水肇（二〇一九）「学童保育施設における子どもの行為と場所の関係の改善の試み」『日本建築学会大会学術講演梗概集二〇一九』

田村京子・小伊藤亜希子（二〇一九）「放課後活動施設における障害児と健常児に交流が生まれる空間—児童いきいき放課後事業、大阪市放課後児童クラブを例として—」『学童保育』第九巻。

塚田由佳里・小伊藤亜希子（二〇〇八）「施設空間と保育方法からみた学童保育所の分割方法とその効果」『日本建築学会技術報告集』第一四巻第二七号。

塚田由佳里・小伊藤亜希子（二〇一三）「集団規模と平面構成からみた学童保育の特徴—京都市の事例から—」『生活科学研究誌』Vol.12。

塚田由佳里・小伊藤亜希子（二〇一八）「学童保育における民家等活用プロセスと施設整備の実態——大阪市のケーススタディ」『日本建築学会計画系論文集』第七五〇号。

中川春香、山田あすか（二〇一五）「学童保育拠点における遊び種類に着目した適正規模に関する研究——都内の学童保育拠点への調査にもとづく考察」『日本建築学会計画系論文集』七〇七号。

中園眞人、後谷一機、山本幸子、牛島朗（二〇一四）「農家住宅納屋を改修した児童クラブハウス「つばめの家」の夏休み期間中の使われ方」『日本建築学会計画系論文集』六九八号。

中園眞人、神崎翔太郎、三島幸子、孔相権、山本幸子（二〇二〇）「学童保育施設における平日放課後の集団規模（二四～二八人）と使われ方の関係—農家の納屋を改修した二室三領域型児童クラブハウス「つばめの家」の事例研究—」『日本建築学会計画系論文集』第七六七号。

三矢勝司、高橋博久（一九九七）「民家型学童保育施設の空間構成に関する調査研究」『日本建築学会大会学術講演梗概集』。

宮本文人、岩渕千恵子（二〇〇七）「学童保育施設における活動機能と平面構成」『日本建築学会計画系論文集』六一八号。

山崎陽菜、定行まり子（二〇一二）「子どもの行為からみた学童保育所の空間のつかわれ方—児童館内施設と小学校内施設を対象として—」『日本建築学会技術報告集』第一八巻三九号。

第五章　学童保育実践における地域・関係機関との連携の今日的課題

——〈子どもの権利〉をかなめに〈つながる〉こと——

山下雅彦

はじめに

筆者は「子どもの権利条約」の光を当てて学童保育実践の意味と課題を考える論考を執筆し[1]、また二〇一五年度から始まった「放課後児童支援員認定資格研修」の一翼も担ってきた。今回与えられたテーマにつながる論考としては、二〇〇七年に始まった国の「放課後子どもプラン」を、「子どもの生活と権利」「子育ての今日的課題」の視点から批判的に検討した「放課後空間と地域コミュニティーの再生—今こそ求められる学童保育の力—」[2]がある。

本稿は、そのときの問題意識を今に引き継ぎ、一歩進めることになるだろう。それは、学童保育が学校をはじめとする地域・関係機関と〈子どもの権利〉をかなめに〈つながる〉課題の探究である。

一　コロナ危機と学童保育

二〇二〇年二月二七日、「新型コロナウイルス感染症」拡大防止のために安倍首相（当時）が要請した一斉休校要請は、全国の学校に大きな動揺と混乱をもたらした。しかし、学校以上に不安と困窮がひろがったのは、保護者の就労保障のために国から「原則開所」を求められ〝丸投げ〟された学童保育である。

全国学童保育連絡協議会（以下、全国連協）は三月から一〇月にかけて六回に及ぶ「緊急申し入れ」を国に対して行い、五月一日には「緊急声明」を発表した。

現場が直面した大変な状況は、『日本の学童ほいく』誌による全国の指導員アンケートからも伺える。(3) 未解明の感染症を前に、「手探り」と試行錯誤の毎日が続いた。その一部を抽出してみよう（編集部が当該時点で結果の分析を避けたのは至当である）。

・「マスクの着用、激しい遊びをどこで止めるか、密着しているときにどこまで声をかけるかなど、指導員間でも考え方が異なった。子どもと実際に関わり、同僚の対応を見ながら、各自が大事にしていることや迷うことを話しあい、着地点を探すことのくり返しだった」

・「利用を自粛した子どものなかには、家から一歩も出ていないという子も多くみられた」

・「ルールで縛らず、過度な緊張や不安を与えずに、安心感を持てる生活がおくれるように配慮した」

本論のテーマである保護者や担当課、学校との連携・協力はどうだったか。

・「保護者の方が本当に困った表情で、『どうやって仕事に行けばいいの』『お願いだから開けて』と必死におっしゃっていた」

・「担当課が午前中の学校預かりを要望してくれたことで……精神的にも体力的にも救われた」

・「二月末に教育長から開所の要請があり、スムーズに準備ができた。日頃から担当課と連絡を密にとりあってきた成果と思われる」
・「自治体の方針が示されず、各学童保育で判断せざるを得ず、対応にとまどった」
・「担当課とやりとりする窓口は学童保育連絡協議会が担った」
・「学校の行事予定や下校時刻の変更が知らされず、大変こまった」
・「地域から苦情があっても、『大丈夫。外で元気に遊ばせてあげて。苦情は学校で受ける』と言ってくださった」

また、福岡県学童保育連絡協議会が独自に実施したアンケートの結果（二〇二〇年七月）には、保護者と励まし合って苦境を乗り越えた経験から「保護者と共に、子どもたちを守り、子どもたちの成長発達を保障することが支援員の仕事の一つである」との立脚点を再認識したという教訓が語られている。

先ほどの全国アンケートの結果を紹介した「学童ほいく」誌に併載されている大阪府吹田市の指導員の次の一文が、本節にふさわしい。

「このたびの事態を通じて私たちは、『保護者の就労等を保障する』という事業の目的に加えて、『学童保育は社会の機能と経済活動を支えるために必要不可欠な事業』であることをあらためて認識しました」

「今後は早急に、『支援の単位を三〇人程度とし、フルタイム勤務の常勤職員を二名以上配置する』『密集を避けられる面積基準を設ける』『トイレや手洗い場所を専用で設ける』など、非常時にも対応が可能な学童保育の政策を構築する必要があると感じています」

「学校が再開してからは、『再度の感染拡大に備えた準備をする時期として、学童保育のマニュアル作成にとりかかること』を指導員から要望し、担当課・保健所などの専門機関・指導員で『学童保育の感染症対策のマニュアル』を作成することになりました」[4]

二　学童保育における連携とは――あらためて問い直す

学童保育が「放課後児童健全育成事業」の名で児童福祉法に位置づけられた（法制化された）のは、わが国が「子どもの権利条約」を批准して三年後の一九九七年のことであった。以来二〇数年、学童保育をめぐる国の施策は目まぐるしく変わったが、それは前進と後退が入り混じった複雑な歩みであったように思われる。

このことを考察する前に、全国連協が発表した最新の概況を見ておこう（二〇二〇年一二月九日公表）。調査結果によれば一九九八年に九、六二七か所あった学童保育は二〇二〇年には二万三、九七九か所と約二・五倍に増え、入所児童数は九八年に三三万三、一〇〇人であったものが、二〇二〇年には一三〇万五、四二〇人と約四倍も増加している。なお、「子ども・子育て支援新制度」のもとでの「支援の単位」では、二〇一五年の二万五、五四一から二〇二〇年の三万三、六七一に増え、その数は小学校数一万九、七三八校をはるかに超える。いわゆる「待機児童」として一万八、七八三人という数があげられているが、「正確には把握でき」ないという。なぜなら、市町村への入所申し込みの方法がさまざまであったり、そもそも地域に学童保育がなければ需要はカウントされなかったりするからだが、本論との関係では次の理由も見過ごせない。すなわち、「市町村のなかには『全児童対策事業』や『放課後子供教室』など、ほかの事業を学童保育の受け皿として活用し、『待機児童ゼロ』としている場合」もあるというのである。

さらに、学童保育の運営主体と開設場所の現状も抽出しておこう。運営主体で最も多いのは「公営」（二九・七％）であり、以下「その他法人等」（二一・二％）、「地域運営委員会」（一四・〇％）、「社会福祉協議会」（一〇・七％）、「民間企業」（一〇・五％）、「ＮＰＯ法人」（一〇・二％）、「父母会・保護者会」（三・七％）と続く。ちなみに、「支援の単位」数を新制度施行後の二〇一五年と比較すると、二〇二〇年は「民間企業」が大幅に増加し（二・八％から一〇・五％へ）、逆に「公営」は低下している（三七・一％から二九・七％へ）。また、開設場所は「学校敷地内」が半数以上の五六・三％を占め、これは国の方針に沿うものである。

さて、「子どもの居場所づくり新プラン」（二〇〇四年）→「放課後子どもプラン」（ガイドラインも策定、二〇〇七年）→「子ども・子育て支援法」（六年生まで対象に、二〇一二年）→「放課後子ども総合プラン」（二〇一四年）→「新・放課後子ども総合プラン」（従うべき基準の参酌化、二〇一八年）と矢継ぎ早に打ち出されてきた施策はどんな問題をもっているか。

冒頭ふれた二〇〇七年の拙稿は、この年の「放課後子ども教室」（文部科学省）と「放課後児童健全育成事業」＝学童保育（厚生労働省）を「一体的あるいは連携して」推進する「放課後子どもプラン」を、大阪市・川崎市・品川区などで起こったことをあげながら、以下のように批判していた。(5)

「困難ななかで発展をとげてきた学童保育が『全児童対策』や『すべての子どもを分け隔てなくといった聞こえのよい理由で、廃止や骨抜き・押しつけを含む逆流に飲みこまれかねない」

「学童保育が『放課後子ども教室』に溶解させられる『一体化』ではなく、学童保育本来の発展を確保し両者の健全な『連携』に道筋をつける〝担保〟として、何よりも現場の声に依拠したガイドラインが求められている」

「子どもの安全の確保……を第一義として子どもを学校内に〝囲い込む〟『放課後子どもプラン』と子ども教室が、はたして『子どもの最善の利益』（子どもの権利条約）にかなうのか」

「問題の発展的解決のためには、〈子どもたちの安全で豊かな生活〉と〈親たちの仕事と子育ての両立〉さらには〈子どもが育つ地域づくり〉を、いずれも権利として統一的に国が支援・保障する方向こそが必要なのである。その原理的なカギをにぎっているのが、子どもの権利条約第三一条『休息と余暇、遊びとレクリエーション、文化と芸術の権利』であろう」

増山均は、二〇二〇年の現時点でこの「放課後子どもプラン」を「両省の連携に期待が寄せられる反面、専門指導員の配置が不可欠な学童保育の独自機能を曖昧にして、『全児童対策』への解消が危惧されていた」と回顧しつつ、現在の「新・放課後子ども総合プラン」（以下、新プラン）についても、「子どもの放課後生活に重要な役割を果たしてきた」「児童館」や「地域子ども会」「青少年団体」「子どもＮＰＯ」などの「位置づけは見られず」、「総合的な放課後対策にはなりえていない」と断じ、その証拠として「新型コロナ問題で学校が一斉休校になった時、子どもの放課後の居場所として、その役割を果たせなかった」ことをあげる[6]。

なお、中野区地域子ども教室での取り組みを例に、増山が初発の施策「子どもの居場所づくり新プラン」（二〇〇四年）における『地域子ども教室推進事業』は重要な実践的価値を創造していたとりくみであり、『放課後子ども教室』への政策転換は事業の質の後退のターニングポイントであった」という指摘をしていたことも、想起しておきたい（傍点、山下）[7]。

全国連協の立場は明快である。前掲の資料では以下のように見解をまとめている。

「全国学童保育連絡協議会は、学童保育と『放課後子供教室』や『全児童対策事業』との場所や事業、職員の『一体化』には強く反対してきました。役割の異なる事業では、学童保育の目的を果たすことは不可能です」

「全国学童保育連絡協議会は、学童保育の固有の役割を明らかにし、専任職員の複数配置と専用の『生活の場』

を確保し、学童保育の生活が保障されるよう働きかけ、『放課後子供教室事業』や『全児童対策事業』とは『連携』するものとして学童保育の拡充を求めています」

こうした要求が〝歯止め〟となったのであろう、「新プラン」では「一体型の放課後児童クラブ及び放課後子供教室」の実施にあたっては、「放課後児童クラブの生活の場としての機能を十分に担保することが重要であ」ると書かれることになった。全国連協もこうした条件付きでの「連携」は否定していない。

繰り返しになるが、二〇〇七年拙稿は「両者の健全な『連携』に道筋をつける〝担保〟として、何よりも現場の声に依拠したガイドライン」を求めていた。

とはいえ、この一体化の問題は未だ〝のど元に刺さったトゲ〟〝新自由主義的なバイアスのかかった政策〟として完全に払拭されたとは言いがたい。それは、本稿のテーマである学童保育と学校・地域との関係にも影響を与えずにはおかない。「連携」とは何かをあらためて問う必要がここにある。そのために欠かせない視点は、〈子どもの権利〉であり、子育ての今日的困難を見すえた地域の子育てネットワークではないか。増加し続ける学童保育は、まだまだ需要に追いついていないだけでなく、質的・内容的な矛盾や課題を残したまま推移しており、真の確立までの道のりは遠いといわざるを得ない。

三　学童保育と学校の連携

まず、学童保育と学校の連携についてみてみよう。国の「放課後児童クラブ運営指針」（二〇一五年）には、「学校との連携」として以下の三点が示されている。

（1）子どもの生活の連続性を保障するために、情報交換や情報共有、職員同士の交流等によって学校との連携を積極的に図る。
（2）学校との情報交換や情報共有は日常的、定期的に行い、その実施に当たっては、個人情報の保護や秘密の保持についてあらかじめ取り決めておく。
（3）子どもの遊びと生活の場を広げるために、学校の校庭、体育館や余裕教室等を利用できるように連携を図る。

全体として、妥当で過不足ない指標にまとめられている。これをふまえながら、目に留まったいくつかの実践を紹介したい。

まず、岡山市「福田にこにこクラブ」の保護者・豊田純子は、息子が三年生から不登校気味になった頃、親子を支えてくれたのは「親・子・先生間の通訳」になってくれた指導員のおかげだと記している。[8] クラブで給食をとったり自転車で通学したりの「特例」を校長に受け入れてもらったりしたのも、個の「ありのまま」を尊重するクラブ独自の「立ち位置」で三者の通訳してもらったことで「私たちの不安感はずいぶん軽くなった」と語る。

同様のことを、埼玉県飯能市「原市場かたくりクラブ」の指導員・河野伸枝も二年生から学校に行きしぶるようになったサラのエピソードを中心に綴っている――そのタイトルは「あたたかなまなざしをつなげ、『子どもが安心できる生活』を」[9]だ。かたくりクラブには、「学校から帰ってくる子どもたちと一緒に担任の先生がしばしばやってきて、学校での子どもの様子〔…略…〕を伝えてくれ」るし、「指導員も、子どものことで気になることがあると学校に様子を聞きに行きますが、その際は相談に行くことを事前に保護者に確認します」。

幸いなことに、この河野報告掲載誌には子どもたちが通う原市場小学校の教師・石井洋一が「子どもをまんなかに、共感しあい、語りあえる関係を支えに」というレポートを寄せており、河野の叙述と響きあう――「原小の教師は、かたくりクラブに通っている子の理解に迷ったときや判断に悩んだときはかたくりクラブに行き、指導員と話し込むことがよくある。指導に悩み、泣きながら指導員に話を聞いてもらい、はげまされて帰ってくる教師もいる」。

同校の教師らの教育活動には、日本国憲法第一三条がうたう「一人ひとりの子どもたちを『個人』として尊重すること」が「根底」にあると石井は言う。そして、それを可能にしているのが保護者と指導員と教師の「強い絆」であると――。ここの三者は、言葉だけの「連携」を超え、〈子どもを真ん中においた互いに必要とされる関係〉を実践的に形成しているといえるのではないか。

こうした日常的に行き来のある〝風通しのよい関係〟について、滋賀県湖南市「岩根学童保育所はねっこクラブ」の指導員・児玉さつきは「支援を必要とする子どもについては、学校の先生との懇談を何年も積み重ねての現在があります」と書いている。それは非常時にも生かされる。「台風やインフルエンザで学校閉鎖になったときや下校時間が早くなったとき」などは、「校長先生からすぐに指導員の携帯電話に連絡が入る体制が確立されている」という。児玉の短いまとめは、連携の〈かなめ〉を言い当てている――「学童保育の子どもは学校の子どもであり、地域の子どもでもあります[10]」。

実践紹介の最後に、学校の情報共有と日常的な交流の〝ご利益(りやく)〟として、こんなこともあるという滋賀県高島市「きらきらクラブ第二学童保育所2ステップ」の指導員・川島絵里奈の言葉を紹介する――「例えば、運動会やマラソン大会などの学校行事が立て込んでいる月は、ゆっくり身体を休めることができるように活動内容を調整しよう。おなかをすかせて帰ってくるだろうからパンやおむすびなどボリュームのあるおやつを準備しておこう……などの工夫をしています[11]」。

関連する研究として、学校の管理職等に行った調査から浮かび上がった、「八〇％以上が放課後児童クラブとの連携について学校にメリットがあると回答していた」、「日常的・具体的な場面での〔…略…〕組織的な連携体制の土台を構築している」ものの、「指導員の養成課程や専門性が確立していない現状においては、まだまだ学校側の認識改善を求めなければならない状況がある」と指摘する鈴木瞬の論考も紹介しておきたい[12]。

ちなみに、小学校の教員でありながら、十数年前、娘の入学に際して学童保育のなかった地域で奔走し、最低条件一〇人を集めて立ち上げた熊本県阿蘇の藤原朱美の実践も貴重である[13]。

四　地域に支えられ、生活とつながりをひろげる学童保育

次に、地域との連携についてみてみよう。国の「運営指針」（二〇一五年）には「地域、関係機関との連携」として、以下の四点があげられている。

①自治会・町内会や民生委員・児童委員（主任児童委員）等の地域組織や子どもに関わる関係機関等との情報交換・情報共有・相互交流を図る
②児童館など地域の公共施設等を積極的に活用し、放課後児童クラブの子どもの活動と交流の場を広げる
③事故、犯罪、災害等から子どもを守るため、地域住民と連携、協力して子どもの安全を確保する取り組みを行う
④子どもの病気やケガ、事故等に備えて、地域の保健医療機関等と連携を図る

筆者は近年、岡山県津山市の「津山北小ひなづる児童クラブ」の活動を、地域の人々とのつながりを大事にしている実践として注目してきた。指導員・角野いずみのレポートから紹介したい[14]。

六月、高学年の子どもたちは地域に繰り出す。四年生は「街歩き」と称してそろいの「ひなづるＴシャツ」を着て、三人一組で商店街の人々にインタビューする――「仕事は楽しいですか?」「幸せなときは?」「夢は?」。五年生は「ゴミ拾い」。六年生は、「師匠」（岡本のおじちゃん）の手ほどきでジャガイモ・里イモの植え付けなど「畑の活動」。「ひなづる駄菓子屋さん」（略称・ひなだが）の活動はたいへん興味深い。ある年、市の「地域おこし協力隊」の助力で駄菓子メーカーの人に話を聞いたのがきっかけで、運営委員会（後述）に相談し、保護者役員が所有する使っていない事務所を貸してもらえることで実現したものだ。立ち寄る人がふえ、「毎週、寄り道ができて楽しみ」「子どもの放課後が豊かに見えてきました」との声かけも……。地域の大工さんがつくってくれたリヤカーを引いて出かけることもある。

ひなづるの特徴は、子どもたちの自治活動を軸に、生活の場を地域にひろげていることだろう。角野はこうしめくくる――保護者と指導員は「ワンチーム」として力をあわせて子どもたちを育て、「地域という文化や環境のなかで、『子どもの権利』の生存権・生活権・学習権・発達権を実現していくことができるのだと思います」。

ひなづるには七三名の子どもが在籍し（二単位、二〇一九年一一月現在）、学校施設内の独立専用施設で保育している。紹介したようなおおらかで子ども本位の活動を支えているのが「地域運営委員会」（学校長・ＰＴＡ会長・育成会長・保護者ＯＢ・地域住民、子どもを預ける保護者で構成）であるのは間違いないだろう。また、指導員たちが住民の一人として「地域の役割を担っており」、「人の可能性を信じて助けあえる関係」を日々築いていることにも注目しておきたい。

五　行政・関係機関・専門家との連携――子育ての支援・共同をめぐる課題

紙幅の制約から、ここでは三点の問題提起にとどめたい。まず第一に、行政（国や自治体）との連携に関しては本稿の最初に取り上げたコロナ危機で露呈した問題と課題を整理することである。とりわけ、国と現場との間には学童保育の固有性と指導員資格の専門性確立をめぐる未解決の懸案が横たわったままであることを指摘しないわけにはいかない。

第二に、市町村との関係については、伊部恭子の提唱にも耳を傾けよう。すなわち、「放課後児童クラブガイドライン」（二〇〇七年）で「要保護児童対策地域協議会」（要対協）を活用しつつ児童相談所や保健所など「子どもの福祉に携わる関係諸機関の社会資源のネットワークのなかに学童保育も位置づ」いた起点と、「運営指針」（二〇一五年）で学童保育内の子どもの支援にとどまらず家庭での養育支援に踏み出したことの意義を確認し、そのためにも学童保育実践そのものへの社会的信頼と指導員の専門性の構築が大切だというのである。(15) 要対協への参加については、すでに紹介した滋賀県の児玉（二〇一三年）や川島（二〇一七年）ら指導員が実際に参加していることを報告している。

第三に、いわゆる専門家との連携について最後に言及しておこう。先ほどの「ひなづる児童クラブ」の角野は、岡山県学童保育研究集会（倉敷市、二〇一九年九月）において、これまで受け入れた特別な支援を必要とする子どもたち（難病・発達障害・場面緘黙症・虐待・外国籍など）の中で、筋ジストロフィーの「ケイト君」のことを他の子どもたちとの「ぶつかりながらの育ち合い」も織りまぜながら報告している。その時点で「普通の子どもと同じ生活をさせたい」という保護者の願いと、たまたまひなづるの役員にケイト君の主治医と作業療法士（ＯＴ）がいたことが大きいだろう。

『学童保育に作業療法士がやってきた』の中で、角野は「身体と心の機能を見極めて、必要とする子どもたちに作業活動（遊び）を提供し、機能面の発達を促す」作業療法について、言葉や視覚のみでの「指導」が入りにくかった子どもに「エアクッション」が有用であった事例を紹介しながら、期待を表明している[16]。

一方、本書については、「困った行動」という「視角そのものを問い直すこと[17]」の必要や、「他の専門職に多くを委ねすぎることは、指導員の専門性を限定的にとらえることにつながりかねないし、指導員が専門性を養っていくための環境の整備を曖昧にしかねない[18]」という丸山啓史の指摘があることにも留意したい。

九州某県で聞いた話だが、ある学童保育の指導員が〝手におえない子ども〟を「放課後デイサービスにおくる」と語っているのを聞いて、巡回に入ったＯＴが「〝おくりびと〟にはなりたくない」とつぶやいたという。これは、聞き流せない問題ではないだろうか。

おわりに

学童保育を、子どもの権利と自治、指導員の専門性、保護者の子育て主権、さらには地域の子育ての共同・ネットワークの視点から深くとらえるべき時代が到来している。それは、本稿のテーマである「連携」を問うことと別ではないだろう。これが、書き終わって痛感していることである。質量いずれにおいても、本稿はその端緒に過ぎない。

執筆にあたり、資料や現場の声を聞かせていただいた関係者に感謝したい。なお、拙稿で取り上げた方々の所属や肩書きは当時のものである。

注

（1）山下雅彦「学童保育を支える憲法・条約」（学童保育指導員研修テキスト編集委員会編『学童保育指導員のための研修テキスト』かもがわ出版、二〇一三年）、山下「子ども時代の危機と学童保育――『子どもの権利条約』の出番」（楠凡之・岡花祈一郎・学童保育協会編『遊びをつくる、生活をつくる。』かもがわ出版、二〇一七年）など。
（2）山下雅彦「放課後空間と地域コミュニティーの再生―今こそ求められる学童保育の力―」日本学童保育士協会『学童保育研究』8（かもがわ出版、二〇〇七年一一月）。
（3）全国学童保育連絡協議会『日本の学童ほいく』（二〇二〇年九月）。
（4）川崎みゆき「子どもや保護者を守り、社会の機能を支える一翼として」（前掲誌、一〇―一四頁）。
（5）前掲注2の山下論文、八―一五頁。
（6）増山均「放課後の子どもたちはどこへ――安心できる子どもの居場所はあるのか」日本児童文学者協会編『日本児童文学』（小峰書店、二〇二〇年九・一〇月）三五―三六頁。
（7）増山均『学童保育と子どもの放課後』（新日本出版社、二〇一五年）一〇四頁。
（8）豊田純子「『ありのままを…』という願いを」『日本の学童ほいく』二〇一三年一〇月。
（9）河野伸枝「あたたかなまなざしをつなげ、『子どもが安心できる生活』を」『日本の学童ほいく』二〇一七年三月。
（10）児玉さつき「子どもの日常に心を寄せ、共に育む環境を」『日本の学童ほいく』二〇一三年一〇月。
（11）川島絵里奈「子どもたちのために連携・協力をていねいに積み重ねて」『日本の学童ほいく』二〇一七年三月。
（12）鈴木瞬「学校と放課後児童クラブとの組織的関係に関する一考察―学校の『対境担当者』の意識に着目して―」『日本学童保育学会紀要』第九巻、二〇一九年。
（13）藤原朱美『わたしの愛しい子どもたち―朱美先生の子どもエッセイ―』（山下企画・編集協力、本の泉社、二〇一八年）。
（14）角野いずみ「認めあう関係を築き、生きる力を養う」『日本の学童ほいく』二〇二〇年一月。
（15）伊部恭子「学童保育における『子育て・家族支援』の積極的意義と課題―施策の動向と『実践報告』からみえてきたこと―」『日本学童保育学会紀要』第六巻、二〇一六年。
（16）糸山智栄・小林隆司編著『学童保育に作業療法士がやってきた――困った行動には理由がある　作業療法士の視点に学ぶ発達障害

児支援』高文研、二〇一七年。

(17) 丸山啓史の書評、一一〇―一一二頁、『日本学童保育学会』第八巻、二〇一八年。

(18) 丸山啓史「障害のある子どもの放課後―制度・施策の到達と課題―」八頁、日本学童保育士協会『学童保育研究』第二一号、二〇二〇年一二月。

補論　学童保育研究の課題と展望

第一章　学童保育研究の軌跡と課題

――学童保育実践の理論化と学童保育研究の再帰性――

鈴木　瞬

はじめに

学童保育研究は、学童保育実践に固有性を見出し、その実践を対象化する主体によって生成されてきた。かつては、「学童保育の現場や運動からの依頼に直接応えるかたちで出てきたもの」、いわば「頼まれ仕事」としての成果として学童保育研究は公にされてきた（石原二〇一二：二八四頁）。だが、学童保育の制度化が進むにつれ、学童保育を対象とする学問的な研究の必要性がますます強くなったことで、「研究者が自らの課題や方法の設定にもとづいて学童保育に関する研究をしていく学術的なコミュニティ」である日本学童保育学会が設立された（同上）。このことは、学童保育研究の展望にとって大きな意味を持つ。

学術的コミュニティとしての学会には「学童保育実践の理論化」が期待されている。[1] けれども、学童保育が固有の研究対象とされるだけでは、学童保育実践の理論化は進まない。学童保育研究の「研究対象」である学童保育そのものも、それを捉える「分析方法」も十分に確定しているわけではなかった（二宮二〇一二）。また、学童保育実践を捉える「言葉」は貧弱であり、そのことが学童保育実践を研究することの足かせとなってきた（福田二〇一二）。それゆえ、指導員が「もっと自らの実践を意識化していくこと」、学会として「そういうものを客観視して理論化していく」ことが求められてきた[2]。

だが、学童保育研究は、自らの実践を意識化し客観視することを通じて、学童保育実践を理論化することができてきたのであろうか。また、その主体は、学童保育実践を研究することを通じて、学童保育を語り得る「言葉」を紡ぎだしてきただろうか。実際には、いまだ運動論的な様相は強く、学童保育実践を規定する条件を自明のものとし、制度・政策、社会情勢を批判することで、（それぞれの）あるべき学童保育像を唱える研究は少なくないだろう。だが、学童保育実践と研究の歴史をふり返るならば、学童保育実践を研究するということは、研究する主体も学童保育実践に組み込まれ、実践そのものを生成する主体となり得る再帰性[3]を有する営みである。日本学童保育学会は、学童保育実践を研究することの再帰性とどのように向き合ってきたのだろうか。

本章ではまず、学童保育実践に関する国内の研究動向と背景を考察する。さらに、日本学童保育学会における学童保育実践に関する研究の分析から、学童保育実践がいかに対象化されてきたのかを検討する。最後に学童保育実践を研究とすることの課題を示したい。

一　学童保育研究の軌跡

1　学童保育研究の学術的位置の変容

学童保育に関する研究動向には、学童保育に対する社会的関心とともに、研究的関心の高揚が反映される。図1は、国立情報学研究所が運営する学術論文や図書、雑誌等の学術情報データベース CiNii Articles の論文検索から、二〇一九年までに掲載された論文のうち、タイトルに「学童保育」「放課後児童クラブ」「放課後児童支援員[4]」が含まれ

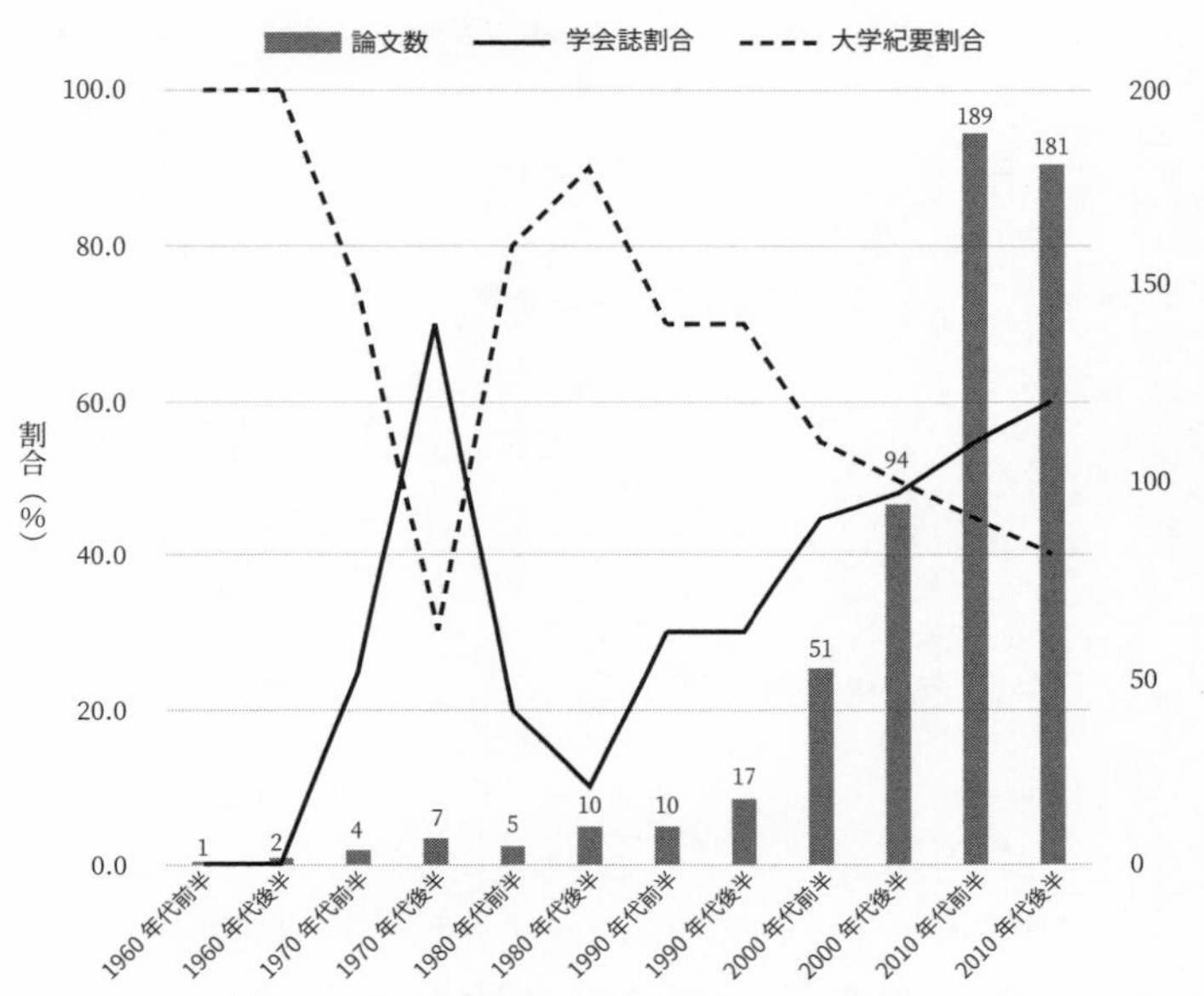

図１　学童保育関連論文数の年代別推移と学会誌掲載論文の割合

るものを検索して、その数を掲載年代別（前半・後半）にまとめ、そのうちの学会誌掲載論文と大学紀要論文との割合を示したものである。[5] これまでに公開された五七一件の論文（学会誌掲載論文：二九四件、大学紀要論文：二七七件）が抽出されたが、その数は二〇〇〇年代前半を契機に飛躍的に増加し、二〇一〇年代前半にピークを迎えている。また、掲載数全体に占める学会誌掲載論文の割合をみると、一九九〇年代前半から徐々に増加し、二〇一〇年代前半を境に、大学紀要論文との割合が逆転していることが分かる。

さらに、学会誌に掲載された二九四件の論文について、学会領域別に割合を整理すると、最も多い領域は建築系学会（一四七件）であり、ついで、日本学童保育学会（六九件）、教育系学会（二一件）が続いている。**図2**は、学会誌掲載論文の割合が四〇％を超えた二〇〇〇年代前半以降の建築系学会、教育系学会及び日本学童保育学会の掲載論文の年代別割合の推移をまとめたものである。圧倒的に建築系学

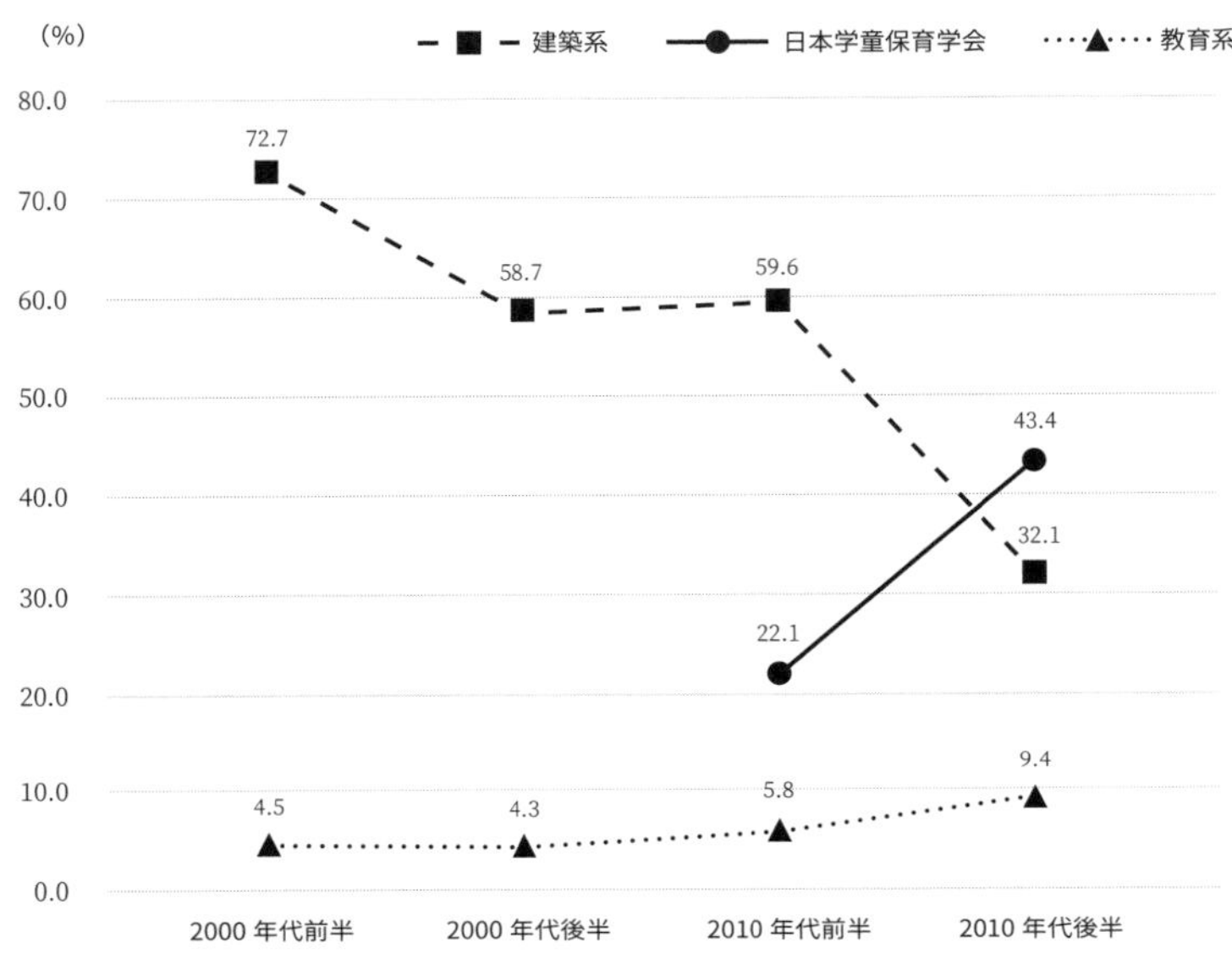

図２　領域別学会誌掲載論文の年代別割合の推移

会が多いものの、二〇〇〇年以降その割合は徐々に減少しており、一方で教育系学会や日本学童保育学会に掲載された論文の割合が増加している。特に、二〇一〇年代後半には、日本学童保育学会の割合は、建築系学会を追い越し、過半数に占める勢いである。

以上の傾向には二つの要因がある。第一に、運動論として学童保育の内容と指導員の仕事そのものをつくらなければならなかった時代を経て、[6]一九九七年に放課後児童健全育成事業が法制化され、二〇〇〇年代には「子どもの放課後」にかかわるさまざまな関連施策が展開される中で、二〇一〇年代には公的な学童保育実践を研究対象とするための制度的位置が明確化されつつあること。つまり、学童保育を取り巻く社会情勢の変容である。特集論文等を含む結果ではあるものの、二〇〇〇年代には六八件であった学会誌掲載論文は、二〇一〇年代には二一〇件に増加しており、一〇年間において学童保育の研究対象としての独自性が認められ、学術的関心が高まってきたことが確認できる。[7]第二に、学童保育を固有の研究領域とすることを示す学会の設立である。「「対象」と

「方法」が明確でないところに、およそ「学会」が成立する余地はない」という二宮（二〇一二：三頁）の言葉を逆説的に捉えるならば、方法の多様性という特徴は残しつつも、学会が設立されたことは学童保育が研究対象となり得ることが社会的に承認されてきたことを示している。『学童保育』第一巻の特集において、久田（二〇一一）は、学童保育研究の多重性として、研究対象の複合性、研究課題の多岐性、学際的研究の必要性を指摘しているが、このことは、今日に至る過程において、多くの学童保育研究を生成する要因として機能してきたと言える。

2　学童保育研究における研究対象の多様化

以上のような制度・政策、社会情勢を背景に、学童保育研究では、どのような内容が研究対象として焦点化されてきたのであろうか。そこで、五七一件の論文のタイトルをもとに、それらがどのような内容の論文であるのかを分析し、一五個のカテゴリーに分類した。その結果、研究対象とされる学童保育の内容は多様化してきたことが分かる。例えば、一九九〇年代の研究内容は四〜六領域であったのに対し、二〇〇〇年以降は一〇〜一三領域に増加している。また、従来は研究対象とされることがなかった学童保育と他機関・他領域との連携や指導員の研修、学童保育の歴史が対象化される研究が増加している傾向も読み取れる(8)。

学会設立時において、この学会は、いったいどのような研究方法をもって学童保育を分析し、解明していくのか、この点については、まだ定説のようなものがあるとはいえない」とされ、「さまざまなアプローチを持った者の集まり」であることは、「学会の持ち味というか魅力」と捉えられてきた（二宮二〇一一：五頁）。だが、このような曖昧さは研究方法に限るものではない。制度・政策、社会情勢の変容に伴い、「我々は、学童保育（実践）の何を対象とするのか」ということも同様に問われてきた。研究対象の多様化は、学童保育研究の多重性を踏まえ、さまざまにアプローチしてきた帰結である。

二　日本学童保育学会は「学童保育研究」にどのようにかかわってきたのか

1　学童保育実践認識の内向性と実践研究の不在

では、学術的なコミュニティとしての日本学童保育学会は、学童保育研究にどのようにかかわってきたのであろうか。『学童保育』には、学童保育の現場や運動からの依頼ではなく、一人ひとりの研究者の課題意識と方法の設定にもとづいて行われた多様な実践報告や論文が収録されている。表1は、一〇年間の『学童保育』における特集（論文・実践報告）及び投稿論文（研究論文、実践研究論文、研究ノート）をまとめたものである。

本稿では、これら特集と投稿論文をもとに、日本学童保育学会が学童保育実践をどのように対象化してきたのか、また、そのことによる再帰性をどのように捉えているのかについて検討する。

特集と投稿論文は、学術的なコミュニティとしての学会が創造してきた集合知である。ここには、二つの課題がある。第一に、特集テーマにおける学童保育実践認識の内向性である。学会設立当初、宮﨑（二〇一一：一五―一六頁）は、「学童保育という領域を越えているとの批判があるかもしれない」としつつも、学童保育を「働く権利と子どもの育つ権利の二者択一の強制や親としての『負い目』を強いる社会的圧力から解放するものとしての自由」、「単線化された価値尺度に支配され、制度への従属を余儀なくされた従来の生活に代わって、生活の総体性を回復し得る新たな生き方を創造する自由」の度合いを地域のなかで高める実践として捉え、現代社会を「人が育つコミュニティ」に転換させる社会的意義を持つことを論じている。[9]このような学童保育の認識を引き受け、福田（二〇一二）は、「学童保育実践とは、「放課後」の時空間を舞台にし、子どもと大人とが「生きる」ことを中心におきながら、オルタナティヴな（＝いま在るものとはちがう、別の）社会を創造していこうとする実践である」と論じている。以上のような

表１ 『学童保育』における特集一覧と投稿論文の内訳

巻号	特集テーマ	特集執筆者		投稿論文ジャンル		
		研究者	実践者	研究論文	実践研究論文	研究ノート
1	学童保育とは何か	4	2	1	2	2
2	学童保育実践研究とは何か	3		1	2	1
3	学童保育指導員の専門性とは何か	1	1			1
4	世界の『子どもの放課後支援』に学ぶ	3		1		1
5	子ども子育て支援制度と学童保育	5		2		1
6	家族支援と学童保育―その可能性と限界―	3	2	2		
7	子どもの放課後生活の現在と学童保育の役割―多様化・市場化の流れの中で―	3	3			2
8	特集１：放課後児童クラブ運営指針の意義と課題	3	4	1		1
	特集２：特別なニーズを持つ子どもと学童保育実践	2	3			
9	特集１：学童保育の源流を探る―歴史に学び、地域のなかで学童保育とは何かを問う―	1	1	5		1
	特集２：インクルーシブ教育と学童保育実践	1	1			
10	特集1：学童保育における子ども主体の生活・文化創造と企業による社会貢献活動	3	2			2
	特集2：困難な養育環境に置かれた子どもたちの問題と学童保育実践―インクルーシブな学童保育実践の探求（2）―	2				
合計		34	19	13	4	12

学童保育の社会的意義や学童保育実践の機能に対する認識は、開かれた学童保育論とでもいうべきものである。だが、このような初期の議論は徐々に薄まり、学会における特集は実践性や時事性を重視したものへと変容している。[10]その結果、特集はやや内向的な側面を強めている。

このことは、学会における実践的研究者の存在とも関連している。残念ながら、『学童保育』では、実践研究論文数そのものも少なく、また、実践者による論考を伴わない特集も散見される。このことが第二の課題である。日本学童保育学会にとって、実践的研究者である指導員が多数参画していることは肯定的な条件として認識され、研究の進展に資するものとして受け止められてきた。[11]だが批判を恐れずに指摘するならば、現状では、特集における実践者の論考の多くが「実践報告」にとどまっており、実践的研究者による実践研究の蓄積は十分とは言えない。

実践研究における認識では、優れた実践研究を生成する指導員集団は各地で形成されており（福田二〇一二）、むしろ、実践研究を共に行う研究者の姿勢こそが問われてきたはずである（山本二〇一二）。日本学童保育学会において実践者（と研究者）による実践研究が生成されにくい構造は何であろうか。個人に帰さない対応が求められる。[12]

2　学童保育実践は、どう対象化されてきたのか

『学童保育』では、指導員の仕事（労働）や保育実践だけでなく、社会制度としての学童保育や地域社会のコミュニティの一部としての学童保育など、多角的に研究対象とされることが期待されている（二宮二〇一一）。では、特集及び投稿論文において、学童保育及び学童保育実践は、どのように対象化されてきたのであろうか。

久田（二〇一一：二三頁）は、学童保育実践の内容は必ずしも一様ではないとして、学童保育実践を「一つは、子どもの成長・発達を促すために彼・彼女らとその活動並びに子ども相互の関係に指導員が直接働きかけることをさす場合」、「二つは、家族支援・親との関係づくり・親相互の関係のコーディネート、学童保育のマネージメント、関係

諸機関との連携など、子どもの直接の指導を周りから支える取り組みを指す場合」、「三つは、学童保育それ自体をつくる取り組みまでを含める場合」に区別している。また、宮﨑（二〇一一：一二頁）は、社会運動としての学童保育が有する基本矛盾（保護者に突き付けられる理不尽な二者択一）を解決する取り組みは、「保育実践と学童保育実践の総体において展開する」ものであり、その際、学童保育実践とは「指導員と親との対話と協働の過程」による保育の場のあり方の検討や保育の制度や政策をめぐる運動も含まれると論じている。そして、二つの実践をつなぎ、その構造を形成する「中心的な媒介者」として指導員を位置づけている。以上を踏まえるならば、学童保育実践とは、①保育実践、②学童保育組織運営の実践、③制度・政策、社会情勢をめぐる学童保育づくり運動や学童保育実践そのものを問い直す実践に区別して理解することが適当であろう。また、④それらを媒介する指導員（の職務や力量形成、専門性、養成・研修のあり方）も、学童保育実践を捉えるうえで重要なファクターとなる。

そこで、『学童保育』第一～一〇巻までの特集及び投稿論文（八二件）について、やや大雑把ではあるが、四つのカテゴリーへの分類を行ってみた[13]。第一に、保育実践に該当するものとして、保育実践の報告（早乙女二〇一七、赤井・森二〇一七、平岩二〇一七）や、あそびやおやつ提供の研究（札内二〇一一、吉村二〇一七）、保育計画に基づく実践・評価・改善プロセスの実践研究（住野ら二〇一二）、障害児とその保護者の支援やインクルーシブ保育に関する実践報告・研究（林二〇一二、橋本二〇一八、竹中二〇一八、鍋倉二〇一八、奥住二〇一八、楠二〇一八、林・三村二〇一八、三井二〇一九、西本二〇一九、田村・小伊藤二〇一九）、保育実践のソーシャルワークの検討（下浦二〇一一、植木二〇一二）などがある[14]。第二に、学童保育組織運営の実践のうち、保護者支援に該当するものとして、子育て・家族支援を対象とした実践報告・研究（宮﨑二〇一六、二〇二〇、田中二〇一六、堀江二〇一六、伊部二〇一六、楠二〇一六、二〇二〇、原田ら二〇一九）がある。また、自治体担当課による施策運用や学童保育組織のマネジメント、関係諸機関との連携に該当するものとして、自治体担当課による施策運用の研究（植木二〇一五、二〇一八、鈴木二〇一五）、放課後児童クラブ運営指針やその他の基準等の運用にかかわる実践報告・研究（山田二〇一五、二〇一六、堀江二〇一八、清都二〇一八、矢吹二〇一八、三浦二〇一八）、指定管理者制度導入の研究（開田二〇一八、二〇一九）、全児童対策や学校等の関係機関との連携の研究（松本・中山二〇一二、鈴木二〇一九）などがある。第三に、制度・政策、社会情勢をめぐる学童保育づくり運動や学童保育そのものを問い直す実践である。これに該当するものとして、学童保育の理念・概念の検討（宮﨑二〇一一、久田二〇一二、福田二〇一二、鈴木二〇一五、増山二〇一七）、入所要件や保育料などの学童保育制度の研究（丸山二〇一一、二〇一九、二〇二〇）、海外の放課後施策の動向整理（丸山二〇一三、池本二〇一四、臼田二〇一四、増山・南二〇一四、謝ら二〇一六、斎藤二〇二〇、鄭二〇二〇、金二〇二〇、閔二〇二〇、住野ら二〇二〇）、障害児の学童保育に関する制度的課題の研究（丸山二〇一四）、子ども・子育て支援新制度導入による学校化・市場化・多様化の課題の検討（増山二〇一五、丸山二〇一五、住野二〇一七、山本二〇一七）、学童保育づくりの歴史研究（石原二〇一一、二〇一九、前田二〇一九、黒澤二〇一九）などがある。最後に、指導員を対象としたものとして、職務内容（大谷・奥野二〇一一）、力量形成（原田ら二〇一九）、専門性（河﨑二〇一三、高橋二〇一三）、認定資格・研修制度（中田・中山二〇一一、住野二〇一五、鈴木ら二〇一七、養成課程（住野ら二〇二〇）、実践研究（山本二〇一二、福田二〇一二）、学童保育認識（大谷二〇一四、中田二〇一五）に関する研究がある。

3　『学童保育』における学童保育研究の課題

以上の分類から、学童保育実践の対象化の傾向について五つの特徴が読み取れる。

第一に、保育実践では、やはり実践報告が中心であるものの、わずかではあるが実践者と研究者による共同研究が確認できる（住野ら二〇一二、林・三村二〇一八）。これらの共同研究においては、保育実践は子どもや保護者と指導員の関係に閉じたものではなく、指導員組織や学童保育所と関係諸機関との連携を視野に入れたものとなる傾向がある。だが、住野ら（二〇一二）の研究でも、保育計画に基づく保育実践の評価・改善のプロセスが対象化されているものの、そのような組織的実践を導出する指導員組織の構築過程やそのための組織マネジメントの視点については言及されていない。学童保育組織のどのような運営（指導員の職務内容のみならず研修体制の整備や、保護者組織との連携など）によって、いかなる保育実践の向上を導出することになるのかを示す質的研究の蓄積が求められる。

第二に、学童保育組織運営の実践といっても、それは必ずしも単位学童保育組織の組織運営に限定されたものではない。自治体担当課による施策運用と連動して、学童保育組織がどのように運営されているのかが対象化されるものも確認できる（松本・中山二〇一二、矢吹二〇一八、三浦二〇一八など）。なお近年、各地で地震や気象災害が多発する状況下において、学童保育における組織的な安全対策や危機管理の取り組みが十分に対象化されていない現状を鑑みると（鈴木二〇二二）、災害発生時の学童保育の対応や支援のあり様を特別視せず、日常的な学童保育組織のあり様が反映されているものと認識しなければならないだろう（植木二〇一二）。その際、災厄の回帰を前提とする〈災間〉の思考（仁平二〇一二）に立ち、自治体担当課と学童保育組織のネットワーク形成を視野に入れた危機管理を考えていく発想が必要である[15]。

第三に、『学童保育』における国際比較研究は、その多くが海外の放課後施策の動向、内容の紹介の域を越えるものとはなっておらず、いまだ学童保育そのものを問い直す実践にはなり得ていない[16]。だが、石原（二〇一九：三頁）は、学会設立の意義として「学童保育の運動や「現場」にとって「すぐに役にたつ」研究ではない、国際比較研究や歴史研究への道を拓いた」ことを挙げている。学童保育研究の再帰性に着目すれば、国際比較研究や歴史研究は、その方法論において、現状の学童保育実践を相対化し、あり得る学童保育実践を語ることを可能とする。

第四に、学童保育の制度・政策、社会情勢を対象化する際、研究者自身の価値観が先行する。その結果、学童保育実践を規定する条件を自明のものとし、制度・政策、社会情勢を批判することで、あるべき学童保育像を語るという

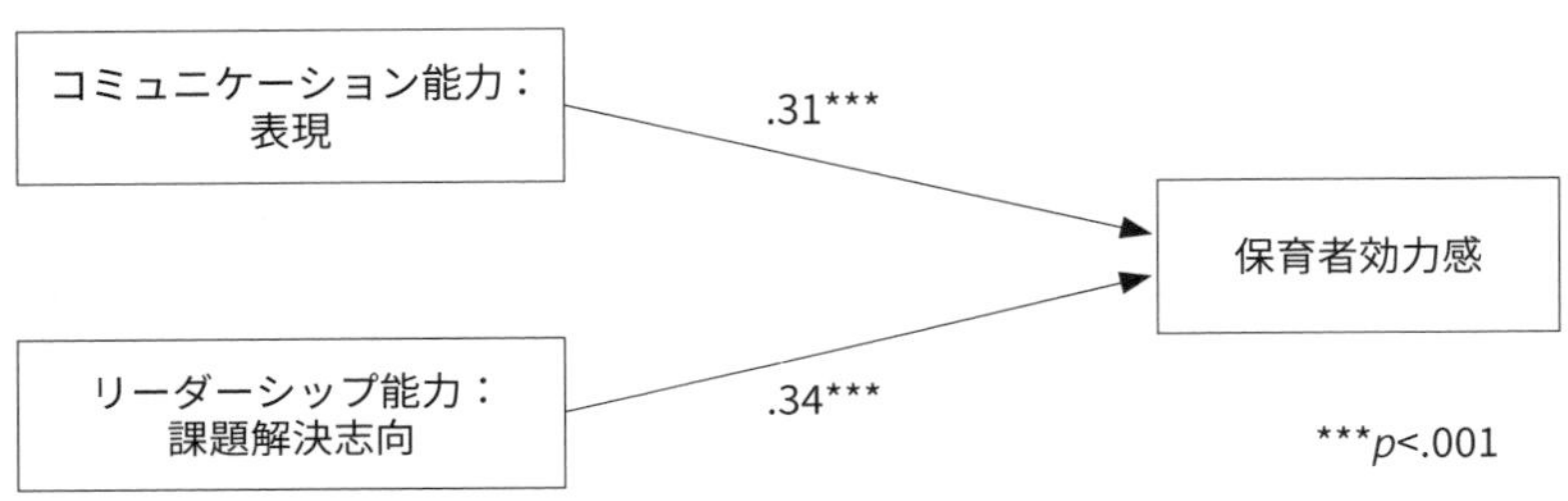

図３　指導員のチームワーク能力と保育者効力感の関係

論理構成が採用される。学童保育研究者には、自らも学童保育実践を生成する主体となり得ることを自覚し、仮に制度・政策に対して批判的な課題意識を持っていたとしても、調査結果や分析より得られたデータから抑制的に語ることや、公正に検討を加える姿勢が求められる（住野二〇一七、丸山二〇一九）。また特集を組む際には、意図的に価値対立を引き起こす構成[17]を取ることで、開かれた学童保育論を促すことも重要である。

第五に、『学童保育』においては、そもそも指導員の専門性や力量形成に関する議論が十分になされていない。また、養成・研修に関する研究も緒に就いたばかりである。これらの研究成果の蓄積が期待されるところであるが、指導員の力量形成や養成課程の検討に向けて、学童保育実践を通した子どもの成長を捉える言葉をいかに紡ぎだすかも重要である（鈴木ら二〇二二）。また、指導員の力量形成はそれ自体で完結するものではなく、保育実践の質の向上と結びつけて考える必要がある。例えば、図３は、ある自治体の指導員への質問紙調査を通して、学童保育における指導員のチームワーク能力[18]から保育者効力感[19]への重回帰分析の結果を示したものである。分析結果によれば、自分の気持ちをうまく表現できることや学童保育所の実践を引っ張っていくリーダーシップ行動がとれる指導員は、保育者効力感が高いことがわかる[20]。このような結果を踏まえながら指導員の養成・研修の議論を進めていくことも今後必要であろう。

三　学童保育実践を研究することの課題―中動態としての学童保育研究―

『学童保育』においては、繰り返し、学童保育実践の理念が問われてきた。こうした議論は理念形成にとどまらず、学童保育として家族支援を行うということの意味論や、全児童対策との連携・一体化における学童保育の優位性の主張、指定管理者制度導入による学童保育への影響など、学童保育研究の知として学童保育実践のあり方を再構築してきた[21]。だが、ともするとこのような研究は、叙述の上で運動論的な様相を伴い、学会としての公正性を揺るがす可能性を少なからず含んでいる。

学童保育実践とは、保育実践と学童保育実践（組織運営、制度・政策をめぐる運動）という二つの実践を、指導員を中核にしてつなぐ実践の総体である。このような実践を対象化する学童保育研究は、それを行う主体自身もその中に組み込まれ、実践そのものを生成する主体となり得ることから再帰的な営みであるといえる。このことは、学童保育実践を中動態（國分二〇一七）として捉える必要性を示唆している。中動態的であるということは、主体自身が行為のプロセス内にいるということであり、それゆえ、「中動態的なものをそのままの形で描こうとするとき、意志が相対化されると同時に」、そこで語られることは「相互行為ややりとりのなかで構築されるリアリティ」として認識されなければならない（岸・國分二〇一七：五〇頁）。つまり、学童保育研究において、それを物語る主体は学童保育実践から独立して外部に位置するのではない。物語ることを通して、学童保育実践とは何かを構築する相互行為に出会うのであり、その結果、学童保育実践のリアリティが再構築される。そこでは、学童保育実践に対する意志は相対化される。

「学童保育実践の理論化」は再帰的になされる。それは学童保育実践とそれを対象化する研究者との相互行為によって構築されるリアリティである。ゆえに、かつてよりなされてきた研究者と実践者による共同研究は中動態的な学童保育実践そのもののはずである。[22]だが、その実践を通して再帰的に理論化がなされてきたことは、どれだけ学会という学術的コミュニティにおける実践と結びつけられてきているのであろうか。「学童保育実践の理論化」はこれ抜きにはなされないのであり、共同研究にかかわる研究者自身が、このことを、あらためて意識化する必要がある。

引用・参考文献

相川充・髙本真寛・杉森伸吉・古屋真（二〇一二）「個人のチームワーク能力を測定する尺度の開発と妥当性の検討」『社会心理学研究』二七（三）、一三九―一五〇頁

福田敦志（二〇一二）「学童保育実践を「研究」することの意味と課題」『学童保育』第二巻、一九―二八頁

林幹士・三村律子（二〇一八）「発達障害のある子どもの保護者が学童保育実践に求める支援の検討―保護者の語りから―」『学童保育』第八巻、七五―八六頁

久田敏彦（二〇一一）「「学童保育」理解の視点の多重性」『学童保育』第一巻、二九―三六頁

石原剛志（二〇一二）「あとがき」日本学童保育学会編『現代日本の学童保育』旬報社、一八四―一八五頁

石原剛志（二〇一九）「日本の学童保育史研究の現状と課題」『学童保育』第九巻、三―九頁

岸政彦・國分功一郎（二〇一七）「討議　それぞれの「小石」中動態としてのエスノグラフィ」『現代思想』四五（二〇）、四二―六三頁

楠凡之（二〇一七）「編集後記」『学童保育』第七巻、一一五頁

楠凡之・岡花祈一郎・特定非営利活動法人学童保育協会編（二〇一七）『遊びをつくる、生活をつくる。―学童保育にできること―』かもがわ出版

國分功一郎（二〇一七）『中動態の世界―意志と責任の考古学―』医学書院

丸山啓史（二〇一三）「イギリスの拡張学校における放課後活動の役割と概況」『学童保育』第三巻、二一―二九頁

丸山啓史（二〇一九）「学童保育の保育料の増大過程―大阪府下の市町村に着目して―」『学童保育』第九巻、九七―一〇五頁

松本歩子・中山徹（二〇一二）「全児童対策との連携における学童保育の現状と課題―放課後子どもプランの利用者・指導者の活動実態

と評価からの考察―」『学童保育』第二巻、二九―三七頁
三木知子・桜井茂男（一九九八）「保育専攻短大生の保育者効力感に及ぼす教育実習の影響」『教育心理学研究』第四六巻第二号、八三―九一頁
三浦幹子（二〇一八）「実践者が読み解く「放課後児童クラブ運営指針」の意義と課題：私自身の経験を通して感じた「運営指針」の意義と課題」『学童保育』第八巻、二六―二九頁
宮﨑隆志（二〇一一）「学童保育実践の展開論理―人が育つコミュニティへの展望―」『学童保育』第一巻、九―一七頁
仁平典宏（二〇一二）「〈災間〉の思考――繰り返す三・一一の日付のために」赤坂憲雄・小熊英二編著『「辺境」からはじまる――東京／東北論』明石書店、一二二―一五八頁
二宮厚美・早乙女勝利・石原剛志・前田美子（二〇〇九）「［座談会］学童保育の希望を語る―日本学童保育学会発足にあたって―」学童保育指導員専門性研究会『学童保育研究』第一〇号、かもがわ出版、七九―一〇二頁
二宮厚美（二〇一一）「学童保育学会発足に寄せて」『学童保育』第一巻、五―六頁
二宮厚美（二〇一二）「刊行によせて」日本学童保育学会編『現代日本の学童保育』旬報社、三―五頁
住野好久・英真子・矢吹一馬（二〇一二）「学童保育における保育計画の実践化と評価・改善に関する研究」『学童保育』第二巻、三九―四八頁
住野好久（二〇一七）「学童保育所の多様化が「学童保育」に提起すること」『学童保育』第七巻、四一―五〇頁
鈴木瞬（二〇二〇）『子どもの放課後支援の社会学』学文社
鈴木瞬（二〇二二）「学童保育における安全対策・危機管理に関する研究の動向」『金沢大学人間社会研究域学校教育系紀要』第一三号、四七―五六頁
鈴木瞬・住野好久・中山芳一・植木信一・松本歩子（二〇二一）「放課後児童支援員による子どもの成長の認識―「学童保育で育てたい資質・能力」指標の構築に向けて―」『金沢大学人間社会研究域学校教育系紀要』第一三号、五九―七三頁
植木信一（二〇一二）「学童保育実践研究とソーシャルワーク」『学童保育』第二巻、一一―一八頁
矢吹真子（二〇一八）「実践者が読み解く「放課後児童クラブ運営指針」の意義と課題：岡山市の放課後児童クラブの現状からみた「運営指針」の意義と今後の方向性」『学童保育』第八巻、二二―二五頁

山本敏郎（二〇一二）「学童保育実践研究とは何か―実践研究に対する研究者のかかわりを中心に―」『学童保育』第二巻、三―一一頁

注

（1）「「日本学童保育学会設立準備会」の呼び掛け文」を参照。（URL:http://www.gakudouhoikugakkai.com/file/yobikake_full.pdf 最終閲覧日二〇二〇年一二月三〇日）。

（2）学会設立に向けた座談会における前田（司会者）の発言に基づくものであるが（二宮ら二〇〇九：九八頁）、学童保育が対象化されることは「指導員の側に課題が生まれてくる」のだとする認識を前提としており、学会設立という事象と学童保育実践との関係を実践者の立場から適切に認識されたものである。

（3）このような意味で、学童保育実践を研究することそのものも学童保育実践であることは、これまでの多くの共同研究が実践的に示してきたところである（山本二〇一二、福田二〇一二、楠ら二〇一七など）。

（4）なお、「指導員」を検索キーワードから外したのは、基本的に「学童保育指導員」や「放課後児童クラブ指導員」として表記されることがほとんどであり、以上の検索によって対応できていると判断したためである。

（5）なお、ここでは学会誌掲載論文数と大学紀要論文数を比較することを目的としているため、作業合理性から『日本の学童ほいく』や『学童保育研究』などの雑誌論文や、研究所による報告書等は集計の対象から外している。これらの論考の中にも学童保育研究の知が見いだされるものの、紙幅の関係もあるため、それらの検討は他誌に譲る。例えば、『日本の学童ほいく』における〈学童保育〉の意味形成については、鈴木（二〇二〇）を参照。

（6）日本学童保育学会が設立される以前の研究的課題については二宮ら（二〇〇九：八一―八三頁）を参照。

（7）学童保育を主たる研究対象として位置づけてきた石原も、学会設立以前の状況をふり返り、「僕は個人的には学童保育を学問的な対象にしたいという思いをもちながら、研究成果は学会以外のところで公にし、学会では学童保育以外の対象やテーマについて発表してきました。学童保育研究ということでは、少し孤独を感じてきたようなところもあった」と語っている（二宮ら二〇〇九：九四頁）。

（8）だが、一九九〇～二〇一〇年代の論文数を累計してみると、施設設備論や学童保育実践論、障害児支援論、指導員論が五〇件を超えているのに対し、研究論や歴史論、研修論、組織運営論などは二〇件にも満たない。学童保育研究は多様化しつつも、その内容

にはいまだ偏りがある。

（9）また、久田（二〇一一）も、①生存権・労働権・発達権という社会権保障の基盤としての学童保育、②人々の「生き方」の問い直しを通して、放課後の子育てをめぐる市民的公共圏を形成する契機としての学童保育、③物理的、存在論的、関係論的の三重奏で成り立つ場所であり、家庭の代替ではないホームとしての学童保育、④相互主体の関係行為を通して、生活の共同創造を通して子どもの成長・発達を目指す意図的実践としての学童保育の視点から、学童保育の構造的理解を目指している。

（10）時事性や実践性の観点による特集であっても、時折、学童保育の原理や本質論を問い直す論考も確認できる。だが、それらは相対的に自己充足的であり、学童保育実践を対象化し、相対化することで構築されてきた学童保育研究の知を更新するという点では十分とは言えない。

（11）日本学童保育学会のＨＰでは、「まだ歴史の浅い学会ですが、研究者だけではなく学童保育指導員も多数参加するユニークな学会として、ともに研究的なまなざしを磨きながら研究を進めて」きたと述べられている（URL: http://www.gakudouhoikugakkai.com/aisatsu.html 最終閲覧日二〇二〇年一二月三〇日）。

（12）なお、『学童保育』第七巻の編集後記では、「本年度の編集委員会では、「実践研究論文」の取り扱いについてかなりの議論がありました。／実践研究論文の査読者から出された論文掲載の水準はかなり高いものでした。学術論文を書くことを専門にしていない学童保育の実践家にとって、その要求水準はかなり厳しいものであり、実質的には本学会誌に実践家が論文を書くことが排除されてしまうのではないか、という危惧が出されました。今後、本学会として「実践研究論文」をどのようなかたちで位置づけていくのか、については、さらに議論を重ねていきたいと考えています」とし、実践研究論文にかかわる構造的課題として受け止めている（楠二〇一七：一一五頁）。

（13）ここでは二つ以上のカテゴリーに含まれることが予想されるものは、そのどちらにもカウントをしているため、重複して論文が提示されていることを断っておく。

（14）なお、本稿では紙幅の関係から、類別のみに使用した『学童保育』掲載論文については、文末の引用・参考文献に掲載していない。詳細は、『学童保育』第一～一〇巻のそれぞれの論文を参照してもらいたい。

（15）日常＝〈災間〉であるという認識に立つということは、放課後の子どもたちを支援するための「様々な『溜め』や『隙間』や〈無駄〉を作り、リスクを分散・吸収させる」ことであり、そのために、日常的にできるだけ多様なつながりを形成することを求めるものである（仁平二〇一二：一二七頁）。

(16) ただし、丸山（二〇一三）では、学童保育との違いを明確化し、その違い（目的・役割における特徴）にこそ、注目すべき点があるとして、日本の学童保育を考える視点について論述している。

(17) 例えば、学童保育への企業参入に対する住野（二〇一七）と山本（二〇一七）の「厳しい意見の対立」は、「学会としてどのように公正性を担保しつつこのテーマの議論を進めていくのか」という編集委員会の試行錯誤の結果（楠二〇一七：一一五頁）であったことは、大いに評価すべきことである。

(18) 下位因子名は、相川ら（二〇一二）のチームワーク尺度（「コミュニケーション能力」「チーム志向能力」「バックアップ能力」「モニタリング能力」「リーダーシップ能力」）をもとに、筆者らが行った因子分析の結果によるものである。

(19) 「保育者効力感」とは、「保育場面において子どもの発達に望ましい変化をもたらすことができるであろう保育的行為をとることができる信念」である（三木・桜井一九九八：八三頁）。ここでは、三木・桜井（一九九八）による「保育者効力感尺度」を用いた。

(20) 分析結果は、公益財団法人日本教育公務員弘済会による奨励金を得て、星槎道都大学の吉澤英里氏とともに実施している「放課後児童支援員のチームワーク能力を向上させる研修システムの開発」の成果の一部である。

(21) 戦前や戦後の学童保育実践を対象とした歴史研究においても、当時の地域社会での子どもたちの生き方に深く関わっていた先駆者の姿に、オルタナティヴな地域社会を構想しようとする姿勢を垣間見るとともに、そこに歴史を切り取る研究者の意志を読み取ることは可能である。

(22) 上述の学童保育実践を理解する枠組みでは④指導員に含めているが、この意味で学童保育実践を研究することは、五つ目の実践として捉えることができると考える。

第二章　学童保育研究の方法論的検討
――日本と韓国の学童保育施策の分析を通して――

齋藤史夫

一　学童保育と国際比較研究の課題

一九八九年に国連総会において全会一致で採択され、一九九四年に日本政府も批准した子どもの権利条約は、世界の子どもの幸せの実現に向かう共通の指標であり、日本においては「子ども期の確保」が課題となっている。日本の学童保育の本質とあり方を世界の視点から検討し、今後の方向を見定めることが求められている。

二〇〇九年にまとめられた『子どもの放課後を考える　諸外国との比較でみる学童保育問題』を皮切りに、二〇一〇年六月の本学会結成の前後から子どもの「放課後」に関わる各国の施策を紹介する本が発刊されてきた[1]。日本学童保育学会の発足を記念して出版された『現代日本の学童保育』[2]では、二宮厚美が巻頭の論文「福祉国家における学童保育の発展」の中に国際比較から見た日本の学童保育を素描し、その後本学会でも海外事例について研究が進められてきている[3]。

これらの研究では、ヨーロッパ・アメリカ・オセアニア・アジアの子ども達が朝・「放課後」・長期休暇を過ごすための施策や事例が紹介されており非常に参考になる。それらの中では、学童保育指導員の資格・養成・業務などについて六カ国の現状と課題を比較した『学童保育指導員の国際比較』や、フィンランド・ヘルシンキと大阪の「放課後施設と生活」を比較し「子どもが安全かつ自由に地域空間で遊んだり移動できるように、子どもの生育環境である地域を見直し、再構築」していく方向を探る『地域のなかで子どもが育つ』などが課題を明確にして国際比較を行っている。しかし、全体としては海外事例の紹介に紙幅の多くが費やされており、課題・目的を明確にした国際比較から学童保育の意義と課題や子どもの生活の本来的なあり方に迫るものは多くない。

二〇一九年六月二九日、大阪市立大学で開催された日本学童保育学会第一〇回研究大会において「日韓学術交流シンポジウム―学童保育における子ども主体の生活・文化創造と企業による社会貢献活動―」が開催された[4]。日本学童保育学会における国際研究は、それぞれの国の実践者・研究者と共同して国際的研究対話を行う段階に至った。その対話を実り多いものとするためには、海外研究において目的と課題を明確にし、それぞれの国の歴史と社会の文脈を踏まえた国際比較研究を進めることが求められる。

本稿では、恒吉僚子[5]が比較事例研究も含めて「国家ないし、国のなか、文化や地域などを単位としたフィールドワークを伴う研究」とする「国際比較フィールドワーク」の方法を援用して、日韓の施策の比較を行う。あわせて国際比較研究の方法について考察する。

二「子ども時代」の確保――国際的視野から見た日本と韓国共通の課題

1　国連子どもの権利条約による国際比較研究・国際的研究対話の視点と目的

世界との研究対話を進めるためには、視点と目的を児童福祉法の根拠の条約ともなっている国連子どもの権利条約（以下、条約とも表記）にもとづいて深めることが必要である。

国連の人権条約実施機関は「条約に定める人権の普遍性を維持しつつ、同時に人権の内容を国際社会のニーズに適合させて発展させるため」、国家報告手続きでの「最終所見」(concluding observations)・個人通報手続きでの「見解」(views)・条約への理解を深める「総合的解説」(general comment)の三つの「道具」を持つという[(6)]。子どもの権利条約においても実施機関として子どもの権利委員会（以下、委員会）が設置され、もうひとつの「道具」、子どもの権利条約の特定の条文や関連するテーマのより深い理解を深めるための General Discussion（一般討議）を開催し勧告を公表している（委員会暫定手続規則七五条）。

また、「子どもの権利委員会の会議前作業部会への参加者（NGOおよび個人の専門家）のためのガイドライン[(7)]」では「この条約は、NGOにその実施を監視する役割を明示的に与える唯一の国際人権条約である」（条約第四五条ａの規定に基づく）として、「特定の国での条約実施の包括的な状況と専門知識を提供するために、NGOが報告書、文書、またはその他の情報を提出することを体系的かつ強力に奨励する」（筆者訳）としている。

子どもの権利条約は、四つの「道具」を活用して国連・条約加盟国・子どもと個人の専門家（研究者等）を含む市民が、世界の子どもの権利の実現と理念の発展・深化のために行われる研究的な対話と実践のシステムである[(8)]。

この世界での対話を主体的に受け止め、日本の子どもの状況と課題を明らかにし、各国の課題との共通性と相違性を確認することが国際比較研究・国際的研究対話の基礎となる。

２　子どもの権利条約から提起される日本と韓国共通の課題

二〇一七年六月、日本政府は国連子どもの権利委員会に「児童の権利に関する条約第四・五回日本政府報告」を提出した。筆者も所属する「子どもの権利条約市民・NGO報告書をつくる会」は、二〇一七年一一月、委員会に日本市民からの報告書を提出し[(9)]、日本政府報告審査前の予備審査にも参加した。市民・NGOの会報告書では、日本において子どもの七人に一人が相対的貧困の状況にあり、また、いじめ・体罰・虐待・不登校など子どもの困難を表す指標が高率のまま推移し、豊かな内面を育てる自由な空間と時間と人間関係をうばわれているとして「子ども期の貧困化」が深刻化していることを指摘した[10]。

二〇一九年三月五日、委員会は「日本政府第四・五回統合報告に関する最終所見」を発表した。所見では、「C．一般原則」において「子どもに関するすべての決定において子どもの最善の利益を考慮していないことに留意する」（第一九パラグラフ、以下数字のみ）とともに、「社会の競争的な性格により子ども時代（Childhood）と発達が害されることなく、子どもがその子ども時代を享受することを確保するための措置を取ること」（二〇ａ）を日本政府に要請した（子どもの権利条約市民・ＮＧＯの会訳[11]）。

一方、二〇一九年一〇月二四日に委員会は「韓国政府第五・六回統合報告に関する最終所見」を公表した。その中では、韓国における教育の正常化への一定の進展を評価しながらも、「子どもの自殺の主な原因である、睡眠不足と高レベルのストレスを伴う、過度な学問的負担について深く懸念する。また、子どもの子ども時代を事実上奪う高度に競争的な教育条件についても深刻に懸念する」（四一筆者訳）とされている[12]。

社会の競争的な性格・競争的な教育条件の下での「子ども時代」の確保という、共通の課題を指摘されている隣国同士の日本と韓国の状況を比較検討することは、両国での「子ども時代」の確保に向けて大きな意義を持つ。

3　学童保育類似施設——韓国の地域児童センター

韓国には公的な「放課後」施策として、「放課後保育」「地域児童センター」「青少年放課後アカデミー」「放課後学校」などがある[13]。それらの中で地域児童センター（지역아동센터）は、日本の学童保育と同様に民間の活動から始まり、その後児童福祉法に位置づけられ、放課後や長期休暇に多くの小学生が生活する場である。

韓国では、一九八〇年代に宗教団体や市民活動団体による貧困家庭の子どもの放課後支援である「コンブバン」（勉強部屋）が広がる。そして、韓国による子どもの権利条約批准（一九九一年一一月）も背景に、実践者や子ども自身も参加した運動も経て二〇〇三年一二月の児童福祉法改正によって法的に「地域児童センター」として位置づけられた。現在は、児童福祉法第五二条（児童福祉施設の種類）八に「地域社会の児童（지역사회 아동）の保護・教育、健全な遊びと娯楽の提供、保護者や地域社会の連携（보호자와 지역사회의 연계）など児童の健全育成のために総合的な児童福祉サービスを提供する施設」（筆者訳）とされている。

地域児童センターは、法制化後の二〇〇四年の八九五カ所から二〇一六年一二月には四一〇七カ所一〇万六六六八人の子どもが通う施設へと広がっている。[14]「普遍的福祉」の施策として一般児童も視野に入れた方向が模索され、理念の面では日本の児童館と類似している。しかし、現状では貧困家庭などの保護を必要とする子どもが多く登録されて帰宅時間まで生活する施設となっている。[15]

調査では、主に、一九八四年に「社団法人共同育児・共同体教育」によってソウル市の昌信洞に開設されて以来の歴史を持ち、活動が韓国内でも注目されているヘソン地域児童センター（以下、ヘソンとも表記）を対象とした。ヘソンでは、周辺に密集する縫製工場で長時間労働に従事する家庭の小学一年から六年生三〇人が生活している。[16]その他に、センターを支える市民的活動の広がり、中高生を対象とした地域児童センター、行政・企業セクターの役割などども見ていく。[17]比較にあたっては、施策における子どもの規定、および子どもの権利に関して生命の基本となる生存権・福祉において置き去りにされがちな文化権・権利条約の特徴ともいえる参加権と自治権に焦点を当てて考察する。

三　韓国地域児童センターの特徴

1　「地域社会の児童」――対象とする子どもの規定

日本の児童福祉法で「放課後児童健全育成事業」とされる学童保育の対象となる子どもは、法的表現では「放課後児童」、一般的用法では「学童」である。韓国の地域児童センターの対象は法的に「地域社会の児童」（一八歳未満の子ども）と規定され、「保護者や地域社会の連携」も条文内に位置づけられている。

この規定の背景に、韓国社会における市民的活動の広がりがある。そして、子育てからはじまった市民によるまちづくりであるマウルづくり（マウル＝村）の中では、実際に地域社会の児童（マウルの子ども）をマウル（地域社会）の連携で育てている。

ソウル市では、ソンミサン地区（ソンミサン・マウル）やサンカクサン地区（サンカクサン・ゼミナン・マウル）など、複数の地域で共同保育所づくりから市民の共同的活動が広がり、多様な協同組合・市民的企業の設立も行われるマウルづくりが進み、その後ソウル市の事業ともなっている。[18] これらのマウルづくりでは、共同保育所を卒業した子どもたちのために、保護者・市民の出資によって「代案学校」と呼ばれるソンミサン学校（小中高）・ゼミナン（楽しい）学校（小学校）なども創立され、学校内や別棟の図書室が放課後の小学生の居場所にもなっている。

ヘソンや後述する一三一八ハッピーゾーンもマウルづくりの一環として自センターを位置づけ、同時に子どもたちもマウルを構成する市民として生活している。[19] ヘソンでは、公的な児童福祉の対象となる貧困家庭などの子どもが三〇名中七～八割を占めているが、その子どもたちをマウルの子どもと位置づけるとともに、地域のすべての子どもを対象にしたいとの希望も持っている。

朴志允は地域児童センターの法制化にあたって、貧困地域の子どもの保護のための施設から、普遍的福祉の施設として子どもたちの地域での生活を支援する施設と位置づけられることとなったとしている。未だ「地域施設化」を具体化できていないセンターも存在するというが、法制化にあたって「地域社会の児童」を対象とすることが明記され方向を示したことが地域児童センターの特質である[20]。

２　子どもの基礎的な生活の保障（生存権）

子どもの権利条約第六条には生命への権利、生存・発達の確保が謳われている。日本の「子供の貧困対策に関する大綱」（二〇一四年・二〇一九年）では「学校給食を通じた子供の食事・栄養状態の確保」や「食育の推進に関する支援」があげられているものの、すべての子どもの毎日の食事の保障など生存権の課題が未だに残っている。また、学童保育の現場にも困難な事情を抱えた子どもがいるが、学童保育の役割について大綱に明確な規定はない。

韓国では、「脆弱階層児童」のための統合サービスをサポートするという児童福祉法第三七条を根拠に、自分の人生・将来に夢を持つことに格差をつくらないという「ドリームスタート事業」[21]が行われている。全国二二九の市・郡・区にドリームスタートセンターが設置され、生活保護基準に二〇％プラスした水準以下の家計収入（次上位）で生活する家庭の〇から一二歳までの子どもが全員対象となる。韓国においても生活保護申請を躊躇する家庭も多いために家計収入を基準としたと言う。ケアは、①家庭訪問②必要な支援を分類③ケア会議で地域資源と連携した個別の統合サービス計画立案④四分野のサービス実施[22]⑤点検支援の流れで行われる。その際、ひとり親家庭・被虐待児へのケアは優先して行われる[23]。

地域児童センターはドリームスタート事業によるケアが行われる施設としても位置づけられ、センター長も地域でのケア会議に参加する。センターの夕食、学校での無償給食と長期休暇中のセンターでの昼食で、貧困下にあるすべての小学生に毎日二回の食事が提供される（食費・調理職員の費用は国の保障）。筆者らのヘソン訪問時にも、子ども達は調理職員からセンター内で調理したご飯・焼き魚・カクテキ（大根キムチ）を受け取り、「おいしい・おいしい」と夕食をとっていた。

地域児童センターはその他のケア計画の実施箇所ともなっており、児童福祉施設として保護を必要とする子どもの生存権を保障する場となっている。

3　子どもの休息・遊び・文化の保障（文化権）

条約第三一条には「子どもが、休息しかつ余暇をもつ権利、その年齢にふさわしい遊びおよびレクリエーション的活動を行う権利、ならびに文化的生活および芸術に自由に参加する権利を認める」と子どもの文化権が謳われている。そして、国連子どもの権利委員会は、障害や貧困その他の状況にあっても「いかなる差別もなしに第三一条の諸権利を実現する機会を持てるようにあらゆる適切な対策をとる[24]」ことを強調している。しかし、日本の「子供の貧困対策に関する大綱」では、子どもの文化権は位置づけられていない。

ヘソン地域児童センターでの毎日の生活の一番多い部分は自由な遊びであるという。そして学校が午前中で終了する毎週水曜日の午後には遠足（ナドリ活動）にでかける[25]。博物館などとともに、子ども自治会で訪問箇所を話し合い、健康サウナ施設チムジルバン・スケート場・映画館などにでかけ、夕食には焼き肉などの外食を楽しんでいる。

また、二〇一二年の調査では、センターにギターやバイオリンが多数並び、ソウル市の費用で毎週木曜日に音楽の個人レッスン講師が派遣されていた。さらに、二〇一八年の調査時には、バイオリン・フルート・チェロ・クラリネットの講師が派遣されてグループレッスンが行われ、全体でミッションインポッシブルとスターウォーズのテーマのオーケストラ練習が行われていた。マウルの一員として演奏を披露もして、遊びとともに文化的生活・芸術への参加、地域文化を豊かにする当事者としての生活が行われている[26]。

貧困など保護を必要とする子どもであっても、日々の遊びから、希望すれば専門家による芸術指導までが保障され、地域の文化的生活を豊かにする主体となっている。

４　子ども自治でマウルづくりに参加する子ども市民（参加権・自治権）

子どもの権利条約の大きな特徴は、第一二条に子どもの意見表明権（聴かれる権利）、第一五条に子どもの集会・結社の自由が謳われ、自治による市民としての子どもの社会参加を位置づけたことである。日本の学童保育においても子どもを地域に生活する主体として捉えた実践もあるが、さらにまちづくりの主体としての生活創造は課題であろう。

ヘソン地域児童センターの生活は、子どもたちの自治によって運営されている。センターの活動はどれも自由な意思による選択参加で、学習も子どもたちのサークルによってなされ、筆者らも「こんにちは」と日本語サークルで学んだ挨拶で迎えられ（二〇一二年）、壁一面に英語サークルの子どもによる英文が書かれていた（二〇一八年）。しかし、毎週月曜日夕方の子ども自治会のみは全員が参加しなくてはならない。子ども自治会では、毎日の子どもたちの生活課題や遠足の目的地から、マウルを良くしていく計画まで話し合われる。

キム・センター長は「子どももこのまちに住む一人として、自分にできることを探して変化させよう、もっと良いまちにするために私が変えよう、という姿勢を育みたい」と言う。子ども自治会で計画してセンター外に開設したのがヘソン子ども図書館である。初代センター長の母親からの寄付（一千万ウォン）・ソウル市長からのファンド（二千五百万ウォン）などを集め、元縫製工場に自分たちでもペンキ塗りをして開設したものである。子どもが隠れて寝転んで本が読めるスペースもある同図書館は、五つの地域児童センターが共同で使用し、マウルに公開してマウル会議、市民による読書セミナーや天然ろうそく作りなども行われる場となっている。

二〇一五年三月に見学した子ども自治会の議題は「ヘソン遊び場プロジェクト」であった。毎週水曜日の遠足でいろいろな公園に出かけて遊び、自分たちが遊んで楽しい公園の条件を探って報告・発表し、再開発で建設される公園を魅力的なものにしようという活動である。国家プロジェクトでの公園建設であり、充分に子どもたちの願いが反映されなかったために、区の公園建設に向けてプロジェクトを続けた。「なんでもあそび場」「ふかふかあそび場」「昆虫あそび場」など、自分たちのイメージをまとめ、マウルの住民にも意見を聞き、区長も招いて「遊び場プロジェクト発表会」を開く。願いは届き、二〇一九年五月二日、小学五年生も祝辞挨拶を行ってサンマル（山の端）遊び場が開設された[27]。

5　成人まで見通した生活・発達の保障

子どもの権利条約・日本児童福祉法・韓国児童福祉法のいずれも、その対象は一八歳までの子どもである。学童保育は法的に小学生を対象とするが、地域児童センターは韓国児童福祉法にもとづく児童福祉施設として、小学一年生から一八歳までの子どもを対象とすることが可能であり、多数ではないものの中学生・高校生世代を対象とする施設がある。

「社団法人小さな愛を分かち合う会」（부스러기사랑나눔회）は中高生を対象とした地域児童センター「一三一八ハッピーゾーン」を運営している。その中、「虹の青色カエル地域児童センター」では、中高生が陶芸家などのマウル住民から職業体験指導や学習支援・進路指導を受けていた。同時に、マウルづくりの中で建設された「ともに笑う村共同体〝楽しい家（か）!?〟」も居場所となり、バンド練習室・ボルダリング壁のある舞台・職業指導も兼ねた調理ができる食堂・横になれる屋根裏部屋・カフェスペースなどを自由に活用していた。「楽しい家」の建設時には、子どもたちも設計に参加するなど中高生の自治的参加も追求されており、中高生たちは喜んでセンターに通っていた。

さらに、ソウル市の教育監（公選制の教育長）の選挙時には、自分たちのために働く教育監を選んでほしいとの気持ちから、街頭で「選挙に行ってください」とプラカードを持って市民に訴える活動もしていた。

年齢に応じた社会的な存在としての行動も、子どもの社会性の発達にとって必要であろう。訪問前には、貧困など困難を抱えた中高生が通う「学童保育」と聞き、果たして子どもたちは喜んで通っているのであろうかと危惧したが、実際に見学すると魅力ある場であり、スティグマも超えて思い思いに生き生きと過ごしていた。(28)

６　企業セクターの役割

「日本政府第四・五回統合報告に関する最終所見」においては、特に「子どもの権利と経済界」（一五）の項がもうけられるなど、子どもに関わっても企業の社会的責任（Corporate Social Responsibility）や社会貢献が問われている。日本で、すべての学童保育を対象に、また、その後の成人までの支援を行う企業の社会貢献は寡聞にして聞くことがない。

韓国の地域児童センターへの継続的な支援や成人するまでの途切れのない支援に、外国映画で初のアカデミー作品賞を受賞した「パラサイト半地下の家族」を制作するなど、韓国を代表する食品・エンターテイメント企業であるＣＪグループが取り組んでいる。同グループが設立したＣＪ分かち合い財団は、二〇〇五年から韓国全国の地域児童センターの活動に対して継続的な支援を行っている。メディアの企業である特性を活かす広報によって、各センターから支援を求められた個別の活動計画への寄付を募集し、集まった寄付と同額を財団からも支出して活動支援に充てている。二〇一八年までに一万四千プログラムを支援し、参加した児童数は一三六万人に上るという。(29)

しかし、貧困などの困難を抱えた子どもたちを支援しても青年期に就職に苦労する姿から「彼らが自立できるような実質的支援が必要であることを認識」して、二〇一七年から「夢育てるアカデミー」を開始した。グループ企業の経営と関わる「料理部門」「サービス部門」「生産の専門家部門」などのコースを修了すると（三ヶ月・六ヶ月）グループ企業への就職が約束される。このアカデミー開設のためにグループ企業への就職の条件を大学卒業から高校卒業に変更するなど、企業グループ全体で取り組む青年期の支援である。料理部門のカフェコースを修了すると、韓国で一〇〇〇店を超える人気カフェ A Twosome Place に正社員として就職できることなどから、希望者の多い事業となっている。(30)

四　地域児童センター研究からの日本学童保育の問い直し

1　学校中心の子ども規定の問い直し

韓国との比較研究と研究対話から、日本の学童保育のあり方について、子どもの権利の総合的な保障、市民・企業・国と行政それぞれの責務、子どもの自治的生活のあり方など多くの示唆を得ることができる。本稿では、特に、日本の児童福祉の再構成とその中での「学童保育」の本質と役割を考察したい。

石原剛志は、学童保育が多様な形態で行われていること、短い期間に急速に発展してきていることによって学童保育を対象化（概念化）する困難を指摘している。そして、学童保育の法制化に向けての法案審議過程で全国学童保育連絡協議会から用語を「学童保育」とする要望が出されたが、議論は本質的な論点を深めることなく終わり「放課後児童健全育成事業」となったという。そして、「この言葉（学童保育）を概念として定義したうえで研究しようとする自覚的努力がみられない」(31)ともしていたが、日本学童保育学会の設立はこの課題に応えるものである。

石原は同論文において「保育」概念について検討しているが、その検討は今も課題である。同時に、「学童保育」も「放課後児童健全育成事業」も双方とも「学童」「放課後児童」と学校中心の視点から子どもを定義していることを問う必要もある。韓国では、貧困地域の子どもを対象とした「勉強部屋」（コンブバン）から、法制化にあたって

「地域児童センター」という、地域に生活する子どもを対象とする名称となった。朴によれば、子どもの権利条約と市民的活動の広がりを背景に、「普遍的福祉」の施設としての本質と発展の方向を問うていたのだという。[32]

日本学童保育学会のスタート時に、竹内常一は学童保育が「地域を子どもの『生活世界』（社会的意味世界）とするものであってほしい」と述べ、二宮厚美は学童保育研究に期待される諸領域の第六に「将来の地域コミュニティを構想する課題」をあげていた。[33]「学童保育」という用語は国民・住民自身の実践によって定着した重みのある呼称であるが、「放課後児童」という子ども規定とともに、子どもは地域社会で生活する一員であるということを明確にする呼称とできないか再検討する必要があるのではないか。

２　児童福祉の再構成と「学童保育」――戦後児童館構想も視野に

日本の児童福祉法には、すべての子どもを対象とする児童厚生施設、児童館（四〇条）がある。戦後児童福祉法の制定にあたって松崎芳伸は、『児童保護』から『児童福祉』へと言葉の用法を変えることによって、その対象とする児童を大きく廻天させた」[34]という。そして、河野通祐は「一般福祉」としての児童福祉の理念は、児童厚生施設としての児童館が完備されることによって実現するとしていた。具体的には、子どもの「誘致半径」の中心に児童遊園を数多く設置し、その中心に「社会施設であり、文化施設でなくてはならない」児童館を計画的に配置するという構想である。そのことによって「彼ら自身の自治によって、彼らの生活の支柱を発見さし、新しい児童文化が子供達自身の手で創造せられてくる」ことを期すというのである。[35]現在の「放課後」施策である「放課後子ども総合プラン」では、新・旧それぞれにおいて児童館は位置づけられておらず、「児童館ガイドライン」が策定（二〇一一年、二〇一八年改正）されながらも、児童館の政策的位置づけは弱い。[36]

日本の児童福祉は、一方では貧困の子どもへの食の提供が民間の「子ども食堂」への支援が中心となっているなど保護の面でも課題があり、もう一方では児童館がすべての子どもの「誘致半径」に設置されておらず出発時に構想された一般福祉の理念も現実化しているとは言いがたい。子どもの貧困やその他の保護の課題がある日本において、子どもの保護（生存権の確保）と一般福祉を合わせ実現するために、児童福祉施設・事業のあり方を含めて再構想する必要がある。その時、児童館、学童保育、そして民間での子ども食堂など日本の歴史的積み重ねをふまえて、それぞれの役割を明確にするのか、それとも日本型「地域児童センター」というべき新たな施設を構想するのかなど検討すべきである。それはまた、福祉としてだけではなく、学習権、文化権、参加・自治権などをホリスティックに保障する場としての「学童保育」の役割と未来の姿を探っていくことともなろう。

塚田によれば、ヘルシンキには「青空児童館」といえる「レイッキプイスト」（児童公園）があり、そのいくつかには学童保育が行われる屋内施設もあるという。そしてフィンランドは世界で最も子どもが自由に移動できる国といい、日本の戦後児童館構想と同様の理念を目指している国と言えるのではないかと考えられる。そして、塚田は大阪の学童保育の「親同士が協力して営む子育て」の豊かさと、「地域の中にある放課後施設」であることによる可能性を探っている[37]。筆者は韓国と日本を比較してきたが、塚田の比較研究などと合わせ検討することによって、さらに日本の学童保育の今後のあり方や可能性の考察を深めることができるのではないか。

五　国際比較研究の方法と可能性

論点を絞って日韓の比較をしてきたことを踏まえ、国際比較研究の方法と可能性を考えるなら、第一に当然の前提として研究の視点・目的の明確化が必要である。筆者は、比較の基準と対話の共通の基盤として子どもの権利条約を設定した。そこから両国の子どもに関わる課題、それぞれの共通性と相違点が国際的な視野から明確になるからである。

第二に、比較する対象の事例と施策の実態、その歴史や性格などを現状のままに明らかにする必要がある。多様な「放課後施策」を紹介することは子どもの生活の総合性の担保のために有効である。しかし、海外の「放課後」施策はすべて日本の「学童保育」とは違うと見ることもでき、学習権の保障のための施策や余暇・文化の権利の保障のための施策などを検討なしに「学童保育」と日本語表記することは混乱を招く怖れもあろう[38]。

第三に、日本とは違うあり方をしている事例を見ることで、なぜそのようになっているのか背景や本質に迫ることが求められ、では日本の特徴がどのように生まれてきたのかに迫ることも必要となる。そこから学童保育の理解も深まる可能性もある。

第四に、戦後児童館構想や、塚田が大阪の学童保育から可能性をみたように、彼我の比較から逆照射することによって、日本での歴史や現に行われている実践の持つ豊かさを再発見することも必要である。

そして第五に比較研究の経過を対象国の実践者・研究者と対話することによって双方の子どもの課題の解決に大きな力となると考えられる。日本学童保育学会第一〇回研究大会シンポジウムに登壇した鄭教授は、韓国においても同様の学会が必要と認識したと語っていたが、対話が新たな出発点となることも考えられる。

韓国調査において訪問した多くの実践者や研究者は日本を訪問調査し、「研究的共同実践創造」とも言える姿勢でそれぞれの事業・施策を構想していた。日本においても、研究者のみではなく、子ども劇場おやこ劇場のヨーロッパとの調査交流、地域子ども組織を育てる活動のイタリアのアルチ・ラガッチやスペインのベンポスタ子ども共和国訪問など、市民による海外との交流・研究によって実践が創造されてきた例がある[39]。実践者と研究者がともに研究を進める日本学童保育学会が国際比較研究を大いに進め、いろいろな国と研究対話を進めることは学童保育の発展とともに、日本の子どもの「子ども時代」の確保のために大きな力を発揮することとなろう。

本稿では、日本とは異なる韓国の社会的文脈や日本の学童保育実践の具体的すすめ方への示唆については充分に論じることができなかった。今後の課題としたい。

注

（1）池本美香編著『子どもの放課後を考える――諸外国との比較でみる学童保育問題』勁草書房、二〇〇九年。明石要一他『児童の放課後活動の国際比較――ドイツ・イギリス・フランス・韓国・日本の最新事情』福村出版、二〇一二年。石橋裕子他『しあわせな放課後の時間――デンマークとフィンランドの学童保育に学ぶ』高文研、二〇一三年。松村祥子・野中賢治編著『学童保育指導員の国際比較』中央法規、二〇一四年。臼田明子『オーストラリアの学校外保育と親のケア――保育園・学童保育・中高生の放課後施設』明石書店、二〇一六年。塚田由佳里『地域のなかで子どもが育つ学童保育――ヘルシンキ・大阪の放課後』西山夘三記念すまい・まちづくり文庫、二〇二〇年など。

（2）日本学童保育学会編『現代日本の学童保育』旬報社、二〇一二年。

（3）日本学童保育学会『学童保育』第三巻、二〇一三年、丸山哲史「イギリスの拡張学校における放課後活動の役割と概況」、同誌第四巻、二〇一四年「特集『世界の子どもの放課後支援』に学ぶ」の三論考――増山均・南銀伊「韓国における学童保育の現状『地域児童センター』に注目して」、臼田明子「オーストラリアにおける『子どもの放課後支援』」、池本美香「イギリスにおける子どもの放課後支援」、同誌第六巻、二〇一六年の謝程・小伊藤亜希子・田中智子「学校階層別にみた北京市における子どもの生活と放課後対策の課題」、同誌第一〇巻、二〇二〇年の住野佳久ほか「大学における学童保育指導員養成に関する研究―スウェーデン・ストックホルム大学の養成課程の検討を中心に―」など。

（4）日本学童保育学会『学童保育』第一〇巻、二〇二〇年、特集Ⅰ「日韓学術交流シンポジウム――学童保育における子ども主体の生活・文化創造と企業による社会貢献活動」参照。

（5）恒吉僚子「国際比較研究　比較フィールドワークのすすめ」秋田喜代美・恒吉僚子・佐藤学編『教育研究のメソドロジー』東京大

学出版会、二〇〇五年、二一九頁。

（６）薬師寺公夫「グローバル化と国際人権――国連の人権保障制度における国際機関と国家」日本国際問題研究所『国際問題』（六四二）、三八頁、二〇一五年六月。

（７）CRC/C/90, Annex VIII.

（８）拙稿「『子どもの集会・結社の自由』をめぐる国際社会の論議――二四の国連子どもの権利委員会 General Comment から」『東京家政学院大学紀要』第六〇号、二〇二〇年参照。

（９）子どもの権利条約市民・ＮＧＯ報告書をつくる会国連子どもの権利委員会への統一報告書『日本における子ども期の貧困化　新自由主義と国家主義のもので』二〇一七年一一月。

（10）子どもの権利条約市民・ＮＧＯの会編『国連子どもの権利条約と日本の子ども期――第四・五回最終所見を読み解く』本の泉社、二〇二〇年参照。

（11）CRC/C/JPN/CO/4-5. 二〇一九年三月五日。

（12）CRC/C/KOR/CO/5-6. 二〇一九年一〇月二四日。

（13）その詳細については、池本美香編著『子どもの放課後を考える――諸外国との比較でみる学童保育』勁草書房、二〇〇九年参照。

（14）「子どもの権利保障院」（아동권리보장원　旧称地域児童センター中央支援団）のデータによる。https://www.icareinfo.go.kr/ 二〇二一年二月二五日閲覧。

（15）前掲、増山均・南銀伊「韓国における学童保育の現状『地域児童センター』に注目して」、朴志允「子どもの権利条約の実施と地域の子ども支援―韓国・地域児童センターにおける子どもの参加事例を中心に―」『子どもの権利研究』一九号、日本評論社、二〇一一年など参照。

（16）ヘソン地域児童センターの詳細は同前、増山・南論文参照。

（17）韓国調査の全体は増山均・筆者・南銀伊『市民力で創る子育てとコミュニティ――韓国・市民活動の挑戦』子どもと文化のＮＰＯ Art.31、二〇一九年参照。

（18）日本希望製作所『まちの起業がどんどん生まれるコミュニティ』二〇一一年、柳昌馥「住民が主体となるマウルのくらし――国家公共性からマウル公共性へ」『社会運動』市民セクター政策機構、二〇一五年三月号など参照。

(19) 鄭炳浩「共同育児運動と地域児童センターの課題」前掲、『学童保育』第一〇巻参照。
(20) 朴志允「韓国における地域児童センターの地域施設化――子どもの権利の視点から」東洋大学博士論文、二〇一一年。
(21) https://www.dreamstart.go.kr/ 二〇二一年二月二五日閲覧。
(22) ①身体・健康②認知および言語③情緒および行動④親および家族。
(23) 保健福祉部保育振興院ドリームスタート事業部事務長、二〇一四年一一月一七日インタビュー。
(24) 国連子どもの権利委員会『総合的解説 No.17（二〇一三）休息、余暇、遊び、レクリエーション活動、文化的生活、芸術についての子どもの権利（第三一条）』（パラグラフ一六）。
(25) その後、子ども自治会での話し合いによって隔週に料理教室を行うことになった。
(26) 拙稿「子どもの貧困対策と遊び・文化・子ども市民」日本福祉文化学会『福祉文化研究』Vol.25、二〇一六年参照。
(27) 金美我「友情と思いやりのコミュニティ――ヘソン地域児童センターのとりくみ」前掲、『学童保育』第一〇巻参照。
(28) 本節の詳細は一般社団法人協同総合研究所『厚生労働省平成二六年度セーフティーネット支援対策事業（社会福祉推進事業）貧困などによる子ども・若者を対象にしたセーフティネットの現状とその課題に対する提言に向けた調査研究』二〇一五年、ソ・ジョンファ「地域児童センターの活動と子どもの権利」『子どもの権利研究』二二号、二〇一二年、日本評論社参照。
(29) https://www.donorscamp.org/ 二〇二一年二月二五日閲覧。
(30) 閔善英「児童の健全な成長と実質的自立支援のための企業の社会貢献」前掲、『学童保育』第一〇巻参照。
(31) 石原剛志「学童保育とはなにか」小川利夫・高橋正教編『教育福祉論入門』光生館、二〇〇一年、一七七頁。
(32) 前掲、朴志允「韓国における地域児童センターの地域施設化――子どもの権利の視点から」参照。
(33) 日本学童保育学会機関誌『学童保育』第一巻、二〇一一年。
(34) 松崎芳伸「児童政策の進路」厚生省児童局『児童福祉』東洋書館、一九四八年、二〇頁。
(35) 河野通祐「児童厚生施設」同前『児童福祉』。
(36) 戦後児童館構想の再評価を含めて児童館の役割については、拙稿『子どもの生活圏文化』の再生・創造と児童館――『総合的な放課後対策』と『児童館ガイドライン』の検証を通して」日本福祉文化学会『福祉文化研究』Vol.23、二〇一四年参照。
(37) 前掲、塚田『地域のなかで子どもが育つ学童保育ヘルシンキ・大阪の放課後』。

(38) 増山均は海外の「放課後対策」の理念形成には【学校外教育・不定形タイプ】【教育福祉タイプ】【余暇・文化タイプ】があるのではないかとしている。前掲、『現代日本の学童保育』八五頁。

(39) 高比良正司「ヨーロッパの人形劇と子どもたち――国際人形劇人会議に参加して」『夢中を生きる――子ども劇場と歩んで二八年』第一書林、一九九四年、「子どもの生活と自治にとりくむ国際交流の前進」少年少女組織を育てる全国センター『子どもの組織を育てる運動の二十年と「子どもの権利条約」』一九九一年など参照。

第三章　学童保育の公共性と保育の質

――学童保育研究は「民間委託と企業参入」をどう捉えることができるのか――

代田盛一郎

はじめに

この度、表題のことについて論をまとめることになった。

このテーマには四つの視座がある。「学童保育の公共性」「保育の質（本稿では「学童保育の『保育の質』」として考えていく）」[1]「民間委託」「企業参入」である。これらの視座が意味するところを明らかにしながら、その現状と課題に関して論点を組み合わせていく作業は、「学童保育の公共性と保育の質」という学童保育固有の要因に対し、「民間委託や企業参入」という外的な要因がどのような影響を持ちうるのかを考えることになるだろう。

こうした論点を複雑にしているのは「学童保育とは何なのか」という本質的な定義に関わる問いである。この問いは未だその結論をみず「生成途上にある」ものであるため[2]、そこを明確にした上で各論に踏み入る困難さを考えると、正直、荷が重い。しかし、多角的な論議の積み重ねもまたこの問いに迫るアプローチの一つとなるかも知れぬと考え、論を進めたいと思う。

本題に先駆けて、本テーマを象徴するかのような二つの新聞記事について記しておきたい。少し長くなるが、報道内容を正確に把握するため、以下一部省略の上、原文を引用する。引用の意図については後述したい。

一つ目は、二〇二〇年六月二六日付の産経新聞の記事だ。

> 今年五月、大阪府守口市で学童の指導員をしていた一〇人が、市に委託された会社が雇用契約更新を拒否したのは無効だとして大阪地裁に民事訴訟を起こした。
>
> 訴状によると、市は直営だったこの学童の業務を三一年四月から民間企業に委託。原告らは直営時から指導員として勤務していたが、今年になって「会社を批判した」などとして懲戒処分に該当するとした注意書を交付され、三月末に雇い止めされた。関係者によると、指導員には運営の変化による戸惑いがあったという。企業側は「雇用契約に基づき勤務状況によって判断した」とコメントしている。
>
> 民間委託については、保護者側から「保育の質が保てるのか」といった不安の声が寄せられることも多く、各自治体には慎重な対応が求められている。三〇年四月から市内五〇小学校に備えていた学童保育の運営を全て民間に委託した大阪府東大阪市は「教員や保育士が少なかったので、二九年秋から新たな研修制度を指導員教育のため導入した。運営には取捨選択が必要になるが、（それまでの）指針を民間で継続しても、以前の手法を持続できるかという問題が残る」と指摘している。

二つ目は、二〇二〇年一一月二七日付の日刊工業新聞の記事だ。

> 阪急阪神ホールディングス（ＨＤ）が二〇二一年三月末に学童保育事業から撤退する。[3] 学童保育の需要が当初の想定よりも伸び悩んだ上、新型コロナウイルス感染拡大が追い打ちをかけ事業継続が困難になった。現在、ア

フタースクール「Kippo（キッポ）」を関西地域で三店舗展開し、子会社のライフデザイン阪急阪神（大阪市北区）が運営する。

豊中店を二一年三月末に閉業する。西宮北口店、池田店については同年一月中旬で閉業するが、英会話スクールなどを展開するやる気スイッチグループが提供する英語を使った学童保育「キッズデュオ」として運営を再開する見通し。

現在三店舗に通う全小学生数は三一五人。豊中店舗閉業に関しては、近隣のキッズデュオへの紹介を提案するなどで対応する。従業員計五〇人は、面談の上で阪急阪神ＨＤのグループ企業やキッズデュオへの雇用を紹介する。

特徴としていた職業体験などのニーズが伸び悩む一方、国際化の流れに伴う英会話教育について、社内リソースでは十分に対応できないと判断した。

加えてコロナ禍で、小学校の休校やテレワークで保護者が在宅する状況が増え、学童保育の需要が減少した。教室内の感染症対策におけるオペレーションコスト増も重なった。

一　「学童保育とは何なのか」をめぐる論説

冒頭に「学童保育とは何なのか」という定義は「生成途上にある」と書いた。学童保育研究においてどのように学童保育が対象化されてきたのかについての全般的な考察は他稿に譲り、ここではこの定義について、本稿のテーマに関するものに焦点を当てて整理しておく。

「学童保育」を文字通り解釈すると、「学齢児童の保育」となる。学齢児童とは小学生[4]であり、「保育」は家庭以外で担われる「子どもを健やかに育てる営み」（社会的保育）として用いるべきだろう[5]。つまり「学童保育とは、保育所、学童保育所その他の施設において、『保育に欠ける』学齢に達した子どもを対象に行われる保育のこと」という概念規定が成立する[6]。なお、現行法制度においては「学童保育」という言葉は使われておらず[7]、そのことが、一般的な認知度が高い割に、その内容に曖昧さを持って用いられる一因となっているといえる。

学童保育と放課後児童健全育成事業（放課後児童クラブ）（以下、「放課後児童クラブ」という。）との関係をめぐっては、一九九八年の児童福祉法改正に伴う「法制化」を、「学童保育（放課後児童クラブ）は（略）、施設としてではなく公費支出根拠の曖昧な〝事業〟としてしか位置づけられなかった[8]」、その後の二〇一五年より始まった子ども・子育て支援新制度により、「学童保育所（放課後児童クラブ）は量的にも質的にも拡充してきている[9]」等、同一視する認識が見られる一方、「『学童保育』という言葉はこうした民間企業に自由に使われてしまっている感がある[10]」という批判や「『民間学童』と呼ばれているものは、これまでの学童保育とは異なる理念、カリキュラム（日課・スケジュール・『保育』内容等）、運営形態」を持ち、「学童保育を名乗ったり、学童保育の機能をもった『新しいタイプの事業体』の（略）主たる事業は放課後に多彩な学習メニューを提供する教育事業であり、放課後スクール（school afterschool）と名付けるのがふさわしい[11]」といった見解が存在することから、①学童保育＝放課後児童クラブ、②放課後児童クラブは、学童保育の一形態である（放課後児童クラブ∈学童保育）という二つの立場が混在することがわかる。

なお、一九六七年に結成された当事者を中心とした民間団体である全国学童保育連絡協議会は、「（学童保育は）父母やその他の保護者が就労などにより昼間家庭にいない小学生を対象にして、学校課業日の放課後と土曜日や春・夏・冬休み等の休業日に学童保育指導員を配置して、その間の子どもの生活を保障する事業[12]」として、「法制化」によって法的根拠をもつ事業であるという認識を示すと共に、「放課後児童健全育成事業実施要綱」を根拠として、

『学習塾』や『習いごと』などの事業は、『学童保育』と自称していても『放課後児童健全育成事業』には該当しない[13]」という立場をとっている。

二　学童保育における〝民間委託〟と〝企業参入〟について考える

続いて学童保育の民間委託と企業参入をめぐる二つの潮流について整理し、その問題点について指摘しておきたい。一つは学童保育を放課後児童健全育成事業（放課後児童クラブ）に限定してとらえることを前提とし、市町村がその実施を民間事業者に委託する場合を〝民間委託〟、その委託先が営利を目的とした民間事業者（以下、「企業」という）である場合を〝企業参入〟と呼ぶ潮流である。この場合、企業が放課後児童クラブを届出により実施する場合[14]についても〝企業参入〟と呼ぶ。もう一つは〝学童保育〟を呼称するが、児童福祉法に依らず実施される事業を企業が行う場合に、学童保育への〝企業参入〟としてとらえる潮流である。

一つ目の潮流における民間委託や企業参入による自由競争の導入は、同時に事業の実施主体である市町村の果たすべき公的な責任を縮小させることと一体のものとしてあらわれる[15]。表１は、設備運営基準施行後の放課後児童クラブの実施状況についてその箇所数を運営主体別に集計したものである。クラブ数は増加傾向にあるが、その運営主体は公立公営ではなく、公設民営（民間委託）及び民設民営によって主導され、その両方における企業参入の割合も増加している。

本稿の冒頭で例示した一つ目の新聞記事は、「公設公営」の放課後児童クラブが、企業に民間委託され「公設民営」となるという一つ目の潮流の具体的事例である。本係争の行く末は今後の推移を見守ることとするが、本件を単なる「雇用契約上の問題」に限定してはならぬと考える[16]。市町村には放課後児童クラブの体制整備、利用促進、情

表１　放課後児童クラブ数及び運営主体の推移

西暦	和暦	月	クラブ数	公立公営		公立民営				民立民営				支援単位数
								株式会社				株式会社		
				箇所数	全クラブ比	箇所数	全クラブ比	箇所数	公立民営比	箇所数	全クラブ比	箇所数	民設民営比	
2015	27	4	22,608	8,631	38.2%	9,865	43.6%	525	5.3%	4,112	18.2%	115	2.8%	26,528
2016	28	4	23,619	8,735	37.0%	10,589	44.8%	724	6.8%	4,295	18.2%	170	4.0%	28,198
2017	29	4	24,573	8,662	35.3%	11,176	45.5%	895	8.0%	4,735	19.3%	204	4.3%	30,003
2018	30	4	25,628	9,040	35.3%	11,486	44.8%	1,088	9.5%	5,102	19.9%	209	4.1%	31,643
2019	31/元	4	25,881	8,592	33.2%	11,970	46.3%	1,380	11.5%	5,319	20.6%	269	5.1%	33,090
2020	2	4	26,625	8,103	30.4%	12,747	47.9%	2,109	16.5%	5,775	21.7%	354	6.1%	34,577

厚生労働省放課後児童健全育成事業（放課後児童クラブ）実施状況調査を元に筆者が作成

報提供等の義務と併せ、報告及び立入調査に関する権限が付与されているが[17]、「市町村が適切と認めた者[18]」が訴訟にまで至らないよう、これらの責務や権限が適切に行使されたのか。また、民間委託や企業参入によるメリットとデメリット（あるいはリスク）の十分な検討や説明と決定のプロセス（委託先選定の基準や経緯を含む）という制度の根幹にかかわる問題が、当事者である市民に対して十分に示され、その参画や意見の反映を行っていたのかという点にこそ本件の本質的な問題構造を見いだすべきではないか。

例えば、一般的な理解として、公立公営の学童保育の職員は公共の利益を目的とした「全体の奉仕者[19]」であるが、企業への民間委託によってその直接的な目的は「公共の利益」から企業の目的や利益に置換される。また、こうした公益事業の規制緩和政策の実施根拠の一つでもある「サービスの低コスト化（経営の合理化）」は、参入する企業の収益性確保を果たす上でさらに推し進められるが[20]、その利益の確保の過程において、人件費や事業活動費のコスト削減が行われることが危惧される。つまり、直接的な事業継続のための収益ではなく、企業本体の収益を確保するために、保育の質に直結する職員の体制や処遇、そして子どもたちの諸活動に要する経費が削減されるということが生じるのである。

こうした矛盾的な構造の中で「市民の基本的権利の充足のための『大切な』資産を預かって、その管理を委ねられるとき、たんなる委託行為を超えて、フィデュシアリー（fiduciary）の原則に基づき、自立的な立場に立ち、専門的知見にもとづき、職業的規律に従って、市民に対して直接的に管理責任を負うこと」[21]ができるかどうかという点こそが、民間委託および企業参入を考える上において最も重要な論点であろう。企業による社会貢献（CSR）や社会的責任という観点からも市民的公共性やその公益性（public interest）に私益追求を優先させるのではなく、私益の追求は、信頼関係と公共益によって規定されねばなるまい[22]。

一方、放課後における多様なサービスを「学童保育」の名の下で実施する二つ目の潮流は、保護者のニーズへの対応としての側面（子どもへの投資的な価値観を含む）を持つと同時に、子どもの放課後―休息し、あるいは遊びを中心とした自主的自発的な諸活動を行う自由な時空間―に新たな「課業」を設定するという側面を有することになる[23]。さらに、事業の採算性と継続性とのバランスによっては、放課後の子どもの居場所として機能していたリソースが容易に喪失する可能性をはらんでいることにも注目しておきたい[24][25]。本稿の冒頭で例示した二つ目の新聞記事は、こうした杞憂が現実のものとなる証左である。

また、こうした法制外の事業を「利用者のニーズや需要」と呼ぶことを否定はしないが、少なくとも競争的・学校的価値観という一元的なサービスが市場価値という一元的な価値の多寡によって提供されるという過程は、これまで考察してきたような当事者による新しいニーズ解釈（市民的公共性）や〝権利としての学童保育〟とは縁遠いものであると言わざるをえない。また、子どもの放課後の過ごし方が保護者の所得という一元的な価値の多寡によって決定されるという新たな格差もしくは排除や分断について、今一度全ての子どもたちの権利保障の観点から考える必要があろう。

三　学童保育の〝公共性〟について考える

公共性とは何だろうか。そして、学童保育は公共性を有しているのだろうか。もし有しているとするならば、それは具体的にどのようなものなのだろうか。これらの三つの問いについて考えるところから論を進めてみたい。まず、大辞林によれば、「広く社会一般の利害に関わる性質。また、その度合い」を意味するという。また社会学的には、『公共の福祉』を目的とする社会的価値、社会的有用性をよぶことが多い」とされている。[26]

このように一般的な意味としては、学童保育の公共性とは、社会に対する共約的な利益、すなわち、児童福祉法における「保護者が労働等により昼間家庭にいない小学生に対する適切な遊び及び生活の場を与えて、その健全な育成を図ること」に収斂される。また、「少子化の進行、夫婦共働き家庭の一般化、家庭や地域の子育て機能の低下等児童及び家庭を取り巻く環境の大きな変化」への対応として、新たに制度化された放課後児童クラブの「将来の我が国を担う子供たちが健やかに育成されるよう、（略）新しい時代にふさわしい質の高い子育て支援の制度としての再構築[27]」という制度化の趣旨は、いかにも「公共の福祉」や「社会的価値」「社会的有用性」との親和性が高いという印象を受ける。

しかし、公共性あるいは公共とは、単に社会における多数派の意見や、法令等による制度化によって成立するものではない。むしろ、放課後児童クラブとは学童保育を構成する多様なニーズが部分的に制度化されたものであると同時に、部分的に重複する領域を持ちつつも主として経済戦略上の国家的な課題に対する公共政策を包摂したものだといえる。学童保育の公共性を考える上においては、こうした制度化された部分だけではなく、それと同等（場合によってはそれ以上）の意味合いをもって学童保育が持つ多様なニーズとその性質に対して光を当てる必要があろう。

学童保育は、その成立の過程から、一貫して子育ての共同化運動としての性格をその最大の特徴としてきた。[28]つまり、職種や就業形態あるいは経済的状況といった条件等の違いを前提としつつ、それぞれの「働きながらの子育て」あるいは「働いている間の子どもの安全や成長発達」という関心事を共通の問題とし、その解消のための公共の空間を形成してきたといえる。また、それは場所や職員の確保、保育の内容、管理や運営に関わるあらゆる事柄に対して、それぞれの有する価値観に基づいた意見を出し合い、調整し合うというコミュニケーションを通して、個人の「仕事と子育ての両立」が有した「私的なもの」としての意味合いを「公共性」的なものへとそのニーズを再定義してきた過程でもあったといえよう。

こうした観点に基づくならば、学童保育の公共性とは、①法令等により制度化されたもの（ニーズの権利への翻訳：国家的公共性）と、②当事者が共通の関心事や問題をめぐって、異なる複数の価値や意見を前提としたコミュニケーションによって形成するもの（新しいニーズ解釈：市民的公共性）という二つの次元からとらえる必要があり、その二つの関係は、「新しいニーズ解釈は、民主的な意思決定の手続きを経て、そのニーズはやがては新しい権利へと翻訳されることを求めている。あるいは、すでに承認されている権利に新しい解釈が与えられることを求めている[29]」ように、当事者による自己統治（＝自治）として公共的価値の定義と実現が行われ、その公共的価値が国家に要求され、法令等のより普遍的な権利として具現化されると理解できよう[30]。こうした学童保育の公共性をめぐる二つの次元の関係は、学童保育における「保育の質」においても同様の構造を持つことになる。このことについては後ほど考察したい。

厚生労働省によれば、放課後児童クラブの登録児童数は、現在一、三一一、〇〇八人であり（二〇二〇年七月一日現在）、前年度より一一、七〇一人増加し、過去最高を更新したという[31]。また待機児童数（利用できなかった児童数）は一五、九九五人であり[32]、その合計が全児童数（六、三〇〇、六九二人）に占める割合は二一％、つまり一〇人に二人程度が学童保育に通う、もしくは通いたい状態にあると言える。また、小学生数が前年度に比べ六八、〇〇〇人減少し、過去最少となった[33]ことと合わせて考えると、少なくとも現時点では、学童保育における「公共の福祉」を目的とする社会的価値、社会的有用性、すなわち国・政府による公共政策としての「国家的公共性」には拡大の必然性があるといえる。しかしながら、その拡大の過程において当事者による「新しいニーズ解釈」が排除されるのであれば、それは真の意味において公共性を有したものとはいい難い。このことについては引き続き考察を進めたい。

四　学童保育の〝保育の質〟について考える[34]

学童保育に関する政策では、常に「量的拡充」と「質的向上」の二点が課題として掲げられてきたが、「量的拡充」が具体的な数値目標が示されている[35]ことに比べ、「質的向上」についてはその手立て（方法）が示されることにとどまっており[36]、「質とは何なのか」という疑問や、何を以て質が担保・向上するのかということについては、今一つ明瞭さに欠けるところがある。

そもそも学童保育の質とは、学童保育を構成する全ての諸要素（量や設備・運営に関する基準、保育の内容や実践を含む）の価値と水準という多面的且つ複合的なものである。そしてその向上は、学童保育の目的が、より達せられるための条件がより整備・改善されることを意味する[37]。設備運営基準や地方自治体における条例（最低基準）によって定められたものの一部については、一定の評価が可能だが[38]、実践として展開される学童保育の内容やその価値をどのような水準に基づき比較・評価することになるのであろうか。本項では、学童保育での保育内容及びその実践の方向性との基準を「保育の質」として位置づけ、その内容や価値のあり様について考えたい。

学童保育研究においては、需要拡大と多様化をめぐる議論の中で「とても学童保育とは思えないような学童保育の急増」という印象的な指摘が見られた[39]。これは「高額な保育料の中に様々なオプション」（学習や茶道、ダンス、英会話など）が位置づけられていることや、「マニュアル化された活動」や「マニュアル化された経験」への批判[40]であると同時に、「放課後の時間を『子どもの時間』として取戻し、その時間を通じて子ども自身がつくり、選択し、動き出す生活・文化を保障すること」や「何もしない時間を持つ権利」が子どもの権利保障の視点における最も基本的なものとする視座[41]、あるいは「競争的価値観＝学校的価値観」が蔓延する中にあって、「学童保育がケアをとおして自分が自分であってよいのだという確信を得て自己肯定感を獲得していく場」としての重要性[42]が〝本来の学童保育〟の機能と役割であるとする指摘であろう。また、「学童を対象とした適切な『保育』が行われているかどうかを『学童保育所』と呼ぶ判断基準とすべき」という提起では[43]、保育所等における「保育」と放課後児童クラブにおける「育成支援」の定義を比較し、「学齢児童の保育」の内容とその水準についての一定の見解が示されている[44]。他にも「学童保育の運営への保護者参加」や「保護者が学童保育づくりに参加するシステム」や[45]、「(保護者が) 子育てのために連携・協働とする対象とならなければならない」といった主張[46]からは、学童保育における「保育」が「託児／預かり」や準備されたプログラムを消化するものではなく、当事者（子どもと保護者）が主体的に参画し、市民的公共性を創造する〝権利としての学童保育〟の構成員として位置づけられるべきであるという理念を読み取ることができる。こうした議論に共通するものは、制度化以降、多様化する学童保育への批判的検証を通じたこれまでの学童保育の質を言語化し検証しようとする試みであり、こうした問題は、民間委託や企業参入に起因するものなのかという問い直しである。おそらくその答えは否である。無論、民間委託や企業参入によって生じた問題やその影響が皆無というわけではない。また学童保育の「量的拡充」と「質的向上」に対する公的責任を否定するものでもない。しかし、学童保育における保育の質を取り巻く問題はその供給体制に全てを還元できるものではない。つまりこの問題を論じる際には「誰が」供給するのか、を先行するのではなく「何を」「どのように」供給するのか、そしてそれは「誰が」担うべきなのかという順に構成されるべきであろう。学童保育の内容とその質に関するニーズは当事者の参画によってつくられ、そのことを保障されるような実施体制であることを、学童保育における保育の質を考える上での大前提とすべきではないだろうか。学童保育とそのニーズや内容は子どもたちと保護者のものであり、国・地方自治体やその他の事業者のものではないのである。

おわりに

本稿では、学童保育における民間委託や企業参入について、その公共性と保育の質の観点からいくつかの論考を行った。論考というよりむしろ現状の課題整理にとどまることとなったが、その過程において、単に民間委託や企業参入という前景を批判するのではなく、本来担保すべき学童保育の公共性と保育の質とその向上とは何を意味するのか、それを民間委託や企業参入で担保できるのかという観点からとらえる必要があることを数度となく痛感した。それは学童保育が、子どもの「遊びと生活」、保護者の「仕事と子育ての両立」という、まさに「自分自身のことであるということ＝当事者性」に関わるものであることと無関係ではない。学童保育の公共性や保育の質は、当事者によるコミュニケーションによって生成し、そのことが公的に保障される必要がある。例えばそれを「サービス産業化と制度化」という枠組みに委ねる場合であっても、「市場と制度によって『よりよい専門的なサービス』を調達すること」を実現すると同時に、「お客様としての自己認識のみを育て、孤立化を招き、苦情という表現しかもたない大量の住民を生み出す」ことのないようにせねばなるまい(47)。

今後、学童保育の公共性や保育の質、あるいは民間委託や企業参入について考察する際、その内容を拓き、評価し、よりよく作り変えていく主導的路線は政策や市場ではなく、一人ひとりのニーズと、それを共通の問題、共通の経験としていく市民的公共性の創造によって行われるべきであるという原理に基づいて行われなければならぬということを自らに戒め、この論を終える。

注

（1）宮﨑隆志「学童保育実践の展開論理―人が育つコミュニティへの展望―」日本学童保育学会『学童保育』第一巻、二〇一一年。

（2）増山均「『子どもの放課後生活』と『学童保育』のあり方―子どもの権利保障の視点からとらえ直す―」日本学童保育学会『学童保育』第七巻、二〇一七年。

（3）阪急阪神ＨＤは「アフタースクール（民間学童保育）」の語を用い、「アフタースクール Kippo」では学童保育の内容や緊急時対応等の問題点を挙げた上で、学童保育との違いをそれぞれのホームページ上でアピールしている。なお、事業運営を引き継ぐ「キッズデュオ」のホームページでは「英語で預かる学童保育」と宣伝されている。つまり、学童保育であるのかそうでないのか不明瞭である。

（4）学校教育法第一七条による。

（5）『新社会学辞典』（有斐閣）による。

（6）石原剛志「学童保育とは何か」小川利夫・高橋正教編著『教育福祉論入門』光生館、二〇〇一年。

（7）内閣府規制改革推進会議において「学童保育対策」や「小学生の放課後の居場所である学童保育の待機児童解消」「学童保育の質の確保」という表記が見られる（規制改革推進会議　保育・雇用ワーキング・グループ「学童保育対策（いわゆる「小一の壁」の打破）の規制改革（検討経過報告）」平成三〇年一一月八日）。また、同会議「規制改革推進に関する第四次答申」（平成三〇年一一月一九日）では「放課後児童クラブ」に文言修正・統一されているが、一部「学童保育の受け皿」としての表記が残る。その後の同会議議事や記者会見の記録においても「学童保育」として説明されており、「学童保育＝放課後児童健全育成事業（放課後児童クラブ）」は政策的、社会的な認知がなされていることがわかる。

（8）垣内国光「特集１『放課後児童クラブ運営指針の意義と課題』を組むにあたって」日本学童保育学会『学童保育』第八巻、二〇一八年。

（9）住野好久「学童保育所の多様化が『学童保育』に提起すること―あらためて生活づくりの思想を確認する―」日本学童保育学会『学

童保育』第七巻、二〇一七年。
(10) 住野、二〇一七年。
(11) 山本敏郎「放課後の学校化における学童保育」日本学童保育学会『学童保育』第七巻、二〇一七年。
(12) 全国学童保育連絡協議会『私たちが求める学童保育の設置・運営基準（改訂版）』二〇一二年。
(13) 全国学童保育連絡協議会『学童保育（放課後児童クラブ）の実施状況調査結果について』二〇二〇年。
(14) 児童福祉法第三四条の八第二項による。
(15) 政府による公益事業の規制緩和政策の一環としてとらえる必要があろう。二宮厚美『構造改革と保育のゆくえ――民営化・営利化・市場化に抗して』青木書店、二〇〇三年、小林美希『ルポ保育格差』岩波書店、二〇一八年、等。
(16) 無論、雇用契約上の妥当性については明らかにすべきであると考える。その上で、受託企業の運営管理の妥当性、市町村の責務及び委託された実施主体の要件の妥当性として、「民間委託」や「企業参入」の是非やそのあり様という問題を包含するものとして注目したい。
(17) 児童福祉法第二一条の八（体制の整備）、第二一条の一〇（放課後児童健全育成事業の利用の促進）、第二一条の一一（市町村の情報提供等）、第三四条の八の三（報告及び立入調査等）。
(18) 厚生労働省雇用均等・児童家庭局長通知『放課後児童健全育成事業実施要綱』による。
(19) 地方公務員法第三〇条。
(20) 例えば「学童保育所」等の施設の指定管理として包括的にその業務を実施したり、複数の放課後児童クラブの運営を一括受託したりすることで図られている。このような形態を全国展開する戦略を有している企業は少なくないと考えられる。
(21) 宇沢弘文『社会的共通資本』二〇〇〇年、岩波新書。
(22) 山脇直司『公共哲学とは何か』二〇〇四年、ちくま新書。
(23) 子どもが当事者としての立場から排除されている状況が懸念される。
(24) ＯＥＣＤ／秋田他訳、二〇一九「(民間による供給では）補助金を受けていない民間事業者に関するデータ収集と質のコントロールには限界がある」等の指摘を参照。
(25) ＯＥＣＤ／秋田他訳、二〇一九「民間市場がＥＣＥＣサービスの相当部分を提供している場合、『市場の失敗』のケースに備えた注

（26）『新社会学辞典』（有斐閣）による。意が必要」等の指摘を参照。
（27）厚生労働省児童家庭局長通知「児童福祉法等の一部改正について」児発第四一一号、平成九年六月一一日。
（28）山本、二〇一七年。
（29）齋藤純一『福祉のフロンティア　公共性』二〇〇〇年、岩波書店。
（30）その根源的な理念は、日本国憲法（第二五条、第二七条）、児童福祉法（第一条、第二条）、子どもの権利条約第三条（子どもの最善の利益）、第一八条二項・三項（働く親を持つ子の保育サービスを受ける権利と国の措置の義務）、第三一条（子どもの休息・余暇・遊び・レクリエーションなど文化的生活の権利）や、ＩＬＯ（国際労働機関）の「家族的責任を有する男女労働者の機会及び待遇の均等に関する条約」（第一五六号条約）などによって、その公共性の普遍性や国際的な通用性を持つ〝権利として翻訳〟されている。
（31）厚生労働省「令和二年（二〇二〇年）放課後児童健全育成事業（放課後児童クラブ）の実施状況（令和二年（二〇二〇年）七月一日現在）」二〇二〇年一二月二三日。
（32）全国学童保育連絡協議会「学童保育（放課後児童クラブ）の実施状況調査結果について（二〇二〇年五月一日時点）」（二〇二〇年一二月九日）では待機児童は一八、七八九人であり、厚生労働省の実施状況調査と差異が生じている。過去二年の結果と比較してもその差は大きく、また厚生労働省の調査結果による人数が上回っている点でこれまでとは異なる傾向がみられる。集計方法や調査基準日の違い、「新型コロナ感染症」拡大防止の対応の影響による保護者の失業・退職によって入所（希望）辞退が生じた等が想定されるが、今後も検証が求められる。
（33）文部科学省「令和二年度学校基本調査」二〇二〇年一二月二五日。
（34）保育所等における〝保育の質〟については、国・厚生労働省による「保育所等における保育の質の確保・向上に関する検討会」（二〇一八年～）等を参照。国際的な動向としては、経済協力開発機構（ＯＥＣＤ：Organisation for Economic Co-operation and Development）が乳幼児期の教育とケア（ＥＣＥＣ：Early Childfood Education and Care）に関する多くの研究成果を発表している。ＯＥＣＤ編著、秋田喜代美他訳『ＯＥＣＤ保育の質向上白書――人生の始まりこそ力強く：ＥＣＥＣのツールボックス』明石書店、二〇一九年（ＯＥＣＤ“Starting Strong Ⅲ：A Quarity Toolbox for Early Childfood Education and Care”二〇一二）、イラム・シラージ、デニス・キングストン、エドワード・メルウィッシュ著、秋田喜代美、淀川裕美訳「代表的な保育の質評価スケールの紹介と整理」『「保育プロセスの質」評価スケール――乳幼児期の「共に考え、深めつづけること」と「情緒的な安定・安心」を捉えるために』明石書店、二〇一六年等を参照。

(35) 例えば、厚生労働省「新待機児童ゼロ作戦」（平成二〇年二月二七日）では、一〇年後の目標として「小学校低学年児童の六〇％に放課後児童クラブを保障」、「放課後子ども総合プラン」（平成二六年七月三一日）では「平成三一年度末までに、放課後児童クラブについて、約三〇万人分を新たに整備」、「新・放課後子ども総合プラン」（平成三〇年九月一四日）では「放課後児童クラブについて、二〇二一年度末までに約二五万人分を整備し、（略）二〇二三年度末までに計約三〇万人分の受け皿を整備」「両事業（放課後子ども教室／放課後子供教室）を新たに整備等する場合には、学校施設を徹底的に活用することとし、新たに開設する放課後児童クラブの約八〇％を小学校内で実施することを目指す」するとされている。

(36) 厚生労働省「新待機児童ゼロ作戦」（平成二〇年二月二七日）では「放課後児童クラブガイドラインを踏まえた質の高い放課後児童健全育成事業（放課後児童クラブ）の推進を図る」、「放課後子ども総合プラン」では「共働き家庭等の「小一の壁」を打破するとともに、次代を担う人材を育成するため、全ての児童が放課後等を安全・安心に過ごし、多様な体験・活動を行うことができる（趣旨・目的）」、「新・放課後子ども総合プラン」では「放課後児童クラブの役割を徹底し、子どもの自主性、社会性等のより一層の向上を図る（国全体の目標）」という文言が見受けられる。

(37) このような意味においては、学童保育の「量的拡充」もまた「質的向上」の一側面であるといえよう。

(38) ただし、そもそもの基準の妥当性や、「最低基準を超えて、常に、その設備及び運営を向上させなければならない（設備運営基準第四条）」への評価・測定の方法については十分な議論が必要であると考える。単に基準を満たしているかどうかによって学童保育の「質」を評価することは妥当ではなかろう。

(39) 早乙女勝利「子どもの放課後に果たすべき学童保育の役割について」日本学童保育学会『学童保育』第七巻、二〇一七年。

(40) 増山、二〇一七年。

(41) 増山、二〇一七年。

(42) 山本、二〇一七年。

(43) 住野、二〇一七年。

(44) 運営指針における「自ら安全・安心をつくり出すこと」を保育における「養護」、また「主体的に遊びや生活ができるように自主性、社会性及び創造性を向上させることと基本的な生活習慣を確立すること」を「教育」に関する目標として関連付けている。

(45) 山本、二〇一七年。

(46) 住野、二〇一七年。

(47) 西川正『あそびの生まれる場所――『お客様』時代の公共マネジメント』二〇一七年、ころから。

第四章　非常時における学童保育支援論
――放課後児童支援員のための支援者支援プログラムをとおして――

植木信一

一　非常時の学童保育

非常時とは、震災、水害、感染症対策などさまざまな局面をもつ。学童保育は、そのたびに独自の対応を迫られ、また、さまざまな支援活動が展開されてきた。

新型ウイルス（COVID-19）感染拡大防止対策として、小学校が二〇二〇（令和二）年三月初旬から一斉に臨時休校となり、学童保育は逆に原則開所することになったことは記憶に新しい。安倍首相（当時）が小学校の臨時休校を要請したことに合わせて、政府は学童保育の開所を都道府県に要請したが、そうした要請から学童保育の実施までにわずか数日間しかなかったため、学童保育現場からマンパワー不足が懸念された。なぜなら、学童保育を朝から開所することになったため、職員の配置が間に合わなかったからである。そこで厚生労働省は、マンパワー不足に対応させるために、臨時休校した小学校の教員を放課後児童支援員の代用として活用することを容認した。加藤厚生労働大臣（当時）は、二〇二〇（令和二）年三月一日の記者会見で、学童保育に通常以上に子どもが増えると密集することにもなりかねないし、学校を活用し学校の先生にも協力してもらいたい旨の発言をしている。しかし、本来、放課後児童支援員資格は、都道府県が実施する一六科目二四時間の専門的な研修を修了しなければ取得することのできない公的資格であり、小学校や保育所の役割と学童保育の役割は異なることから、今回のようなマンパワーの代用が果たして子どもたちの安全・安心を確保する有効な手段だったのかどうかについての詳細な検討が必要である。

さらに、厚生労働省は二〇二〇（令和二）年三月二日に、小学校の空き教室を活用し利用児童が過密状態にならないよう文部科学省とともに都道府県などへ通知した。子ども同士の不要な接触を避けるため一メートル以上の間隔を空けて活動することなどが推奨され、着席する場合に座席をひとつずつ空けて一列ごとに交互に座ることや、おやつや昼食の時間も同様に間隔を空けて食べるよう指示された。また、一時間に一回程度、五～一〇分程度窓を開けて換気するほか、子どもがよく触る箇所には一日一回以上消毒液を使って清掃することも指示された。そもそも、学童保育の国の基準は、子ども一人当たり一・六五平方メートル以上と定められており、実質「一・六五平方メートル×定員」の面積が最低基準になっている現状がある。これが「学童保育は狭い」と言われる要因だと考えられる。しかし、今回の新型ウイルス（COVID-19）感染拡大防止対策においては、普段は国の基準で狭くしておきながら、非常時は子ども同士の間隔を空けなさいという物理的に不可能に近い要請がされたことになり、学童保育現場は大混乱したのである。

今回の出来事で、小学校が臨時休校になっても学童保育は開けるという前例ができたことになる。しかし、普段の基準と非常時の基準には乖離があり、とくに非常時の安全・安心な居場所となるための基準が不十分だったことも明らかになった。今回の状況によって明らかになった国の基準の脆弱さを認識し、非常時であっても対応可能な学童保育の基準を再度、検討しなおすタイミングでもある。何より、放課後児童支援員も普段と非常時とのジレンマを実感したのではないだろうか。

したがって、非常時の学童保育においては、子どもや保護者支援のみならず、放課後児童支援員への支援すなわち

「支援者支援」も必要であると考えられる。新型ウイルス（COVID-19）感染拡大防止対策における学童保育の対応についてては、今後の振り返りを待たなければならないが、これまでに経験した非常時たとえば震災後の学童保育に対応してきた実績から学ぶこともあるのではないだろうか。そこで本稿では、東日本大震災における支援者支援プログラムを実施した事例から、非常時の学童保育に寄与する「放課後児童支援員ための支援者支援プログラム」を紹介する。

なお、本稿では、学童保育を実施する場を「放課後児童クラブ」、職員を「放課後児童支援員」、その両方を含めた総称を「学童保育」と定義する。本稿の内容は、厚生労働省平成二七年度子ども・子育て支援推進調査研究事業「被災した子どもと家庭を継続的に支援するための当事者参加型システム開発調査研究事業(1)」の成果の一部を活用し、考察しなおしたものである。

二　震災後の学童保育支援ニーズ

日本学童保育学会は、「広く学童保育についての研究を促進し、研究者・実践者相互の交流を図ること」（日本学童保育学会規約第二条）を目的とする組織であり、「内外の関連学術団体・研究者・実務家との連絡及び協力」（日本学童保育学会規約第三条第四号）を事業として掲げる組織である。したがって、研究者と実践者との協力関係は、これまでさまざまな場面で構築されてきたと想定されるし、非常時における学童保育への支援関係の構築も日本学童保育学会員である私たちの役割であるといえる。

学童保育の職能団体である全国学童保育連絡協議会は、二〇一一年の第四六回全国学童保育研究集会から特別分科会「東日本大震災と学童保育」を設置し、「被災した地域の保護者や指導員の方々などにも参加していただき、学童保育や学童保育関係者の被害の状況を共有し、復旧・復興のための課題などについて(2)」放課後児童支援員や保護者、研究者などが共に考える機会を設けている。この特設分科会は、二〇一六年の第五一回全国学童保育研究集会から、さらに「災害と学童保育（A）」（災害も含め、心理的支援やケアの課題について学ぶ分散会）と「災害と学童保育（B）」（従来の特設分科会に該当）の二つの分散会に拡充され、二〇一九年一〇月の第五四回全国学童保育研究集会まで九年連続で議論を深化させている。[3]

筆者は、二〇一六年の第五一回から二〇一八年の第五三回までの全国学童保育研究集会特設分科会「災害と学童保育（B）」の助言者として参加し、災害時に学童保育の子どもたちの安全をどのように守ることができるのか、学童保育の防災、安全対策、災害時に求められる役割を保つうえで必要な施策や運営のあり方について議論してきた。

被災した学童保育を再建するためには、物理的な再建のみならず、被災者でもある子どもたちに寄り添うケアが必要である。ところが、現場では安全管理を最優先にしなければならない状況から、子どもたちに寄り添うケアの手掛かりを見つけることができなかったことが報告された。したがって、被災した学童保育の放課後児童支援員を支援することすなわち「支援者支援」は必要性が高く、非常時の学童保育支援ニーズに含まれると考えられる。

二〇一一（平成二三）年三月に発生した東日本大震災の被災地であるA市は、震災後の小学校における子どもの充足率がなかなか回復しない一方で、学童保育を利用する子どもの充足率は、震災直後から急激な増加傾向にあったことがわかっている。例えば、二〇一一（平成二三）年度から二〇一三（平成二五）年度末までの三年間にかけての小学生の定員対比充足率[4]は、小学校三〇％↓六二％に対して、学童保育九％↓九六％となっており、小学校の充足率が伸び悩むなかで、学童保育の充足率が急激に増加した。

つまり、震災後に帰還した子どもたちの家族は、仕事の関係で帰還するケースが多いことが想定され、おのずと学童保育の利用ニーズが高いという固有性をもっていることがわかる。しかし、これらのニーズを地域で対応することにも限界がある。なぜなら、A市全体の人口が十分には回復しないなかで、地域のマンパワーだけに頼ることにも限界があることが予想されるからである。

また、震災後に再開された放課後児童クラブ数の推移[5]をみると、二〇一九（令和元）年度現在の一六か所に対して、二〇一一（平成二三）年度三か所→二〇一二（平成二四）年度九か所→二〇一三（平成二五）年度一一か所と、震災直後の三か年の放課後児童クラブ数は、段階的にしか増えなかったことがわかる。これは、各小学校が再開されても、学童保育のみ複数小学校の子どもたちが合同クラブで過ごすという環境条件が長く続いていたことがわかっており、子どもたちの学童保育での生活がしばらく安定しなかったことが考えられる。

このようなA市の固有な課題に対して、震災直後から外部支援者による学童保育支援が現地入りし、学童保育への支援活動を実施するようすがみられた。しかし、被災地域が広範であったり、地域特有の環境条件の変化に対応しきれなかったりするなど、被災したすべての子どもたちに対応するには限界があった。

一方で、地元の放課後児童支援員がまんべんなく子どもたちへの対応を果たそうにも、震災時特有の学童保育支援のノウハウがあったわけではなく、放課後児童支援員の雇用形態は嘱託職員のままで安定しなかった。さらに二〇一一年（平成二三）年四月現在で、放課後児童支援員認定資格研修のしくみはまだなく、専門資格の取得が必須になっていたわけではない。

つまり、震災直後から学童保育支援ニーズの高さが指摘された一方で、被災地で子どもを支える地元の学童保育が果たす役割の脆弱さが緊急の課題となっていたことがわかる。

三　「見守り」から「寄り添い」への転換

筆者は現在、東日本大震災の被災地であるA市と、二〇一一年五月に学童保育支援で合意し、子ども支援のためのプログラムを継続的に展開している。そのきっかけは、新潟市内に避難してきた被災地の子どもたちとの出会いであった。

震災直後は、新潟市へ多くの被災者が避難してきた。震災直後から設置された新潟市内の避難所には、子ども専用スペース（キッズルーム）が開設され、筆者が所属する新潟県立大学はその運営にかかわった。子どもたちにとっての避難所は、被災前の環境条件すなわち「普段」とは異なり自由な活動が制限される空間であり、彼らも自ずとそうした雰囲気を感じ取っていた。避難できたとはいえ、子どもたちのストレスは大きかったと想定される。そのような環境条件において、子ども専用スペースであるキッズルームの存在は、「普段の喪失」を余儀なくされる子どもたちにとって、被災前の環境条件の回復すなわち「普段の回復」に必要な「生活の場」の再構築となった。そこは、単なる空間ではなく、ボランティアたちとかかわるなかで少しずつ普段を回復することのできる「生活の場」として機能した。

新潟市内には、他県からの震災避難者が多く、保護者の都合により帰郷する子どもたちも少なくなかった。このような背景から、A市の子どもたちへの支援活動は急務であると判断し、とくに福祉的ニーズがあると判断される学童保育支援を実施してきた。

その後は、繰り返しA市に出向き、継続的な学童保育支援を実施することにした。当初は、子どもたちの「生活の場」の再構築のために学童保育支援をスタートさせたが、現場で子どもたちを支援する放課後児童支援員もまた被災者であり、職員支援も同時に必要であることを痛感した。普段から子どもの近くにいる放課後児童支援員の存在が、子どもの発達に影響を及ぼす環境条件の一部であるとするならば、職員支援もまた重要な学童保育支援であるといえる。

被災直後のA市の学童保育は、震災直後の登録数の急増という背景から、当初は子どもの安全確保を最優先する「見守り」重視の支援が進められてきた。しかし、子どもの日常生活を再建するためには、震災前の日常生活を一刻も早く取り戻し、復興によってよりよい生活を送れるよう、子どもに寄り添いながら育成支援を進めることが必要である。つまり、「見守り」重視の支援から、子どもの発達を支援する「寄り添い」重視の支援への転換が求められていたと考えられる。

表１　Ａ市学童保育の基本情報

項　目	内　容
管轄部署	Ａ市教育委員会事務局
対象クラブ数	14 か所
開所時間	12：30 ～ 18：00（放課後児童クラブ） 8：30 ～ 18：00（児童センター）
対象学年	小学校１～６年生
放課後児童支援員数	30 人
勤務時間	週 35.5 時間 12：30 ～ 18：00（5.5 時間）週５日勤務 8：30 ～ 18：00（8 時間）週１日勤務
雇用形態	嘱託職員（1 年雇用の更新）
専門資格	採用時の専門資格に関する必須条件なし

ところが、安全性を最優先にしなければならない状況から、放課後児童支援員たちは「見守り」重視の支援から脱する手掛かりを見つけることができなかった。また、児童クラブ利用児童の割合が急増し、一年生から六年生までまんべんなく利用児童が在籍するなかで、「見守り」重視の支援は、ますます膨れ上がっていった。

こうした課題意識を共有し、解決の手がかりを見つけるために、二〇一五（平成二七）年度に、被災地であるＡ市放課後児童支援員三〇人へ「寄り添い」重視の支援を基盤とした子ども支援者支援のための研修すなわち「支援者支援プログラム」を実施した。支援者支援プログラムを実施した二〇一五（平成二七）年度現在の放課後児童クラブ数は、一四か所、放課後児童支援員数は三〇人である。それらを含めたその他の基本情報は、表１のとおりである。

支援者支援プログラムにおいて、子ども支援者としての立場を明確に意識するための放課後児童支援員向けの研修事業を実施したところ、子どもの安全確保を最優先する「見守り」重視の支援では見られなかった放課後児童支援員の意識の変化を確認することができた。放課後児童支援員は、子ども支援者としての役割を認識することによって、安全確保と同時に、子どもの発達を支援しながら生活再建を目指す「寄り添い」支援の気づきがあり、子ども支援者としてあり方を再確認するきっかけとなった。

このように、支援者支援プログラムをきっかけとして、放課後児童支援員が、安全重視の「見守り」から転換し、子どもたちに寄り添いながら育成支援を成し遂げようとする意識が芽生え始めたことも確かである。したがって、放課後児童支援員たちに対する震災後の支援者支援は必要性が高く、震災後の放課後児童クラブ支援の課題でもあると想定されるのである。

四　支援者支援プログラムのねらい

震災直後の支援者支援は、**図1**のうち、「①モデル事業」と「②現場実践への反映」に該当する。その際、外部支援者によるサポートが実施される。具体的には、放課後児童支援員による子どもへの「見守り」重視から「寄り添い」重視に転換するための「①モデル事業」を実施した。実際の放課後児童クラブの実践を客観的に振り返ることによって、子どもと放課後児童支援員のようすが「寄り添い」になり得るかどうかをチェックするために、記録シートを活用し、放課後児童支援員が自ら記入することによる「②現場実践への反映」を行った。なお、記録シートに記入した実践は、「おやつの場面」である。A市は、震災直後の安全確保を優先しすべてのプログラムを中止したことの名残りからおやつが全面的に廃止された経緯があり、外部支援の一環として非定期的におやつ支援が実施された。具体的には、学童保育で食パンのジャムサンドを作るおやつの時間を記録した。以下は、放課後児童支援員（支援員）と子どもとの【会話例1】と【会話例2】である。ジャムサンドを作りながら、子どもの家庭のようすや子どもの気持ちを引き出していることがわかる。

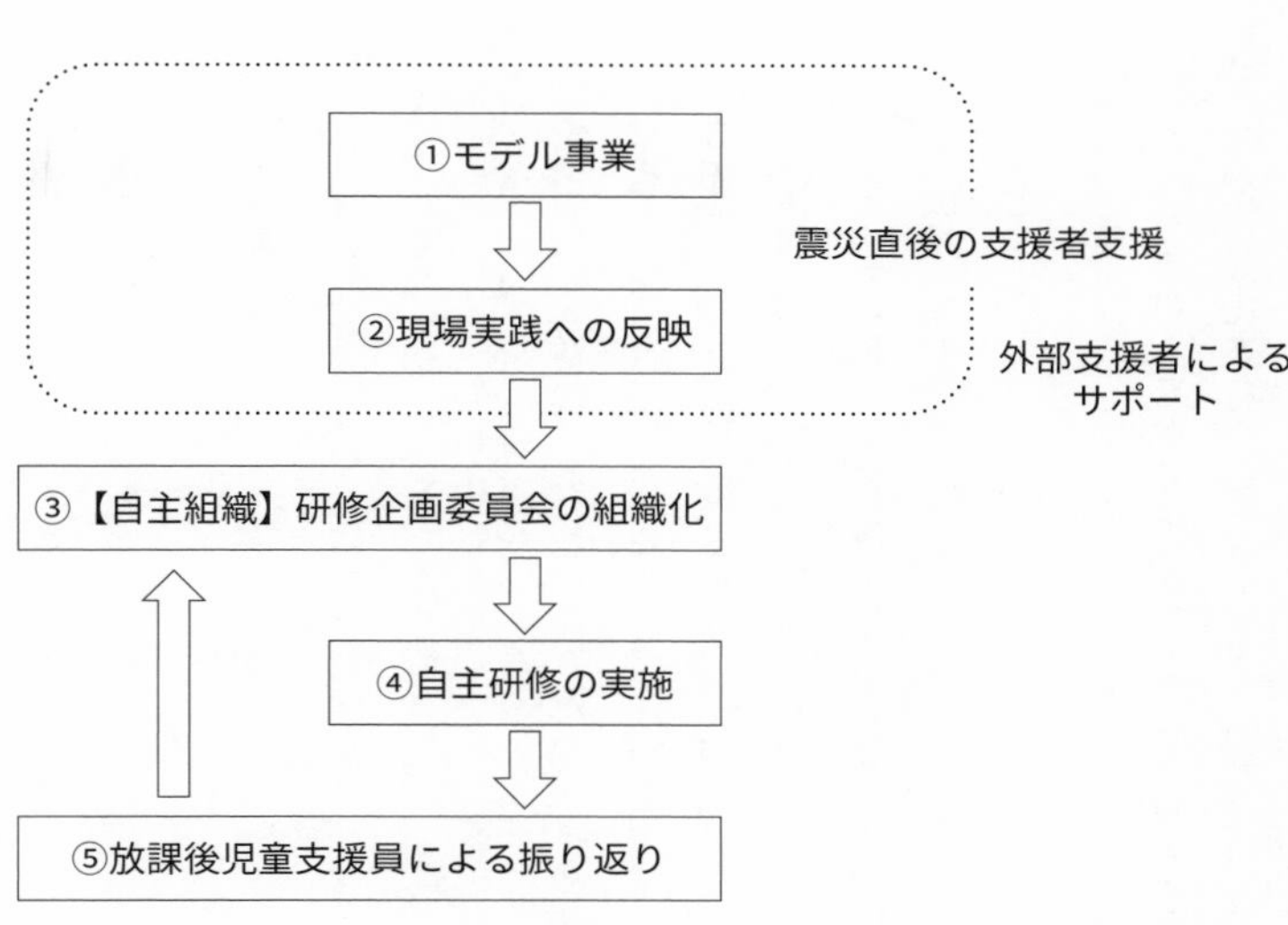

図１　支援者支援プログラム

【会話例１】

（子どもＡ）私、ミミが大好きだから最後のご褒美に食べるの。

（支援員）ミミのほうがいいの？

（子どもＡ）うん。だからパパは私にミミをくれるよ。

（子どもＢ）私はいつもミミだけ残すよ（Ａの妹Ｂ）。

（子どもＡ）いつもは朝トースト半分しか食べない。

（支援員）今日は三枚もあるね。

（子どもＡ）今日は食べられる。毎日朝食はパンだよ。

（支援員）誰が作ってくれるの？

（子どもＡ）お父さんかお母さんが作ってくれるけど、オーブンで焼くだけ。

（支援員）何か塗って食べるの？

（子どもＡ）何も。

（子どもＢ）お姉ちゃんはいつも起きるのが遅いんだよ。

（子どもＡ）起きてるもん。

（支援員）みんな一緒に食べるの？

（子どもＢ）お父さんとお母さんともう一人のお姉ちゃ

んと。
（支援員）お姉ちゃんがいるの？
（子どもC）私はお兄ちゃんがいるよ。

【会話例2】
（支援員）みんなパンは好きですか？
（子どもE）私も毎日パン。
（子どもD）毎日パンだから飽きた。
（支援員）今日は、おやつ作りだね。さあサンドイッチを作ろう。
（子どもD）私のお母さん○○（市内のスーパー）のパン屋さんで働いているよ。
（子どもE）私のお母さんは○○病院の看護師さん。
（支援員）Eちゃんは、（ジャムが服に付いて）シャツもおいしそうになっているよ。
（子どもE）帰ったら洗ってもらうからいいよ。
（支援員）怒られない？
（子どもE）こんなの平気だよ。

注目すべきは、これらの現場実践への反映を繰り返す過程で、放課後児童支援員たちによる自主組織「研修企画委員会」が組織化されたことである。研修企画委員会は、被災地としてこれまでに受けた外部支援のなかから、放課後児童クラブに対して非定期的に実施される「おやつ支援」を取り上げ、それが、寄り添いの「場」になりうるのではないかということに気がついたことをきっかけとしている。そこで、「おやつ場面」を活用することによって、外部支援で学んだ「寄り添い」支援の視点を活かせるのではないかと判断し、これまでに受けてきた外部支援を放課後児童支援員自らの実践に反映させるかたちで育成支援を進めることになる。

この自主組織による検討のなかで、子ども支援者としてのあり方を学びたいとの自発的な意見があり、外部支援者によるサポートを得て、支援者支援のための「自主研修」が実施された。研修終了後には、「放課後児童支援員による振り返り」が実施され、ふたたび「研修企画委員会」にフィードバックされるという循環システムが形成されることになる。

なお、この支援者支援プログラムは、Ａ市のみならず、他の地域でも活用できる普遍的なプログラムとしても想定される。

たとえば、厚生労働省社会保障審議会児童部会に二〇一七（平成二九）年に設置された「放課後児童対策に関する専門委員会」（委員長：柏女霊峰）の中間とりまとめ[6]では、「放課後児童クラブの今後のあり方」として、「放課後児童クラブの利用者の増加や、障害のある子どもや配慮を必要とする子ども・家庭が増えている現状等を考えると、放課後児童支援員を支援したり、その資質を高めるという観点から、専門的な知識や技能を持ったスーパーバイザー的な職員の配置を検討することも考えられる」ことが明記され、被災地に限らず普遍的な支援者支援のしくみが提案されている。なお、同専門委員会は、二〇一七（平成二九）年一一月〜二〇一八（平成三〇）年五月までの間に全九回の委員会が開催されたが、それ以降は現在に至るまで開催されていない。

五　支援者支援のための自主研修

（1）自主研修（その一）

・日時：二〇一五（平成二七）年一二月
・場所：A市役所
・対象：A市放課後児童支援員三〇名、担当課職員三名
・第一部：子ども参加と地域支援（講師：児童福祉を専門とする大学教員）
・第二部：ストレスを抱える児童の理解と支援方法および訪問指導（講師：障がい児教育を専門とする大学教員）

第一部では、「寄り添い」支援のために必要な視点のうち、「子ども参加」と「地域支援」について確認した。放課後児童クラブは、中高生らOBOGたちにとっても立ち寄りやすい地域の居場所であることが想定されることから、子ども参加のサイクルを活用しながら、地域支援を実施できることの意義を確認することができた。

第二部では、ストレスマネジメントの実技を交えながら、発達課題のある子どもへの支援方法や視点についての演習を実施した。

その後、実践現場を訪問して、子どもの具体的なようすを観察し、放課後児童支援員からケースの聞き取りを実施した。そのうち早急な対応が必要と判断されたケースについては、A市と連携をとり具体的な措置を進めることになった。

（2）自主研修（その二）

・日時：二〇一六（平成二八）年三月
・場所：Ａ市役所
・対象：Ａ市放課後児童支援員三〇名、担当課職員三名、ボランティア学生四〇人、計七三人
・第一部：モデル事業の中間報告（講師：児童福祉を専門とする大学教員）
・第二部：保育実践から学ぶ寄り添い支援（講師：保育学を専門とする大学教員）

第一部では、モデル事業の実施概要と結果について報告し、放課後児童支援員の振り返りを実施した。①学童保育の地域性、②学童保育における子ども参加、③放課後児童支援員自身の気づき、などが明らかになり、学童保育が、地域における子どもの居場所となり得ること、地域住民ボランティアの活動拠点となり得ること、子ども参加のサイクルを活用できること、寄り添い支援によって子どものようすを把握できることなどが確認された。

第二部では、地域住民の関係性の連鎖のなかで子どもを育てることが、地域社会の持続に寄与することが解説され、子どもを社会で育てることの意義について研修した。

子どもの育ちへの対応が専門分化されることは、地域で統合的に子どもを把握することができないことを意味する。地域で継続的に長くかかわることが必要であり、その一場面を学童保育が担う可能性などを確認した。

ワークショップも取り入れながら、①ＯＢＯＧ中高生に来てもらうための企画立案、②企画をとおして子どもに有効なプロセスの分析、などを実施した。ＯＢＯＧ中高生が放課後児童クラブに遊びに来ることは、自分の育ちに対して肯定的な経験があったからであり、放課後児童支援員のかかわりが子どもの育ちのプロセスに有効だったことなどを確認した。

六　放課後児童支援員による振り返り

自主研修の終了後に、参加者による振り返りのアンケートを実施した結果、下記の三つのカテゴリー（『　』で示す）と六つのコード（〈　〉で示す）を抽出することができた。

カテゴリー	コード
①『子ども支援者としての意識』	〈寄り添い支援〉 〈子ども支援者としてのあり方〉
②『子どもたちを支えるシステム』	〈子どもの自己肯定感〉 〈おとなのかかわり〉
③『子ども主体の環境づくり』	〈子ども支援者の役割〉 〈居場所づくりの視点〉

①『子ども支援者としての意識』の重要性

放課後児童支援員などの子ども支援者を対象とする研修に参加することによって、子ども支援者に必要な〈寄り添い支援〉の気づきがあり、〈子ども支援者としてのあり方〉を再確認するきっかけとなっていることがわかった。

②『子どもたちを支えるシステム』の重要性

放課後児童支援員は、支援者支援研修によって、自らが実践する子どもの居場所でかかわる〈子どもの自己肯定感〉の重要性を確認している。また、〈おとなのかかわり〉によって、学童保育や地域で子どもたちが支えられていることを確認している。これらの認識は、学童保育が子どもの居場所づくりの役割を担ううえで重要である。

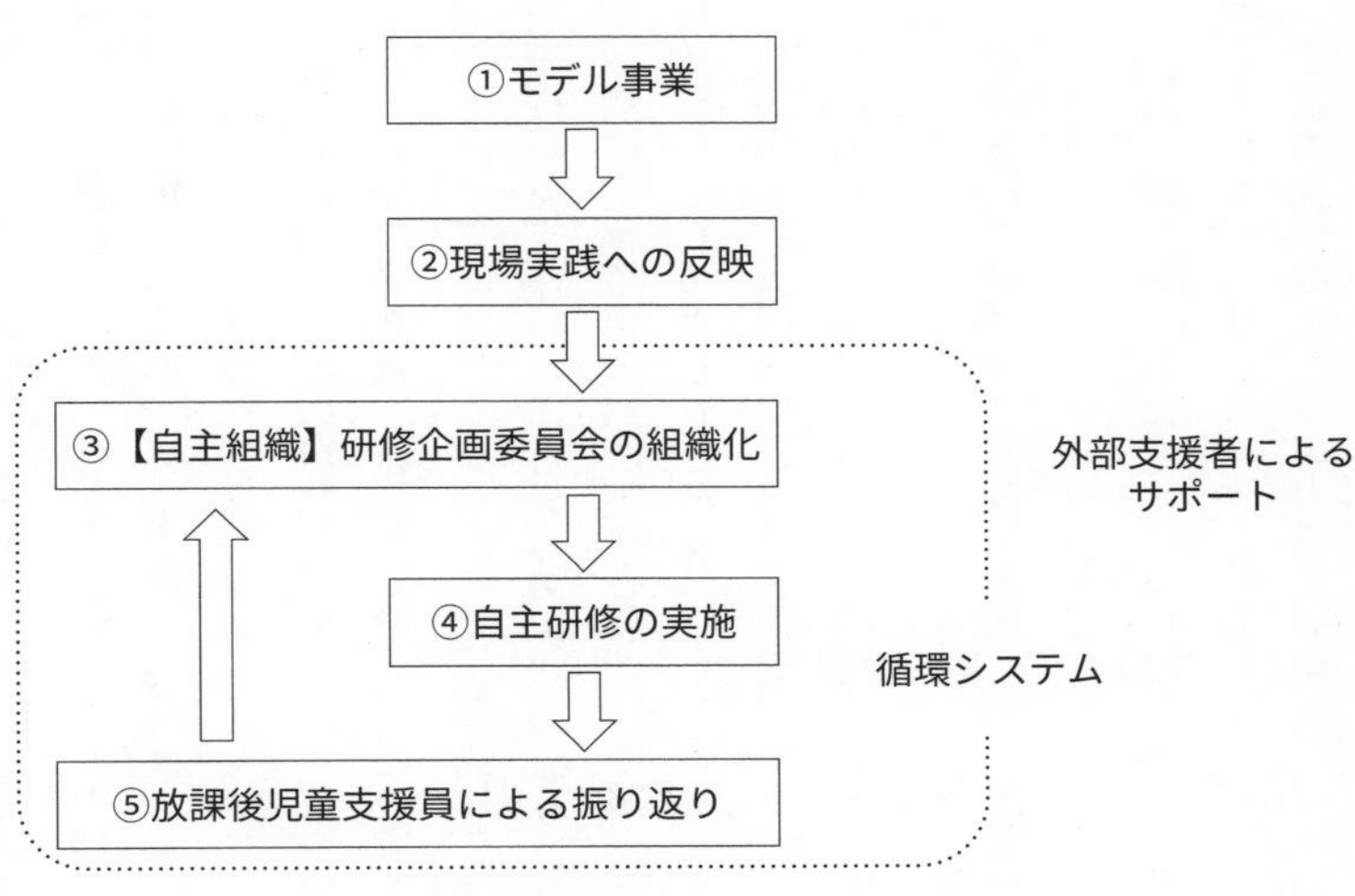

図２ 支援者支援プログラムの循環システム

③『子ども主体の環境づくり』の重要性

放課後児童支援員による子ども主体の環境づくりのために は、居場所づくりにかかわる〈子ども支援者の役割〉を確認することが重要である。放課後児童支援員は、自主研修に参加することで、子どもの発達に必要な〈居場所づくりの視点〉を認識し、放課後児童クラブを子ども主体の居場所として認識することができた。

七　自主組織による循環システム

学童保育のための支援者支援プログラムの手順は以下のとおりである。（図２）

①外部支援を必要とする学童保育ニーズに対応して、外部支援者による放課後児童支援員へのサポートが開始される。外部支援者によるサポートを受けた放課後児童支援員は、子どもの安全管理を最優先とした「見守り」支援から、子どもの発達を支援するための「寄り添い」支援への転換をはかるため、モデル事業等の企画をとおして自らの現場実践へと反映していく。

②外部支援者によるサポートが、放課後児童支援員の現場実践に反映されているかどうかの検証作業をとおして、放課後児童支援員自らが、地域の実情に即した研修を模索するようになっていく。

③放課後児童支援員が、外部支援者のサポートを受けながら自らの検証作業を進めることによって、「見守り」支援から「寄り添い」支援への転換を図る過程となる。放課後児童支援員は、受け身的な支援から脱却するため、主体的な子ども支援者としての自覚の芽生えから自主組織の組織化が図られる。

④事業や研修の企画は、放課後児童支援員の自主組織である研修企画委員会に移行し、放課後児童支援員が子ども支援者としてのスキルアップのために、自主研修を企画し実施する。ここでも自主研修の成果は、現場実践へ反映される。

⑤放課後児童支援員による自らの実践の振り返りが実施されることにより、新たな課題やニーズが抽出され、再度、自主組織に戻って再検討が実施される。学童保育が外部支援者のみに頼らず、現場の自主組織によって事業や研修の企画と振り返りが繰り返されるといった循環システムが確立する。外部支援者によるサポートは、初期の役割を離れて、放課後児童支援員による自主組織をサポートする役割に移行する。学童保育は、自主組織によってスキルアップが図られるシステムに移行し、必要に応じて外部支援者によるサポートを受けるしくみが定着する。

支援者支援プログラムを自主組織による循環システムとして機能させるためには、非常時に優先される安全管理などの「見守り」から、子どもの発達を支援する「寄り添い」へといかに転換できるかが課題となる。外部支援者のみが被災地支援を独占したり、あるいは外部支援者にサポートを依存することだけでは、現地の放課後児童支援員の主体性がそがれてしまい、せっかくの支援者支援プログラムが逆効果になってしまう可能性もある。放課後児童支援員が、子ども支援者としての力量を継続的につけていく循環システムの構築が必要とされるのである。さらに、地域の実情をよく知る放課後児童支援員は、地域固有の課題を自分たちの課題として捉えることを可能にする。

また、これらの支援者支援プログラムのしくみは、当該地域の主体的なうごきによって実施され、必要に応じて外部支援者によるサポートを受けるシステムであることから、非常時に限らず、常時の普遍的なシステムとしても応用可能であると考えられる。

八　非常時における学童保育支援

非常時における学童保育支援とはどのようなものだろうか。そして、その支援体制は誰が構築すべきものだろうか。本来は、国や自治体といった公的な支援が担うべきだろう。しかし、二〇一一（平成二三）年の東日本大震災は、被災地域が広域であり、学童保育支援が必要な地域も極めて広域であったため、公的な学童保育支援にも限界があったのではないかと考えられる。必然的に十分な学童保育支援を遂行できないという課題を解決することができなかったのである。さらには、すべての地域に研究者などの専門的な外部支援が行き届いていたわけではない。被災地ですべての学童保育を支えることは、もはや研究者などの専門的な外部支援だけでは成り立たないのである。

そこで着目したのが、現場の放課後児童支援員たちが、子どもたちに寄り添える力を発揮するための循環システムの構築である。

A市の学童保育支援は、非常時の必然性から、「見守り」を最優先とする支援が進められてきた。しかし、支援者支援プログラムにより、①子ども支援者としての意識すなわち支援者自身の気づき、②子どもたちを支えるシステムすなわち子どもへの気づき、③子ども主体の環境づくりすなわち環境条件への気づき、という三つの気づきを促すことができた。それにより、放課後児童支援員の子どもへのかかわり方が、子どもの発達を支援する者としての「寄り添い」を重視する視点へと変化したのである。

勤続年数の長い放課後児童支援員は、日常的に実施してきた子どもへの関わりの大切さを再確認したであろうし、新採用された放課後児童支援員たちにとってみれば、自分自身に不足する専門性の確保につながる気づきがあったのではないだろうか。いずれも、子どもの発達を支援する者としての視点の変化であるならば、子どもたちに寄り添うことに価値があると認識しながら実践していることにほかならない。

すなわち、非常時における学童保育支援は、研究者と現地の放課後児童支援員による協働によって成り立つのである。日本学童保育学会は、「内外の関連学術団体・研究者・実務家との連絡及び協力」（日本学童保育学会規約第三条第四号）を事業として掲げる組織である。研究者と現場実践者との協働によって成り立つ組織であることを改めて認識し、研究活動のみならず実践活動においても協働することに学会としての意義があるのではないだろうか。そして、全国組織たとえば全国学童保育連絡協議会をはじめとする各地、各種の関連団体との協働をさらに進めることによって、非常時においても即座に対応可能な体制の構築に寄与できるのではないだろうか。

非常時における学童保育支援とは、関連団体・研究者・現場実践者との協働によって成り立つのである。

注

（1）東洋大学福祉社会開発研究センター（二〇一六）『被災した子どもと家庭を継続的に支援するための当事者参加型システム開発調査研究事業報告書』厚生労働省平成二七年度子ども・子育て支援推進調査研究事業。

（2）全国学童保育連絡協議会（二〇一一）「第四六回全国学童保育研究集会討議資料」より。

（3）なお、二〇二〇（令和二）年度の第五五回全国学童保育連絡協議会の開催は中止された。

（4）A市提供資料により筆者が算出した。

（5）A市提供資料により筆者が算出した。

（６）厚生労働省（二〇一八）『総合的な放課後児童対策に向けて　社会保障審議会児童部会　放課後児童対策に関する専門委員会　中間とりまとめ』。

あとがき

日本学童保育学会が設立されて一一年が経過した。今回の一〇周年記念誌では、全四部（一九論文）による多様な観点から、この間の学童保育研究の到達点と課題を提起してきた。学童保育をめぐる問題は極めて多次元に及ぶものであるが、この本を読んでいただくことで学童保育研究の全体像を、ある程度つかんでいただけるのではないかと自負している。

今日の学童保育は施設数、入所児童数とも、その量的な拡大は急速に進んでいく一方で、実践の質的な充実が進んでいるとは簡単には言えない状況がある。そこには様々な要因が影響しているが、本書の第一章でも指摘したように、学童保育が「児童福祉施設」として法制化されず、脆弱な体制の「事業」にとどまっていること、学童保育における育成支援の質を担保すべく策定された「放課後児童健全育成事業の設備及び運営に関する基準」もあくまでも参酌すべき基準にとどまっていること、なども大きな要因であると考えられる。

さらに二〇二〇年に世界を襲った新型コロナウィルスの問題は、従来からの脆弱な設備、保育条件に置かれてきた学童保育の困難さに追い打ちをかけ、また、各クラブによる保育内容の質の違いをさらに際立たせる結果になった。このような問題は、学童保育における公的責任の曖昧さによって必然的に生じる問題であるとともに、本学会に対しても、研究者と実践者が「研究活動のみならず実践活動においても協働すること」で、「非常時における学童保育支援」を行うことなどが新たな課題として示された。

学童保育は父母の子育て・生活の必要性を基盤にして、長年の市民の運動の中でつくられ、発展してきたが、日本の学童保育のなかで、子どもの「最善の利益」を実現し、「子ども期を取り戻す場」、そして「家族が家族として存立していくために必要な依存関係を再構築する場」を実現していくための課題はあまりにも大きい。

そして、この課題に最前線で直面する学童保育においては、国の基準や運営指針とこれまでの実践の蓄積を踏まえながら、指導員の専門性の内実や同僚性のあり方などを一層明らかにしていく必要があるだろう。

また、今回の著書でも、現在の学童保育が直面している問題として、学校や地域との協働、発達障害の子どもへの支援とそれを可能にする条件整備の問題など、様々な研究課題が明らかにされた。

このような様々な課題を解決し、学童保育の未来を創造していくのは、現場の実践者たちであり、行政や運営主体者であり、保護者や様々な関係者たちである。そして、日本学童保育学会もまた学術的なコミュニティとして、「学童保育実践を研究することの再帰性」と向き合い、研究者と実践者による共同研究をさらに推進していくことで、学童保育の未来に貢献していきたい。

これまで各領域の研究者が経験と知見を基礎として学童保育研究を押し進めてきたが、今後はこれまでの成果をさらに乗り越えて、研究の質を向上させていく必要があるであろう。

そして、学童保育研究において、このような課題意識を持ち、次なる研究段階へと歩を進めていくために、私たち日本学童保育学会が果たすべき役割は極めて大きいと考えている。

今回の著書では、これから学童保育が目指すべき姿や方向性について一定の提起ができたと思うが、学会として乗り越えるべき多くの課題があることも自覚している。本書の刊行が日本の学童保育の未来の創造に向けて、かけがえのない第一歩につながることを心から願っている。

二〇二一年五月一八日

編集委員一同

な　行

は　行

ま　行

や　行

ら　行

さ　行

た　行

索　引

あ 行

か 行

【執筆者一覧（執筆順）】

垣内国光（かきうち・くにみつ）明星大学名誉教授

住野好久（すみの・よしひさ）中国学園大学副学長

宮﨑隆志（みやざき・たかし）北海道大学大学院教育学研究院教授

増山　均（ましやま・ひとし）早稲田大学名誉教授

石原剛志（いしはら・つよし）静岡大学教育学部教授

中山芳一（なかやま・よしかず）岡山大学全学教育・学生支援機構准教授

矢吹真子（やぶき・なおこ）日本放課後児童指導員協会副理事長

中田周作（なかだ・しゅうさく）中国学園大学子ども学部准教授

森崎照子（もりさき・てるこ）学童保育カンファレンスルーム代表

高岡敦史（たかおか・あつし）岡山大学大学院教育学研究科准教授

籠田桂子（こもりた・けいこ）日本放課後児童指導員協会理事

二宮衆一（にのみや・しゅういち）和歌山大学教育学部准教授

西本絹子（にしもと・きぬこ）明星大学教育学部教授

楠　凡之（くすのき・ひろゆき）北九州市立大学文学部教授

小伊藤亜希子（こいとう・あきこ）大阪市立大学大学院生活科学研究科教授

山下雅彦（やました・まさひこ）東海大学名誉教授

鈴木　瞬（すずき・しゅん）金沢大学人間社会研究域学校教育系准教授

齋藤史夫（さいとう・ふみお）東京家政学院大学現代生活学部准教授

代田盛一郎（だいた・せいいちろう）大阪健康福祉短期大学子ども福祉学科教授

植木信一（うえき・しんいち）新潟県立大学人間生活学部教授

【日本学童保育学会設立 10 周年記念誌編集委員会・編集委員】

増山　均（ましやま・ひとし）　早稲田大学名誉教授

略歴：東京都立大学大学院（人文科学研究科博士後期課程）を経て、日本福祉大学社会福祉学部、早稲田大学文学学術院に勤務、2018 年より現職。
専門：教育学
主著：『学童保育と子どもの放課後』（新日本出版社、2015 年）、『アニマシオンと日本の子育て・教育・文化』（本の泉社、2018 年）など

楠　凡之（くすのき・ひろゆき）　北九州市立大学文学部教授

略歴：京都大学大学院（教育学研究科博士後期課程）を経て、北九州市立大学に勤務、2005 年より現職。
専門：臨床教育学
主著：『自閉症スペクトラム障害の子どもへの発達援助と学級づくり』（高文研、2012 年）、『遊びをつくる生活をつくる―学童保育にできること』（編著、かもがわ出版、2017 年）など

中山芳一（なかやま・よしかず）　岡山大学全学教育・学生支援機構准教授

略歴：岡山市内の学童保育所へ 9 年間在職。その後岡山大学大学院（教育学研究科修士課程）を経て、中国学園大学に勤務、2010 年より現職。
専門：教育方法学
主著:『学童保育実践入門』（かもがわ出版、2012 年）、『新しい時代の学童保育実践』（かもがわ出版、2017 年）など

鈴木　瞬（すずき・しゅん）　金沢大学人間社会研究域学校教育系准教授

略歴：筑波大学大学院（人間総合科学研究科博士後期課程 博士（教育学）取得）を経て、環太平洋大学、くらしき作陽大学に勤務、2019 年より現職。
専門：教育経営学
主著：『最新教育キーワード―155 のキーワードで押さえる教育』（分担執筆、時事通信社、2019 年）、『子どもの放課後支援の社会学』（学文社、2020 年）など

【編者紹介】

日本学童保育学会（Japanese Research Association of After School Care）

研究者と学童保育指導員の協働により、学童保育についての学術組織として2010年6月に設立。機関誌『学童保育』（年刊）。研究大会（年1回）、その他研究会を実施している。

【事務局／問い合わせ先】

〒586-8511　大阪府河内長野市小山田町1685 高野山大学文学部教育学科　松本歩子研究室気付

E-mail　jimukyoku@gakudouhoikugakkai.com

Website　http://www.gakudouhoikugakkai.com

学童保育研究の課題と展望　**日本学童保育学会設立10周年記念誌**

2021年6月16日　第1刷発行

編　者　日本学童保育学会

発行者　細田哲史

発行所　明誠書林合同会社

〒357-0004　埼玉県飯能市新町28-16

電話　042-980-7851

印刷・製本所　藤原印刷

Printed in Japan

ISBN 978-4-909942-16-6